中国司法制度
概论

主　编／梁平

副主编／刘宇晖　石可涵

中国法制出版社
CHINA LEGAL PUBLISHING HOUSE

序　言

　　党的十八大以来，以习近平同志为核心的党中央作出深化司法体制改革的重大决策部署，不断推进公正高效权威的中国特色社会主义司法制度建设，改革的广度、深度和力度前所未有。经过多年持续推进，制约司法运行的体制性机制性障碍不断扫除。党的十九大前已完成了以"司法责任制"为核心的四项基础性改革、以审判为中心的诉讼制度改革等十项改革，奠定了法院系统改革的"四梁八柱"。党的十九大以来，我国紧紧围绕"努力让人民群众在每一个司法案件中感受到公平正义"的目标，印发了2019年《最高人民法院关于深化人民法院司法体制综合配套改革的意见——人民法院第五个五年改革纲要（2019—2023）》、2020年《最高人民法院关于人民法院贯彻落实党的十九届四中全会精神推进审判体系和审判能力现代化的意见》、2021年《中共中央关于加强新时代检察机关法律监督工作的意见》，推动公正高效权威的中国特色社会主义司法制度更加成熟更加定型，着力于进一步把我国司法的制度优势转化为治理效能。党的二十大报告在"过去五年的工作和新时代十年的伟大变革"中指出，司法体制改革取得重大进展，社会公平正义保障更为坚实，法治中国建设开创新局面。自党的十八大以来，我国司法改革取得的系列重大成就，使多年来学界对司法制度的研究成果转化为制度和实践，不仅形塑了中国特色社会主义司法制度，而且为新时代推进国家治理体系和治理能力现代化提供了坚实的司法保障。

　　作为长期从事司法制度研究和教学的学者，编者亲身经历并参与了最近十多年来我国司法制度重大改革的学术研究，特别是梁平教授主持完成了多个最高人民法院司法改革项目，参与起草了多部最高人民法院的司法文件，对我国司法制度具有深切体悟和独到见解。经过多年积淀，梁平教授申报并主持研究生优质课程建设项目"司法制度"，带领教学科研团队进一步查阅司法制度的相关文献资料，密切跟踪司法改革实践的最新进展，推进优质课程的教学和研究工作，历经反复提炼，共同编写了《中国司法制度概论》。本书编写过程中，编写组成员李雷、霍文良、李海、陈奎等参与了研究生优质课程建设，并承担了相关章节的写作任务，在此一并表示感谢！

本书坚持实用导向。司法制度研究团队吸纳了司法改革的最新成果，并着眼于我国未来司法制度建设，集理论性与知识性于一体，便于广大师生、实务部门人员以及法律爱好者等系统地学习、理解和研究我国司法制度。鉴于我国司法体制配套改革仍在不断推进，重大改革措施不断落地，加上编写组水平有限，书中难免存有疏漏，恳请读者批评指正。

本书编写组

| 目 录 |

第三章　中国检察制度

第四章　中国侦查制度

第五章　中国司法行政制度

第六章　中国律师制度

第七章　中国公证制度

第八章　中国法律援助制度

第九章 中国调解制度

第一章　司法制度概论

第一节　司　法

一、司法的含义

司法是一个国家法律体系（legalsystem）的重要组成部分，是使法律规范转化为现实的法律实践，使静态的法成为动态的法，即活的法，使抽象的权利义务得以实现的最重要和最终的保障。探究司法制度，首要问题在于明确司法之含义。

从词义看，司法在我国主要是指法的适用，即国家司法机关及其司法人员依照法定职权和法定程序，具体运用法律处理案件的专门活动。同时，司法亦有广义和狭义之分。广义的司法，即实质意义上的司法，是指与立法和行政相对的、通过适用具体法律规范解决纠纷的一种国家的专门活动。狭义的司法，即形式意义上的司法，特指法院的权限及其审判活动。总体而言，司法的内涵一般包含以下三项具体内容：第一，实施法律；第二，解决纠纷；第三，体现公正。

二、司法的特征

一般认为，司法具备以下几个方面的特征。

第一，以审判为中心。审判是指法院或者法庭对案件通过审理，认定事实，适用相关法律，加以裁判的活动。法院审判在诉讼中的中心地位不可动摇，如果离开审判，那么司法或者说诉讼就无从谈起。质言之，审判不等于诉讼，但无审判则无诉讼。

第二，以公正为灵魂。公正是社会制度的首要价值，公正社会是人类所憧憬、所向往、所追求的最终目标。尽管维护社会公正的手段多种多样，但司法无疑有着不可替代的独特作用。司法以公正为灵魂和生命，司法能否充分发挥其本身效力，能否得到人们的信赖，基本上取决于司法是否公正。如果司法丧失公正这一灵魂，那么也就失去了自身存在的价值。

第三，以严格法定程序为表象。司法具有严格的法定程序性，主要表现在以下两点：（1）司法必须严格遵守法定程序。（2）被严格遵守的程序必须具有民主、科学的内涵。

第四，以判断性为基本要求。所谓判断性是指国家专门办案机关及其人员在司法程序中，判断涉案证据、事实之真伪并适用法律判明涉案内容之是非。这是对司法的基本要求，否则，司法无法实现国家赋予的通过诉讼定分止争、惩罚犯罪、维护公正之职责。

第五，以权威性为重要标志。司法权威源于法律权威。司法的权威性还鲜明地体现在司法裁判的终局性上。

三、司法的任务

司法起源于解决冲突纷争，所以司法最原始的任务无疑便是解决冲突。而司法最直接的含义就是施行法律，所以正确实施法律也是司法与生俱来的任务。这两个任务不仅是司法最直接、原始、一以贯之的任务，也是司法发挥其他社会功能的基础。

（一）解决社会冲突

冲突解决是指司法肩负解决社会冲突的任务，即裁判案件的任务。司法这一古老而又重要的任务，也是人们对于司法功能的通行理解。

荀子云："人生而有欲，欲而不得，则不能无求，求而无度量分界，则不能不争。"毋庸讳言，只要有人类生活居住的地方，就会有利益的冲突和矛盾的生成，它们意味着一定范围的社会主体之间的失衡关系，为维护现实的社会秩序和社会发展，必须加以解决。为了妥善解决社会矛盾，恢复社会平和，司法应运而生。解决社会冲突不但成为司法诞生的缘由，也是司法存在至今的一个重要因素。

司法主要通过两种形式完成解决社会冲突的任务：第一，通过作出能够对社会产生公信力的裁决和裁定，直接解决社会冲突，稳定社会秩序。这是司法解决社会冲突最主要的方式。第二，通过保障以及监督其他冲突解决机制的有效实施，间接解决社会冲突。

如前所述，在现代社会，解决社会冲突并非只有司法一途，其他方式诸如行政执法等也能解决社会冲突。但是，和它们相比，司法解决社会冲突有如下特点：第一，司法解决社会冲突的范围更广，司法机关有权受理和处置广泛发生在社会生活中的大多数争议，鲜有不能涉足者。第二，司法是以诉讼方式来解决社会冲突的活动，法定主体遵循法定方式解决社会冲突，更能保证处理结果的公正。第三，司法是具有最终裁决力的活动，一旦冲突诉诸司法，其他解决方式都应终止。同时，司法裁决的结果具有终局性。因此，虽然现代社会也有大量的非司法解决冲突方式，但司法始终不可替代。

作为稳定社会的最后防线，在中国的运作实际中，解决社会冲突当属司法的首要任务，因此，司法被人们称为社会机器的"润滑剂"。

（二）正确实施法律

司法实施法律可谓是动静结合。从静态来看，假设法律的制定完全符合社会现实，同时也满足了社会所有的需求，那么司法在法治社会整个制度框架和实际运行过程中所担负的基本任务就是单纯套用、落实纸面上的法律；从动态来看，由于法律本身具有滞后性、概括性等特点，司法在实施法律的过程中就不单纯只是摹写、复印法律，还必须解释、弥补法律。

1. 实施法律

在当今法治国家，法律在国家和社会治理中占据了最主要的地位。不过，尽管实体法律规定了社会关系中人们的权利义务，但它只是一种停留在规范层面的应然的集合体，所谓徒法不足以自行，实在的法不等于实际运行的法，法律必须依靠司法或行政才能实施高度专门化的社会控制，其中又以司法的作用为甚。司法的过程，从理论上看，就是将抽象的法律以三段论的方式具体运用于当下案件的过程，"法官说什么，法律也就常常变成什么"。在司法实践中，法官将抽象的法律规则适用于具体的案件，明确当事人的权利义务关系以及相应的法律后果。人们知道若有人违法侵害其权利时，则可大步走入法庭，由法官依法定夺，从而使其受到侵害之权利得到恢复或赔偿。由此，法律得以彰显，司法活动获得指引和约束的力量。前现代社会的司法也许会通过个人权威、宗教教义或者粗糙而极具争议的道德、宗教信仰等方式来解决纠纷，但现代司法的特征之一便是依照法律来解决纠纷，司法正是通过维护法律成就其自身。

2. 解释法律

司法发挥实施法律的功能并不全是简单三段论的活动，由于法律和司法自身的特性，法官在某些时候，必须能够进行一些"创造性"的工作。一般来说，主要体现在以下两个方面。

第一，司法解释法律，实现法律精神。人们曾经认为在法律文本和个案事实之间存在三段论的逻辑，这种乌托邦的梦想已经受到越来越多的质疑。实际上，法官无论如何都无法成为法律的自动售货机。众所周知，立法具有不周全性，同时，为了保持法律对未来事物的应对能力和法律自身的稳定性，立法文本一般又都采用概括性语言，再加之语言自身也有一定的模糊性，所以，司法适用法律的过程，应该有法律解释过程的辅助。诉讼所面对的是具体的个案，它要求法院能在实际的司法中，更加灵活和有针对性地解释具体的法律条文。此外，当社会发生变化，一般观念及伦理道德诸观念已经变更，而法律尚未来得及修订时，司法就应根据社会的需要而对现有法律作出新的解释，对其进行一定程度上的补充、完善和发展。

第二，司法发现法律的间隙，弥补法律漏洞。一方面，在这个分工越来越细，社会关系越来越复杂的现代社会，大量法律如雨后春笋般层出不穷。毋庸置疑，这些实体法律之间可能产生这样或那样的冲突，实体法律内部也充满了空白法规、一般条款或者是不确定概念。在此种情形下，司法是欲成为传声筒而不可得，它必须在相互冲突的法律之间对最终适用的法律作出抉择。这也就意味着，司法不得不在立法者所授权的范围内，运用一定的自由裁量权，合理妥当地处理案件。另一方面，立法天生就无法摆脱其滞后性，而现代社会的所谓现代型纠纷更是不胜枚举。面对这些纠纷，原本应该通过立法来实现变化的任务，就以个别当事人提起诉讼的形式落到了法院身上。这些纠纷案件如何获得权利救济或妥当解决，往往关乎整个社会。在这一过程中，司法者应该能"创造性"地工作，作出自身的价值判断。

第二节　司法权

一、司法权的概念

在我国当代，司法权通常被认为是"国家行使的审判和监督法律实施的权力"。《现代汉语词典》（第5版）是这样解释司法权的，"在我国指审判权、检察权,有时还包括侦查权"①。

司法权是什么样的一种权力,论者说法不一,主要有以下几类:(1)判断权说。司法权是法院享有的,对当事人提请其解决涉及当事人人身权益与财产权益的纠纷作出判断,对法律进行释义并宣告法律是什么的终局性权力。这种权力被赋予法院和法官,以区别于立法权和行政权。(2)多元权力说。从严格的传统意义上讲,司法权和行政权相对应,是指法院通过审理诉讼案件、作出判决,实施法律的权力。而在现代意义上,司法权是指包括基本功能与法院相同的仲裁、调解、行政裁判、司法审查和国际审判等解纷机制在内,以法院为核心并以当事人的合意为基础和国家强制力为最后保证的、以解决纠纷为基本功能的权力体系。(3)裁判权说。司法权是裁判权,其核心在于由司法机关代表国家对各类诉讼进行居中的裁判,此种裁判对争议的双方具有拘束力。(4)独立权力说。司法权是法院享有的、独立于行政权并对其进行制约的、依照成文法和判例法决定案件的终局性权力。(5)二元权力说。在我国,按照现行法律体制和司法体制,司法权一般包括审判权和检察权,审判权由人民法院行使,检察权由人民检察院行使。(6)案件权力说。大陆法系的司法权是指法院审判民事案件和刑事案件,另在行政系统设置行政法院受理行政案件,并设置独立的宪法法院受理违宪案件。普通法系的司法权指法院审判一切法律上的争讼案件,包括民事案件、刑事案件、行政案件。(7)三元权力说。即审判权、检察权和侦查权三种权力学说的简称。在此观点看来,司法权是指公安机关、检察机关和审判机关在司法活动过程中代表国家行使的权力。(8)多义说。司法权有狭义和广义两种解释。狭义的司法权指审判权,即司法机关通过诉讼案件的审讯、判决以执行法律之权;广义的司法权既包括审判权,还包括仲裁、调解、公证、对公务员的惩戒以及对法官和律师的培训与任用等方面的权力。(9)权威说。司法权的本质不是权力,而是一种权威性的判决。当依靠国家权力建立起司法的权威后,为持久地维系司法权威,国家权力应当远离司法,使司法不再具有权属性,成为权威判决。

司法权从其内部结构来看,它由一系列子权力构成,具体包括:(1)案件受理权。即法院对哪些社会问题和社会事件拥有处理和裁决的权力。(2)审判

---

① 中国社会科学院语言研究所词典编辑室编:《现代汉语词典》(第5版),商务印书馆2005年版,第1287页。

权。即司法机关依照法定的程序对案件进行审理并作出裁决的权力，包括审理权和裁决权。（3）司法事务管理权。即对司法机关的基础设施建设，经费的管理，人员编制的安排，司法人员的招募、考核、晋升以及罢免，案件的管理和统计等行政事务进行管理的权力。（4）司法解释权。（5）程序规则制定权。从本质上讲，程序规则制定权具有立法的性质。

总之，司法权是一种与立法权和行政权相区别的重要的国家权力，是一种适用法律、处理案件的专属权力。狭义的司法权指审判权，中义的司法权包括审判权和检察权，而广义的司法权既包括审判权、检察权，还包括仲裁、调解、公证、对公务员的惩戒以及对法官和律师的培训与任用等方面的权力。

二、司法权的本质

作为国家权力的几种不同表现形式，司法权同立法权、行政权、监察权等无疑存在本质上的差别。关于司法权的性质，我们可以从如下角度加以理解。

（一）判断权

当今世界绝大多数国家都将司法权理解为，法院审理和裁判案件的一种活动，法官通过庭审过程中的控辩对抗，对纠纷的是非曲直、真假、正义与邪恶等形成内心认识后的一种判断，因此，司法权的本质属性之一是判断权。

行政权与本质上为判断的司法权截然不同，因为"行政是通过对社会的公共管理来实现国家意志，是一种执行行为，因而通常都由执行机关来承担这一职责，行使行政权"①。其本质在于"执行"。通常而言，行政机关在行使管理社会职能时是国家和公共利益的代表，体现了国家的总体利益，如政治局势稳定、经济效益增长、民众生活安定、公民道德水平的提高等。由于以"执行"为本质的行政权是国家和社会公共利益的代表针对特定事项实施的管理，因而从性质上而言，行政权也可称为处理权，即行政机关依照一定的原则和方式单方面作出的对行政相对人的某种处理决定的权力。

由于司法权的本质在于判断，行政权的本质在于执行，因此，可以看出司法权与行政权的本质差别是非常明显的。第一，仅从字面上看，"判断"是对事物形成认识之后的一种独立认识、证明和判断活动，体现了法官的自身意志。而对于"执行"，作为执行者不应该享有独立的意志，只是无条件地贯彻上级

---

① 徐晓林、田穗生编著：《行政学原理》，华中理工大学出版社 2000 年版，第 72 页。

的意图。虽然行政机关在实施具体行政行为时往往也要进行判断，如进行行政决策或者行政处罚时，但这种判断的目的是更好地理解立法者或领导的意图。法官在审理案件过程中，虽然也要组织法庭调查与辩论，有时还要主动地进行庭外调查，但法官所实施的上述行为最终却是为公正地判断案情服务。第二，司法权虽然是国家权力的一种重要表现形态，却不能代表包括国家在内的任何一方的利益，法官在审理案件时，不能带有任何目的性，只能根据已经查明的案情作出客观公正的判断，对个人和国家的利益必须同等予以保护。而行政权是国家利益的代表，行政机关在行使管理权时往往是站在国家或者社会公众的立场上，在经过充分衡量后，得对私益有所限制，以维护公共利益。第三，从心理学的角度来看，任何人如果希望能够对认识对象作出客观公正的判断，就必须完全依靠自己的独立意识，丝毫不应该受到外界的干扰。对于行使国家司法权的法官而言，由于判断是司法权的本质属性，因此，法官只能独立自主地审理案件，不受任何外来的干涉。而由于行政权的本质在于执行，主要是贯彻立法者或者领导的意志，因此，行政主体在行使行政管理职能时无须独立自主地进行，只需要服从领导的意志即可。也正是基于这一原因，行政官员在行使职权时应该听从长官意志。

总而言之，司法权的本质属性之一为判断权，判断权的性质要求法官在审理案件时只能独立自主进行；行政权的本质是执行，行政主体行使行政管理活动时并无独立的意志，只是贯彻立法者或者领导的意志。

（二）救济权

司法权是一种救济权，这是司法权的另一本质属性。救济权是相对于权利而言的，是权利受到侵害之时或之后的一种保护。现代社会是权利的时代，国家在赋予社会民众广泛权利的同时，还必须为遭受侵害的权利提供切实有效的法律保障机制，因为"没有救济就没有权利"①。事实上，从司法权起源、诉讼制度的基本法理以及审判实践来看，司法权的救济性质都是非常明显的。

第一，司法权的起源是与"公力救济"取代"私力救济"相伴相生的，因此，司法权本质上就是一种国家的"公力救济"。与"私力救济"相对应，"公力救济"是指权利人通过法定程序请求国家公共权力机关对其权利进行保护的

---

① 孙世彦：《论国际人权法下国家的义务》，载《法学评论》2001年第2期。

一种方式。在原始社会向奴隶社会转型的过程中，随着私有制和国家的出现，"私力救济"固有的缺陷使其不能成为解决社会冲突的有效手段，此时，国家权力就主动地介入社会纠纷中，个人权利就逐步由国家公权力来保护，"公力救济"日渐发达。因此，司法权作为一种由国家来裁判当事人之间纠纷的权力，从产生之日起本质上就是一种救济权。

第二，从诉讼制度的基本法理来看，司法权的本质属性也应该是一种救济权。司法权是由法院代表国家通过审判程序给予不法侵害人一定的惩罚，以救济弱者被侵犯的权利，从而恢复公正的社会秩序。公正是司法权永恒的生命基础。司法权的首要价值在于其公正性，事实是，司法权在运作过程中之所以要求双方当事人必须在平等对抗的基础上进行交叉询问，其目的就是充分保障弱者一方有充分的说理机会，以补偿被不法行为所侵害的一方当事人的利益，维护社会公正。因此，从这个角度而言，司法权就是一种为遭受不法行为侵害的弱者提供救济机会的权力。

第三，考察我国的审判实践也可看出，司法权的本质即是一种救济权。目前在我国主要有三种审判形式：刑事诉讼、民事诉讼和行政诉讼。刑事诉讼旨在解决犯罪嫌疑人、被告人的刑事责任问题，各国都设置了严密周详的诉讼程序。同时，在具体的审判过程中，法官不偏不倚、居中公断，被告人享有充分参与和申辩的权利。这些严密周详的诉讼程序和居中裁断的法官，其实质就是为了防止定罪量刑变成侦检方的单方决定，为作为弱者的犯罪嫌疑人、被告人提供公正的救济机会。可以说，公正的刑事诉讼程序本质上就是为犯罪嫌疑人、被告人提供公正的救济机会。民事诉讼是法院审理和裁判平等主体之间的财产关系和人身关系的诉讼。在民事诉讼中，往往是一方当事人侵犯了对方当事人的合法权益，作为主持正义的中立法官，通过公正的审判给受到侵害的一方当事人以救济。因此，从本质上讲，民事诉讼也是为权利受到侵害的一方当事人提供救济。从表面上看，行政诉讼是为裁决行政主体与行政相对人之间的利益纠纷，但本质上是为权利遭受国家行政管理行为侵害的行政相对人提供救济。

总而言之，无论是从司法权的起源、诉讼制度的基本法理还是从几种审判形式来看，司法权本质之一就是一种救济权。

三、司法权的特征

司法权的特征主要可以归纳为中立性、被动性、亲历性和终局性。

（一）中立性

中立性是司法权的首要特征。这是因为司法权的本质属性之一是判断权，判断权的本质要求法官在审理案件时必须不偏不倚，不能带有任何倾向性意见，否则，其所作的判断难免会有失公正。在现代法治国家中，司法权中立不仅仅是要求法官同审理的案件没有直接的利益关系，同时还要求没有任何可能影响法官作出客观公正的判决的外在因素，法官在审理和判决过程中也不能带有任何倾向性意见，只能在双方当事人之间保持不偏不倚的中立位置。之所以要求法官必须保持中立，这是由审判程序公正的要求所决定的。总而言之，在整个审判进行中，法官保持中立都是最基本的程序要求，法官遵守了这些程序要求，才使其审判符合了公正的要求，法官在该案中才是真正合格的法官。如果没有保持中立，则不论裁判结果如何，该审判都是不公正的、不合法的，也不能够在当事人心目中建立任何信任感。[①]

总而言之，在运作过程中，中立是司法权区别于行政权和立法权的首要特征。

（二）被动性

司法权的被动性也就是"不告不理"原则，其含义包括两个方面的内容。其一，审判权的启动以存在控诉为前提，即"无起诉就无法官"。其二，法院的审理范围不能超出起诉的范围，所作出的裁决只能限于控诉方诉讼请求的范围之内，即"告什么理什么"。法院的活动被限定在对所提出的诉讼请求作出回应。法院能够对其作出适当处理的请求的种类也是有限的。一般来说，这种请求必须是有争议的，也就是说有争议事由。原告必须主张被告或者侵犯了（或威胁要侵犯）他的权利，或者在某种意义上，被告妨碍了原告的权利，与原告的利益关系甚大，足以使原告有充分理由要求被告改变其对原告权益的错误处理。综观当今各国的诉讼程序法，被动性都是一条最基本的诉讼原则。当然，司法权的被动性与其中立性也是息息相关的，如果法官积极主动地介入纠

---

① 张文显主编：《法理学》，法律出版社1997年版，第329页。

纷之中，那么，他似乎就会给人这样一种感觉：这种积极主动行为与其中立的诉讼地位是完全不相符的，法官在处理纠纷时可能有自己的利益。

总而言之，被动性是司法权的重要特征，这一特征使司法权与积极主动行使的立法权和行政权区别开来。

（三）亲历性

司法权的亲历性就是要求法官在取舍证据、认定案件事实并适用法律作出裁决之前，必须亲自经历庭审的全过程。具体到刑事诉讼程序中，亲历性要求直接、言辞原则，该原则实际上本为两项原则，即直接原则和言辞原则。直接原则又分为直接审理原则和直接采证原则。[①] 直接原则对法官提出了两个方面的要求：第一，法官必须亲自参与和主持所有的庭审过程，不得委托他人；第二，法官必须亲自聆听控辩双方的举证、质证，没有在庭审中经过控辩双方交叉询问的证据，法官不得采信。法官也不得采信案卷中记载但未经控辩双方争辩的书面材料。言辞原则要求法官在主持庭审过程中必须采用口头方式进行，听取控辩双方以口头方式提交的证据。直接、言辞原则已经为当今法治国家的刑事诉讼立法所确立。

（四）终局性

终局性是指司法是解决社会纠纷的最后一道防线，法院的判决一经生效，就标志案件已经终结，除了法定的情形之外，任何机关和个人都不能随意推翻。一般而言，司法权的终局性体现在以下几个方面。

第一，法院的判决一旦生效，即被视为是公正的。当今任何一个法治国家，法官都被看成是正义的化身，法官作出的生效判决都应该被假定为公正的。当然，这并不是说所有法院的生效判决就一定是公正的，因为任何一个国家和社会为了维护社会秩序的稳定，都必须设置一个对社会纠纷享有最终裁决权力的机构，即使这个机构作出的终局性裁决存在错误，但为了防止纠纷永远处于不确定状态，故必须假定这个机构作出的最终裁决是公正的，以尽快地恢复被破坏了的社会关系。当然，司法的终局性是由司法的权威性所决定的，因为司法一旦不能使人们信服，那么，作出的裁决人们也是不能接受的。

第二，法院的判决一旦生效，即是纠纷实体性权利义务关系的最终确定。

---

① 李心鉴著：《刑事诉讼构造论》，中国政法大学出版社 1992 年版，第 260 页。

任何社会中都设置了多种解决社会纠纷的方式，如行政调解、仲裁、斡旋等，但是这些纠纷解决方式同司法存在本质上的差异。因为行政调解、仲裁、斡旋等对纠纷的裁决方案并不是终局性的，如果当事人不服，他们可以诉诸司法程序。例如，行使国家行政管理职能的行政机关，也拥有对一些社会纠纷进行裁决的权力，但除了极个别法律授权的行政机关拥有终局性裁决权以外，绝大多数的行政机关作出的裁决，当事人都可以向法院提起诉讼，以寻求司法解决；但法院的生效判决一旦作出，立即就是对社会纠纷的最终判定，即使当事人对判决不服，也不能再通过其他的方式予以救济。

第三，法院的判决一旦生效，立即就会对当事人、法院和其他国家机关产生拘束力和执行力。其一，法院的判决一旦生效，对于当事人来说，即使他们不服从法院判决所确定的内容，也必须履行法院判决中所确定的义务，如果拒绝履行，对方当事人可以申请国家机关强制执行。其二，法院的判决一旦生效，对于法院来说，除在法定情形下，如启动生效裁判的再审程序等外，不得重新针对同一事实进行审理和裁判，更不得变更已经生效的判决书中的内容。其三，对于行政机关来说，在行政诉讼中，如果法院的判决已经生效，行政机关就不得实施与法院判决相悖的行政行为。

第三节　司法制度

一、司法制度的概念

根据《辞海》的解释，"制度"是：（1）要求成员共同遵守的、按一定程序办事的规程或行动准则，如工作制度、学习制度。（2）在一定的历史条件下形成的政治、经济、文化等各方面的体系，如社会主义制度。[①] 在实际研究中，学者们对制度的解释则各不相同，其中马克斯·韦伯的观点颇具影响："制度应该是任何一定圈子里的行为准则。"[②] 我国学者林毅夫则认为："从一般意义上讲，制度既可以指具体的制度安排，即指某一特定类型活动和关系的行为准则，

[①]　辞海编辑委员会编纂：《辞海》（上），上海辞书出版社1999年版，第523页。
[②]　［德］马克斯·韦伯著：《经济与社会》（上），林荣远译，商务印书馆1997年版，第345页。

也可以指一个社会中各种制度的总和，即制度结构。"① 事实上，虽然"制度"一词意义尚无定论，但从纷繁复杂的观点中仍可概括出制度所具有的基本含义：制度应该是一整套被普遍遵守的规则体系或规则总和，广义而言，制度是各种体系的总和。

司法制度作为社会制度的重要组成部分，属于社会的上层建筑，它既包含制度的上述基本含义，本身又有特殊之处。我国法学界对司法制度通常的定义是：司法制度是指有关司法组织、司法人员和司法活动的制度的总称，具体包括司法组织制度、司法人事制度、司法活动制度，其中司法人事制度也可包含在司法组织制度之中。综上，结合中国实际，可认为，中国的司法制度是指中国司法机关的组织制度以及司法机关与其他相关机关、组织依法进行或者参与诉讼的活动制度的总称。根据司法制度的不同内容，人们又将其分为司法组织制度和司法程序制度。前者为司法机关的组织制度，主要涉及司法机关在整个国家体制中之性质、地位，司法机关之组织、编制、种类，司法机关的职权等；后者为诉讼制度，具体指司法机关及相关组织依法定程序，适用各种实体法、程序法，处理诉讼案件或者非讼事件所应遵循之准则、程序和具体制度之总和。

二、司法制度的内容

在中国特色社会主义法律体系已经建成的宏观背景下，我国的司法制度逐步形成了相对完善的科学系统。这个系统包括司法规范体系、司法组织体系、司法人员管理体系和司法职能体系。

第一，司法规范体系。司法规范是司法活动的规则，司法规范体系则是在宪法、法律、规章等规范中关于司法制度的一系列规则所形成的有机整体。一方面，宪法作为根本大法和母法，其中关于司法制度的相关规定，在宏观层面框定了我国司法制度的基本架构。另一方面，组织法（如人民法院组织法、人民检察院组织法）和有关司法主体的法律（如法官法、检察官法）则对司法机关的具体运作和司法人员所应遵循的规则进行了细化规定。同时，民事诉讼法、刑事诉讼法和行政诉讼法在规范司法运作过程上确定了程序性规则。此外，为保证司法机关有效进行司法活动，司法机关还需要有相关规章，即以规范性的书面文件等形式对司法机关的构建、组织目标、职能、任

---

① 林毅夫：《论制度和制度变迁》，载《中国：发展与改革》1988 年第 4 期。

务、内部分工、权责关系、活动方式、运行程序等进行严格规定。规章制度对司法人员具有普遍的约束力,它保证了司法机关的整体性、连续性以及司法人员的组织性、纪律性。

第二,司法组织体系。在司法制度中,组织要素是前提性要素。组织是制度的载体,有组织才能实施行为活动,进而发挥社会功能。但司法组织不是单一的,而是由各类、各级司法机关有机组成、相互密切联系的一种相对独立的社会组织体系。司法组织体系作为一个相对独立的系统,具有内在的目的性和规律性。司法组织体系设置是否合理,直接影响到司法权运作的效果。司法组织作为一个社会实体,在我国不但包括法院和检察院这两大司法机关,还延伸至公安机关、司法行政机关等,它们共同构成一个协作的系统。司法组织要素一方面指司法机构的设置、职能分工、组织原则等内容;另一方面指司法组织的外部宏观环境,如政治环境、经济环境、社会环境和文化环境等,尤其是那些具体的司法环境,如司法机关和当地行政部门关系、司法机关与当事人关系等所构成的环境。要保证司法制度健康完善,司法组织必须努力做到内外环境相协调。

第三,司法人员管理体系。司法活动固然要由司法组织完成,但具体的组织行为则要由人来承担,也就是由司法组织的成员,即国家司法机关的工作人员承担,我们通常称之为司法人员。在司法制度体系中,人员要素至关重要。这里需要注意的是,并非所有在司法机关内工作的人员都是司法人员,司法人员是指从事司法工作的专业人员,如侦查人员、检察官、法官等,还包括辅助人员,如书记员等,但不包括行政人员,司法机关内部负责财务、后勤等事务的人员就不属于司法人员。我国《刑法》[①] 第 94 条对司法工作人员作出了明确规定:"本法所称司法工作人员,是指有侦查、检察、审判、监管职责的工作人员。"在司法组织中,司法人员属于特定的法律群体,通过组织程序取得资格身份,具有共同的属性特征和行为方式,并且接受组织的管理和约束。司法人员管理不仅涉及国家对司法人员进行有效管理所形成的有关考试、录用、考核、奖惩、培训、升降、交流以及其他各种权益保障的法律制度,还涉及对辅助人员的管理。司法是一个国家法律体系的重要组成部分,是使法律规范转化为现

---

① 为便于阅读,本书中相关法律文件标题中的"中华人民共和国"字样都予以省略。

实的法律实践，使静态的法成为动态的法，即活的法，使抽象的权利义务得以实现的最重要和最终的保障。当今中国，法治中国建设正从立法转向司法，技术理性已经让位于法律职业伦理。同时，虽然法律实践是由程序和规则规定的，但是它们本身存在开放性，这种开放性可能被专业人士利用以牟取私利，而这种牟取私利的行为会导致法律实践的正当性被严重动摇。因此，法律职业伦理就成为避免法律人通过法律的开放性牟取私利的重要方式。由此观之，在现实语境下，对我国司法人员之管理，德法兼修是规制的重要方向。

第四，司法职能体系。司法制度是指司法机关及其他的司法性组织的性质、任务、组织体系、组织与活动的原则以及工作制度等方面规范的总称。司法职能体系是司法制度的重要组成部分，司法制度借助司法职能体系发挥具体作用。同时，司法职能体系亦是我国权力职能体系的一部分，在国家权力系统中扮演着重要角色。我国的司法制度是一整套严密的具有中国特色的司法职能体系，包括侦查制度、检察制度、审判制度、监狱制度、仲裁制度、司法行政管理制度、调解制度、律师制度、公证制度、国家赔偿制度、法律援助制度等。上述系统的高效有序运转，共同服务于中国特色社会主义司法制度体系。

三、司法制度的价值理念

司法制度的价值理念是指支撑整个司法系统的观念意识等精神因素，属于司法制度的"河床"，它包括司法活动的理念、价值取向、对人性的认识以及具有深远影响力的民族文化等精神方面的内容。价值理念虽然不包括具体的法律制度，却是在具体的实践中逐步形成的精神和观念，反映了司法人员在司法活动中的信仰和追求，支配着人们建立、运用和改造制度的一切行动。司法价值理念决定了我们目前正在进行的以及以后将要进行的司法工作的效果和成败。同时，司法价值理念的价值还远不止体现在司法领域，其产生的深远影响甚至关系到社会生活的方方面面。一般而言，现代司法价值理念是现代法治原则的结晶，主要包括司法公正、司法民主、保障人权等。但与其他国家不同的是，在我国，这一精神因素应当以习近平法治思想为指导，贯彻社会主义价值理念和法治理念。这些理念学说反映在我国司法中，就产生了司法和谐、司法为民等独具中国特色的司法理念。也正因如此，中国的司法制度才成为中国特色社会主义司法制度。

四、司法制度的价值追求

（一）司法公正

司法是维护社会公平正义的最后一道防线。如果司法这道防线缺乏公信力，社会公正就会受到质疑，社会和谐稳定的局面就难以得到保障。关于司法公正，学界基本倾向认为，包含实体公正和程序公正两个层面，两者兼容并重、辩证统一。

1. 实体公正

实体正义又称实质正义，实体正义意味着正义的终极状态必须实现。也就是说，善人（或善行）应该得到善报，恶人（或恶行）必须得到恶报。实体公正"以事实为根据，以法律为准绳"，一方面，需要发现事实，恢复事实真相；另一方面，需要正确适用法律。实体公正的得出需要历经案件事实和法律条文之间来回推敲。当然这种推敲是有一定条件的，首先，法律应当明确、稳定，法官必须受立法的拘束，严格控制自由裁量权；其次，在依法办案过程中，往往会出现不可调和的冲突的法律规范，禁止法官拒绝裁判，并要求法官在整体法律秩序内寻求答案；最后，应当认识到法律并非万能的。恪守法律明确性，同时允许法官自由裁量权的存在，才是正确适用法律的应有之义。

从积极层面上讲，法院对案件的裁判结果必须符合三方面的条件：一是裁判结果应是"正确"的；二是裁判应当是"合法"的；三是裁判应当在严格遵守法律规则与行使必要的自由裁量权之间保持最低限度的平衡。从消极层面上讲，法院应当尽量避免两种非正义的结果出现，也就是"放纵有罪的人"和"冤枉无辜的人"。

2. 程序公正

程序法制是现代法治国家的重要内容和标志之一。在现代法治国家中，程序制度作为法治的一个重要环节，受到了前所未有的重视。

程序正义实质上就是指裁判过程（相对于裁判结果而言）的公平和法律程序（相对于实体结论而言）的正义。从现代视角理解，程序公正包含如下层面的含义：（1）程序的参与性。权益可能会受到裁判或者审判结局直接影响的主体应有充分的机会并富有意义地参与法庭裁判的全过程，从而对法庭裁判结果的形成发挥有效的影响和作用。（2）裁判的中立性。裁判者应当在利益处于冲突的参与者各方之间保持一种超然和不偏不倚的态度和地位，而不得对任何一方存有偏见和歧视。（3）程序的对等性。裁判者在整个审判过程中应给予各方参与者平等参与的机会，对各方的证据、主张、意见予以同等的对待，对各方的利益予以同等的尊重和关注。（4）程序的合理性。裁判者作出裁判的程序必须符合理性的要求，使其判断和结论以确定、可靠和明确的认识为基础，而不是通过任意或者随机的方式作出。（5）程序的及时性。审判活动应当及时地形成裁判结果，既不能过于拖延和迟缓，也不能过于急速。审判活动保持"在过于急速和过于迟缓这两个极端之间的一种中间状态"。（6）程序的终结性。审判程序应当通过产生一项最终的裁判结果而告终结。

（二）司法效率

司法公正受司法功利成本投入的限制，投入查明事实真相、适用法律的成本越高，越有利于个案正义的实现。追求公正无可厚非，但追求极致公正往往会因此部分放弃或全部放弃按照正义原则应当遵循的程序，事与愿违。司法公正并非唯一追求，司法效率是另一个取向。

1. 国家视角下的司法效率

国家是司法资源的提供者和分配者，司法资源的投入和分配是司法效率的一个基础性条件。司法效率之于国家，可以从以下两个方面加以理解：第一，国家提供司法资源。我国古代诸法合体，社会公众对司法的需求并不急切，司法机关和行政机关合一，司法人员与行政人员合一，国家对司法资源之提供少之又少，甚至附属于行政资源。现今社会，公众权利意识觉醒，各国普遍加强在司法资源方面的投入。一国若拒绝提供或者司法资源不能满足社会公众日益增长的需求，就会造成合法权利难以有效维护的局面，形成司法不公。第二，国家分配有限司法资源。司法活动本身不创造社会财富，但司法资源有效配置的重要性在于，即便在以"成本—收益"为核心的效率理念下，司法资源也能实现有效配置，亦有用武之地。在社会资源总量确定的前提下，司法活动通过国家强制力的保障、法律权威性的内心服从、科学高效的确定权利等，有效节约了社会资源，从而间接创造了社会财富。

2. 当事人视角下的司法效率

当事人是生活在司法制度下的普通人，当其选择公力救济时，身份转为司法资源使用者和司法服务消费者。司法效率问题之于当事人，也反映在以下两个方面：第一，当事人为实现公正，使用司法资源而付出的成本。为防止滥诉，当事人使用和消费司法资源并非无偿，需要付出一定人力、物力、财力以及时间对价。每个人都是自身利益最好的保护者，选择何种方式实现自身权利，取决于当事人的理性判断，获得正义的对价不应当过高，因此，在要求当事人付出对价的基础上，国家应当设计科学的诉讼成本分担机制，促进司法资源利用的最大化。第二，当事人将会在多长时间内、以何种方式得到公正，即当事人收益问题。司法资源若是不能惠及当事人，司法效率就无从说起。当事人作为直接利益相关者付出相应对价后，心理上自然期待得到收益。

公正是人类一种执着的追求，是对人们之间权利或利益合理分配关系的期待；效率则相对于时间而言，是对各种主体行为的速度与效率的反映和要求。公正应当是讲究效率的公正，效率应当是公正基础上的效率。既有公正又有效率的司法制度才是一种理性的司法制度，才能满足利益主体对各自不同价值目标的合理调和。

第二章　中国审判制度

第一节 审判制度概述

一、审判的起源

司法是维护社会公平正义的最后一道防线，审判被视为解决社会冲突的最终、最彻底的方式。[①] 但这一被普遍认同的观念并非自古有之。

在原始氏族社会，国家尚未出现，社会关系的调整，在氏族之间多采用"以牙还牙、以眼还眼"的同态复仇原则和血亲复仇原则，在内部则依赖氏族内的生产生活习惯、伦理道德、氏族首领的威信等。正如恩格斯所言："没有士兵、宪兵和警察，没有贵族、国王、总督、地方官和法官，没有监狱，没有诉讼，而一切都是有条有理的。一切争端和纠纷，都由当事人的全体即氏族或部落来解决，或者由各个氏族相互解决。"

自奴隶社会始，国家建立，统治阶级建立军队、警察、监狱、法庭等国家暴力机器维护剥削与统治。为了维护统治阶级的利益，统治阶级需要借助法律制度调整人与人之间的行为规范，维护统治秩序，确保统治阶级意志的实现。在奴隶社会和封建社会，行政权与司法权多数情况下合一，行政机关实施行政权的同时实施司法权。行政机关实施法律以惩治犯罪，维护统治阶级秩序与利益，不存在行政权力与审判权力的分离及相互制约。当事人被动地接受审判，不存在对行政权力或司法权力的抗辩。

随着生产力的进步，工业大生产替代农村自给自足经济及手工业生产，人民权利意识觉醒，司法权力开始与行政权力相分离，并逐渐成为制约行政权力滥用，保护公民基本权利的重要武器。司法权力仍是阶级统治的工具，但统治阶级的意志已经发生了变化，统治阶级的秩序也随之变化，人民的基本权利得到肯定，并受到法律的保护，由独立公正的审判制度保障实现。1948 年 12 月 10 日联合国大会通过的《世界人权宣言》第 10 条规定："人人完全平等地有权由一个独立而无偏倚的法庭进行公正的和公开的审讯，以确定他的权利和义务并判定对他提出的任何刑事指控。"公民享有接受独立、公正、公开的审判的权

---

① 叶青主编：《中国审判制度研究》，上海社会科学院出版社 2002 年版，第 1 页。

利成为世界普遍的共识。

我国 1954 年《宪法》确立了审判的地位，明确规定，最高人民法院、地方各级人民法院和专门人民法院行使审判权。人民法院独立进行审判，只服从法律。最高人民法院对全国人民代表大会负责并报告工作；在全国人民代表大会闭会期间，对全国人民代表大会常务委员会负责并报告工作。地方各级人民法院对本级人民代表大会负责并报告工作。此后虽有波折，但我国独特的审判权运行框架——与行政权力分开，独立地适用法律，向人民代表大会负责——已经坚定地建立起来了。

二、审判的概念与特征

审判，简单而言，就是指法院依照法定程序审理案件并给予判决的过程。我国学者通常将其定义为一个国家或地区的专门机构和其他政府部门，根据一定的指导思想和原则，遵照一定的程序，依法行使权力，对各类案件进行审判和裁决的活动。[1] 审判可分为广义的审判和狭义的审判：广义的审判不仅指法庭审理，还包括确定合议庭组成人员，传唤当事人，通知公诉人及其他诉讼参与人等程序在内的庭前准备活动；而狭义的审判仅指法庭审理。[2] 在我国，根据案件性质的不同，审判一般分为刑事审判、民事审判和行政审判三大类。在我国依法治国的法治背景下，"审判中心主义"的提出和不断推进使司法机关真正地意识到了"以审判为中心"的必要性，审判的地位在我国司法实践中切实地得到了提升，对我国现代司法制度的发展具有重大意义。

审判具有以下特征：

1. 审判具有国家意志性。审判是人民法院代表国家行使职权的一项司法活动，人民法院依法作出的裁判都是以国家的名义作出的，无论作出的是判决、裁定还是决定，都体现了国家意志。

2. 审判具有公正性。审判公正是审判的价值追求。公正具有多重面孔，不同的人基于不同的观念对公正有不同的判定。立法者的公正观通过依法审判得到实现。

3. 公正的审判应具有及时性。审判的及时性是现代司法重要的价值追求，

---

① 程维荣著：《中国审判制度史》，上海教育出版社 2001 年版，第 1 页。
② 胡锡庆主编：《诉讼法学专论》，中国法制出版社 2000 年版，第 339 页。

是现代司法兼顾保障当事人合法权利与追求效率的重要体现。正如法谚云："迟来的正义非正义。"司法裁判的目的是维护社会公正，为了达到这个目的，司法裁判的结论必须是公正的，而司法裁判的程序性也必须是公正的。在程序公正的问题上，一个重要问题是必须及时作出司法裁判并将这个裁判告知当事人。过迟作出裁判，或者过迟告知当事人都是不公正的，因此也是非正义的。

4. 审判具有独立性和中立性。审判权与立法权和行政权有着严格的区分。人民法院是行使审判职能的唯一主体，法院依照法律规定独立行使审判权，不受行政机关、社会团体和个人的干涉。审判中立是公正司法的必然要求，法院和法官必须始终站在中立的立场上，不得偏向任何一方。为保障案件审理者的中立，诉讼法规定了回避制度，当审理者存在与裁判事项相关的特定情形足以影响其中立性时，法官可主动申请回避或者当事人亦有权申请法官回避。

5. 审判具有公开性。在我国，除法律规定的特殊情况外，法院的审判应当公开进行。"审判公开地以直接、言辞的方式进行。"① 审判的公开能够更好地保障当事人的合法权益，便于广大人民群众对案件进行监督，有利于维护程序公正和实体公正，提高人民法院的司法公信力。

6. 审判具有强制性和终局性。人民法院在受理案件后必须作出裁判，且作出的裁判一旦生效，对双方当事人和社会公众均产生法律上的强制约束力。审判具有终局性（权威性），根据一事不再理原则，对于已经发生法律效力的案件，控辩双方不得就同一案件再次起诉，法院也不得再行受理，不得重新作出判决和裁定。

7. 审判具有程序性。审判活动必须按照法定的程序进行。根据程序工具主义，程序保障着审判的公正。正义不仅应得到实现，更要以人民看得见的方式加以实现。审判活动的程序化塑造出独立的审判环境，推动审判进程，防止审判恣意，保障实体权利的实现。根据程序本位主义，程序自身也具有公正的价值，程序是实体之母。程序的正当，同样情况同样对待，审判参加人在程序中消化实体争议，通过充分协商，确定彼此的权利义务。

8. 审判具有多方性。审判不是只有法院一方参与的司法活动，是当事人、证人以及其他诉讼参与人共同参加的活动。在刑事诉讼中，控、辩、审三方都

① 叶青主编：《中国审判制度研究》，上海社会科学院出版社2002年版，第3页。

是不可或缺的力量。在民事诉讼中，法院应当在听取当事人、证人以及其他诉讼参与人的发言后再作出裁判。

9. 审判具有被动性。人民法院不得依职权主动行使审判权。在民事案件中，没有当事人主动将"纠纷和争议"提交法院，法院就不得主动对其进行审判。法院必须尊重当事人的诉讼权利，不得越界。

第二节　中国的普通人民法院

一、普通人民法院的构成

（一）普通人民法院的设置

我国《宪法》《人民法院组织法》将人民法院分为最高人民法院、地方各级人民法院、专门人民法院。地方各级人民法院分为高级人民法院、中级人民法院和基层人民法院。我国地方各级人民法院的设置以行政区划为主，各省、自治区、直辖市属于第一级国家行政区划，又称省级行政区，设置高级人民法院，新疆生产建设兵团设高级人民法院。中级人民法院的设置有四种情况，第一，省、自治区辖市的中级人民法院；第二，在直辖市内设立的中级人民法院；第三，自治州中级人民法院；第四，在省、自治区内按地区设立的中级人民法院。基层人民法院的设置有三种情况，包括县、自治县人民法院，不设区的市人民法院，市辖区人民法院。这四级人民法院按行政区划在全国范围内普遍设立，审理普通的民事、刑事、行政案件，与专门人民法院相对，人们习惯称之为普通人民法院。

（二）普通人民法院之间的关系

依据《宪法》《人民法院组织法》的规定，我国各法院之间的关系是监督关系。最高人民法院是最高审判机关。最高人民法院监督地方各级人民法院和专门人民法院的审判工作，上级人民法院监督下级人民法院的审判工作。

法院之间的监督关系的确立主要有三个方面原因。第一，独立行使审判权的需要。案件在审理过程中，法官只听从于法律，行政机关、社会团体和任何公民不得干涉。在审判活动中，法院既需要独立于法院系统外部，不受外部的干涉，也需要独立于法院系统内部，不受上级法院的干涉。法院地位上的独立性保障其不受影响，仅依赖于法律，依法形成判决。

第二，当事人审级利益的保障。我国普通案件的审理实行两审终审制，当事人不服一审判决，有权上诉，要求原审法院的上一级法院对案件进行二审，以更好地保护其权利。请求法院二次审理案件是当事人的审级利益，但如果上下级法院之间属于服从关系，当事人的审级利益将不复存在。

第三，以监督保障法律的正确、统一适用。法院之间各自独立，但为了保障法律的正确、统一适用需要最高人民法院对地方各级人民法院，上级人民法院对下级人民法院进行监督。

上下级法院之间的监督方式主要有两种：一种是个案的、被动的事后监督，是指上级法院通过二审、再审、复核程序，对下级法院的审判结果进行审查、纠正。二审、再审、复核程序针对个别的案件，依据法律规定的程序，由上级法院对下级法院已经审结的案件进行再次审理，对有错误的裁判予以改正。另一种是普遍的、主动的事前监督。这一监督主要体现为上级法院对下级法院的审判管理活动进行监督、制定司法规范性文件，以指导下级法院就特定类案作出统一的裁判。

二、最高人民法院的设置与职权

（一）最高人民法院的设置

最高人民法院是我国的最高审判机关，对全国人民代表大会和全国人民代表大会常务委员会负责。最高人民法院设有院长一名，由全国人民代表大会选举产生，每届任期与全国人民代表大会每届任期相同，连续任职不得超过两届。最高人民法院的副院长、审判委员会委员、庭长、副庭长、审判员和军事法院院长由最高人民法院院长提请全国人民代表大会常务委员会任免。

最高人民法院可以设置巡回法庭。2014 年 10 月，中国共产党第十八届中央委员会召开第四次全体会议，审议通过了《中共中央关于全面推进依法治国若干重大问题的决定》，该决定指出，最高人民法院设立巡回法庭，审理跨行政区域的重大行政和民商事案件。2014 年 12 月 2 日，中央全面深化改革领导小组审议通过了《最高人民法院设立巡回法庭试点方案》。目前，最高人民法院已经设立了覆盖全国的六大巡回法庭。第一巡回法庭设在广东省深圳市，巡回区为广东、广西、海南、湖南四省区。第二巡回法庭设在辽宁省沈阳市，巡回区为辽宁、吉林、黑龙江三省。第三巡回法庭设在江苏省南京市，巡回区为江苏、上海、浙江、福建、江西五省市。第四巡回法庭设在河南省郑州市，巡回区为河南、山西、湖北、安徽四省。第五巡回法庭设在重庆市，巡回区为重庆、四川、贵州、云南、西藏五省区市。第六巡回法庭设在陕西省西安市，巡回区为陕西、甘肃、青海、宁夏、新疆五省区。北京、天津、河北、山东、内蒙古等五省区市有关案件由最高人民法院本部直接受理。

最高人民法院巡回法庭是最高人民法院派出的常设审判机构。巡回法庭作出的判决、裁定和决定，是最高人民法院的判决、裁定和决定。巡回法庭受理的案件，统一纳入最高人民法院审判信息综合管理平台进行管理。巡回法庭的人、财、物由最高人民法院管理，庭长、副庭长、审判员由最高人民法院按一定时间轮流派驻。其主要目的是破除我国法院的地方影响及实现重大行政案件、跨区域民商事案件就地审理，方便当事人开展诉讼活动，保护当事人合法权益，维护司法公正。

（二）最高人民法院的职权

最高人民法院的职权主要有四个方面，第一，审理案件；第二，制定和发布司法解释；第三，发布指导性案例；第四，监督地方各级人民法院。最高人民法院监督职权的实施是前述上级法院与下级法院之间的监督关系的实践，在此不再赘述。

1. 案件审理职能

最高人民法院审理的案件主要有：（1）法律规定由其管辖的和其认为应当由自己管辖的第一审案件；（2）对高级人民法院判决和裁定的上诉、抗诉案件；（3）按照全国人民代表大会常务委员会的规定提起的上诉、抗诉案件；（4）按照审判监督程序提起的再审案件；（5）高级人民法院报请核准的死刑案件。最高人民法院有审理第一审案件的权力，但几乎不审理第一审案件，更多的是二审、再审和死刑复核案件。这更符合最高人民法院是全国最高审判机关的审级地位。

2. 作出司法解释的职能

最高人民法院有制定和发布司法解释的权力。我国的法律解释分为三类，第一类是立法解释，由全国人民代表大会常务委员会作出；第二类是司法解释，由最高人民法院和最高人民检察院在自身工作范围内作出；第三类是行政解释，由国务院及其行政主管部门作出。司法解释，是指最高人民法院、最高人民检察院根据法律赋予的职权，在法律实施过程中，对如何具体应用法律问题所作出的具有普遍司法效力的解释。司法解释存在的必要性有两点，第一，法律是有漏洞的。德国历史法学派创始人萨维尼指出，法律自制定公布之日起，即逐渐与时代脱节。因此，在制定法律的时候，无论如何审慎周详，字斟句酌，也难免在文义和语境上产生疑义；无论如何总结社会矛盾的方方面面，在复杂多样的现实生活面前，也难免出现疏漏不周，挂万漏一；无论如何精雕细琢，科学圆满，也无法克服法律的稳定性和适用性的冲突倾向。可见，法律自诞生之日起，即诞生了与之形影相随的法律解释。第二，不同的法官存在不同的法律理解。由于法律规则是对复杂的社会现象进行归纳、总结而作出的一般的、抽象的规定，因此，人们对规则的含义常常有可能从不同的角度进行理解。而每一个法官在将抽象的规则运用于具体案件的时候，都要对法律规则的内涵及适用的范围根据自身的理解作出判断。法律过于原则和抽象以及法律漏洞的存在，给法官适用法律造成了很大的困难，也给法官留下了极大的自由裁量空间。因此，法律解释对法律的适用是必不可少的，在司法过程中，更需要对法律规范作出明确的解释，从而正确地适用法律和公正地裁判案件。我国《人民法院组织法》第18条规定，最高人民法院可以对属于审判工作中具体应用法律的问题进行解释。

在我国，司法解释属于有权解释。司法解释是重要的法律渊源，因此司法解释的工作必须规范化。1997年6月，最高人民法院发布了《关于司法解释工作的若干规定》（已失效），对司法解释的制定程序，包括立项、协调、备案、起草、论证、修改、通过、发布、补充和废止等作了规定。2007年3月，最高人民法院发布《关于司法解释工作的规定》，并于2021年6月进行修正，进一步完善了司法解释的工作规范。该规定主要包括如下内容。（1）司法解释的主体。法院系统中只有最高人民法院有司法解释权，其他地方各级人民法院都无权进行司法解释。最高人民法院制定司法解释的具体工作由最高人民法院研究室统一负责。（2）司法解释的效力。最高人民法院发布的司法解释具有法律的效力，司法裁判中以司法解释为裁判依据的，应当在司法文书中援引，如果同时引用法律和司法解释作为裁判依据的，应当先援引法律，后援引司法解释。（3）司法解释的形式。司法解释的形式分为"解释"、"规定"、"规则"、"批复"和"决定"五种。①对在审判工作中如何具体应用某一法律或者对某一类案件、某一类问题如何应用法律制定的司法解释，采用"解释"的形式。②根据立法精神对审判工作中需要制定的规范、意见等司法解释，采用"规定"的形式。③对规范人民法院审判执行活动等方面的司法解释，可以采用"规则"的形式。④对高级人民法院、解放军军事法院就审判工作中具体应用法律问题的请示制定的司法解释，采用"批复"的形式。⑤修改或者废止司法解释，采用"决定"的形式。(4) 司法解释的立项。最高人民法院制定司法解释应当立项，项目来源主要有：①最高人民法院审判委员会提出制定司法解释的要求；②最高人民法院各审判业务部门提出制定司法解释的建议；③各高级人民法院、解放军军事法院提出制定司法解释的建议或者对法律应用问题的请示；基层人民法院和中级人民法院认为需要制定司法解释的，应当层报高级人民法院，由高级人民法院审查决定是否向最高人民法院提出制定司法解释的建议或者对法律应用问题进行请示；④全国人大代表、全国政协委员提出制定司法解释的议案、提案；⑤有关国家机关、社会团体或者其他组织以及公民提出制定司法解释的建议；⑥最高人民法院认为需要制定司法解释的其他情形。最高人民法院审判委员会要求制定司法解释的，研究室应当直接立项。其他制定司法解释的立项来源，由研究室审查决定是否立项。(5) 司法解释的工作流程。司法解释从起草、生效到废止主要有如下流程：起草、报送、讨论、发布、施行、备案、修改和废止。司法解释由最高人民法院各审判业务部门负责起草，对涉及不同审判业务部门职能范围的综合性司法解释，由最高人民法院研究室负责起草或组织协调相关部门起草，并形成司法解释送审稿。起草部门需要将司法解释送审稿及说明送研究室审核。研究室对其审核形成草案后，由起草部门报分管院领导和常务副院长审批后提交审判委员会讨论。司法解释草案经审判委员会讨论通过的，由院长或者常务副院长签发。司法解释应以最高人民法院公告的形式发布，并应当在《最高人民法院公报》和《人民法院报》刊登。如无特殊规定，司法解释自公告发布之日起施行。司法解释应当自发布之日起 30 日内报全国人民代表大会常务委员会备案。司法解释的修改和废止参照司法解释的制定流程，由审判委员会讨论决定。

3. 发布指导性案例的职能

为了更好更具体地解释法律，统一司法的适用，克服现存的司法尺度不统一的现象，我国法院及学界积极研究案例指导制度。新中国成立之初就开始总结案例规则和审判经验，并当作法律加以应用。1985年，《最高人民法院公报》开始刊登具有指导意义的案例，公报刊登的案例须经过最高人民法院审判委员会讨论确定。这一做法标志着人民法院案例指导制度的实际诞生。① 与此同时，法院和专家学者都开始编写出版案例著作、教材等读物，案例研究百花齐放、成果丰硕。但我国并非案例法国家，案例的释法功能和统一审判功能十分有限。

2010年11月，最高人民法院发布了《关于案例指导工作的规定》，构建起具有中国特色的案例指导制度。该规定明确了指导性案例的发布主体、案例特征、选取程序、效力等问题。第一，在我国只有最高人民法院发布的指导性案例在全国法院审判、执行工作中具有指导作用，其他法院不能发布指导性案例，最高人民法院发布的案例只有命名为指导性案例的案例才具有指导作用，其他案例不是指导性案例，不具有指导作用。第二，指导性案例是指裁判已经发生法律效力，并符合以下条件的案例：（1）社会广泛关注的；（2）法律规定比较原则的；（3）具有典型性的；（4）疑难复杂或者新类型的；（5）其他具有指导作用的。上述规定，是由我国构建案例指导制度的目的与我国的法律体制所决定的。在我国，审判的依据以立法为主，法院只有解释法律的权力而无创设法律的权力。法院只能对法律规定不明确的地方进行解释，需要案件释法的空间有限。多数案件的审理直接依据法律、司法解释等法律规范即可，不需要在案例审理中再对法律进行解释。所以指导性案例是那些典型性的、疑难复杂或者新类型的，但法律规定比较原则无法直接适用的案例。将这些案例定为指导性案例有助于指导后续类似案例的审判活动。当然，并非所有这样的案例都会成为指导性案例，只有经过法定的选取程序，以指导性案例名义发布的案例才是指导性案例。第三，指导性案例的选取流程。《关于案例指导工作的规定》明确规定了一个已审结的案件变为指导性案例需要经过推荐、审查、报审、讨论和发布五个程序。全国各级各类法院、人大代表、政协委员、专家学者、律师，以及其他各界人士等都可以提出指导性案例的推荐。最高人民法院案例指导工作办公室对于被推荐的案例进行审查，提出审查意见，对符合规定的案例，报请院长或者主管副院长提交最高人民法院审判委员会讨论决定。最高人民法院

----

① 蒋安杰：《最高人民法院研究室主任胡云腾——人民法院案例指导制度的构建》，载《法制资讯》2011年第1期。

审判委员会讨论决定的指导性案例，统一在《最高人民法院公报》、最高人民法院网站、《人民法院报》上以公告的形式发布。第四，指导性案例的效力。《关于案例指导工作的规定》明确规定，对于最高人民法院发布的指导性案例，各级人民法院在审理类似案件时应当参照。该规定在具体适用时存在如何理解类似案件、应当参照，在裁判文书中如何援引的问题。胡云腾法官认为，"类似案件"就是相似或者相同案件，包括行为类似案件（如利用虚假诉讼诈骗他人财物或者利用网络诽谤他人）、性质类似案件（如罪名相同或民事案由相同）和争议类似案件（案件中争议的问题相同）。①"参照"就是参考、遵照的意思，即法官在审判案件时，处理相类似的案件时，可以参考指导性案例所运用的裁判方法、裁判规则、法律思维、司法理念和法治精神。处理与指导性案例相类似案件时，要遵照、遵循指导性案例的裁判尺度和裁判标准。最高人民法院在后来发布的实施细则中进一步明确参照的内容是相关指导性案例的裁判要点。"应当参照"中的"应当"就是必须。当法官在审理类似案件时，应当参照指导性案例而未参照的，必须有能够令人信服的理由；否则，既不参照指导性案例又不说明理由，从而导致裁判与指导性案例大相径庭，就可能是一个不公正的判决，当事人有权利提出上诉、申诉。参照适用指导性案例应当在裁判文书中将指导性案例作为裁判理由引述，而非作为裁判依据引用。

案例指导制度是我国特有的司法制度，是我国司法改革的重要成就，目前已有多批指导性案例发布，对细化我国相关法律，统一我国法律适用，实现公正高效廉洁的司法，具有十分重要的意义。

三、高级人民法院的设置与职权

我国在省、自治区、直辖市设置高级人民法院。各高级人民法院对产生它的国家权力机关负责。高级人民法院的职权包括审判案件、监督下级人民法院的审判工作等。

高级人民法院有权受理三类一审案件，分别是：（1）法律规定由其管辖的第一审案件；（2）下级人民法院报请审理的第一审案件；（3）最高人民法院指定管辖的第一审案件。高级人民法院负责审理辖区内中级人民法院判决和裁定

---

① 蒋安杰：《最高人民法院研究室主任胡云腾——人民法院案例指导制度的构建》，载《法制资讯》2011年第1期。

的上诉、抗诉案件及中级人民法院报请复核的死刑案件。此外，高级人民法院负责审理按照审判监督程序提起的再审案件。

高级人民法院对下级人民法院的监督不仅体现为对下级人民法院审结案件的上诉审、抗诉审、再审、死刑复核，还体现为对下级人民法院司法行政工作的管理以及制定发布本辖区司法指导规范性文件，通过这些文件促进司法的统一适用，维护司法公正。

四、中级人民法院的设置与职权

我国在省、自治区辖市，直辖市内，自治州，省、自治区内按地区设立中级人民法院，中级人民法院对产生它的国家权力机关负责。其职权主要为审理案件。中级人民法院审理的案件包括：（1）法律规定由其管辖的第一审案件；（2）基层人民法院报请审理的第一审案件；（3）上级人民法院指定管辖的第一审案件；（4）对基层人民法院判决和裁定的上诉、抗诉案件；（5）按照审判监督程序提起的再审案件。

五、基层人民法院的设置与职权

我国在县、自治县、不设区的市、市辖区设立基层人民法院，基层人民法院对产生它的国家权力机关负责，其主要职权为审理除法律另有规定外的一般的第一审案件，并对人民调解委员会的调解工作进行业务指导。

基层人民法院根据地区、人口和案件情况，可以设立若干人民法庭。人民法庭不是一级审判组织，而是基层人民法院的派出机构和组成部分，其判决和裁定即基层人民法院的判决和裁定，以基层人民法院的名义发布。

第三节　中国的专门人民法院

专门人民法院包括军事法院、海事法院、铁路运输法院、知识产权法院、互联网法院、金融法院等。专门人民法院的设置、组织、职权和法官任免，由全国人民代表大会常务委员会规定。

一、军事法院

军事法院是我国依据宪法设立的专门人民法院，军事法院院长由全国人民代表大会常务委员会根据最高人民法院院长的提请加以任免。军事法院根据需要而非行政区划设立，分为三级。军事法院的最高审判机关为中国人民解放军军事法院，为高级人民法院，受最高人民法院监督。军事法院设有 7 个中级军事法院和多个基层军事法院。

二、海事法院

海事法院，是指专门审理海事和海商案件的法院。由于海事纠纷具有专业性强、地域特殊等特点，全国人民代表大会常务委员会于 1984 年 11 月发布了《关于在沿海港口城市设立海事法院的决定》。该决定规定，根据需要在沿海一定的港口城市设立海事法院，并授权最高人民法院决定海事法院的设置或者变更、撤销以及海事法院的审判机构和办事机构的设置等。随后最高人民法院发布《关于设立海事法院几个问题的决定》，该决定明确了海事法院的设置地点、组织机构、受案范围等问题。

（一）海事法院的设置

我国目前设有 11 家海事法院，分别为：北海海事法院、大连海事法院、广州海事法院、海口海事法院、青岛海事法院、宁波海事法院、上海海事法院、天津海事法院、武汉海事法院、厦门海事法院、南京海事法院。各海事法院管辖的地域范围由最高人民法院确定。

各海事法院与中级人民法院同级，须向海事法院所在地的市人民代表大会负责。海事法院院长由交通运输部提名，经征求所在省、市高级人民法院意见，提请所在市人民代表大会选举产生；海事法院的副院长、庭长、副庭长、审判委员会委员和审判员，属于交通运输部管理名单的，由交通运输部提名，经征求所在省、市高级人民法院意见，由海事法院院长提请所在市人民代表大会常务委员会任免；不属于交通运输部管理名单的，由海事法院提名，经征求所在省、市高级人民法院意见，由海事法院院长提请所在市人民代表大会常务委员会任免。

海事法院的级别是中级人民法院，与海事法院所在地的高级人民法院和最高人民法院构成三级法院，实行两审终审制。对海事法院裁判不服的，应向海事法院所在地的高级人民法院提起上诉，该高级人民法院的判决为终审判决。当事人认为判决有误的，可以向最高人民法院申请再审。海事法院所在地的高级人民法院有权审理应由高级人民法院审理的一审海事纠纷，对一审判决不服的，可以向最高人民法院提起上诉。

（二）海事法院的受案范围

海事法院受理一审海事和海商案件，不受理刑事案件。最高人民法院2016年2月发布的《关于海事法院受理案件范围的规定》规定了海事法院的受案范围，主要包括六大类案件，分别是：（1）海事侵权纠纷案件；（2）海商合同纠纷案件；（3）海洋及通海可航水域开发利用与环境保护相关纠纷案件；（4）其他海事海商纠纷案件；（5）海事行政案件；（6）海事特别程序案件。

海事法院对下列三类案件享有专属管辖权：（1）因沿海港口作业纠纷提起的诉讼，由港口所在地海事法院管辖；（2）因船舶排放、泄漏、倾倒油类或者其他有害物质，海上生产、作业或者拆船、修船作业造成海域污染损害提起的诉讼，由污染发生地、损害结果地或者采取预防污染措施地海事法院管辖；（3）因在中华人民共和国领域和有管辖权的海域履行的海洋勘探开发合同纠纷提起的诉讼，由合同履行地海事法院管辖。

我国海事法院还可因当事人协议管辖而对案件享有管辖权。《海事诉讼特别程序法》第8条规定，海事纠纷的当事人都是外国人、无国籍人、外国企业或者组织，当事人书面协议选择中华人民共和国海事法院管辖的，即使与纠纷有实际联系的地点不在中华人民共和国领域内，中华人民共和国海事法院对该纠纷也具有管辖权。该条即属于海事案件的协议管辖。

三、铁路运输法院

（一）铁路运输法院的设置沿革

1. 铁路运输法院的初建

我国铁路运输法院（铁路法院）创建于1954年3月，是我国成立最早的专门人民法院之一。当时国内生产百废待兴，作为国民经济命脉和重要军事设施的铁路对新中国具有非同寻常的意义。为了维护新中国的政治稳定，保障人民群众的切身利益，保障社会主义计划经济的发展，1953年第二届全国司法会议作出了建设铁路周边区域法院的决定，负责审理铁路周边区域发生的各种刑事案件。1954年9月，全国人大颁布了《人民法院组织法》，该法明确规定了专门人民法院包括铁路运输法院。这是第一次以法律的形式确定了铁路运输法院的地位。1957年9月，国务院颁布了《关于撤销铁路、水上运输法院的决定》，撤销了铁路运输法院。

2. 铁路运输法院的重建与管理体制转换

20世纪70年代后期，基于铁路运输在我国国民经济中的特殊重要位置，为维护国民经济"大动脉"的安全和管理秩序，保障铁路系统国有资产不受非法侵害，铁路运输法院开始恢复重建。1979年的《人民法院组织法》再次规定我国的专门人民法院包括铁路运输法院，为重建铁路运输法院提供了法律依据。1980年7月，原铁道部、司法部联合发布《关于筹建各级铁路法院有关编制的通知》，各级铁路运输法院由上而下陆续筹备重建。重建后的铁路运输法院分为三级，在北京设铁路运输高级法院，在每个铁路局所在地设铁路运输中级法院，在每个铁路分局所在地设铁路运输基层法院。建立伊始，铁路运输高级法院的业务工作受最高人民法院的监督和指导。根据最高人民法院、最高人民检察院《关于撤销铁路运输高级法院和全国铁路运输检察院有关问题的通知》，1987年最高人民法院撤销铁路运输高级法院，改由铁路局所在地的地方高级人民法院监督和指导铁路运输中级法院和基层法院的业务工作。此后，1999年开始的"一五司法改革纲要"和2005年开始的"二五司法改革纲要"，都以改革专门人民法院的法律地位和管理体制为目标，力图逐步实现专门人民法院的司法体系统筹，改变铁路运输法院因铁路局提供人财物保障，受行政主管部门或者企业领导、管理，可能出现的审判不独立、裁判不公正的现象。2012年，全国铁路运输两级法院整体由铁路系统全部移交驻在地管理，纳入地方省级司法体系。

3. 铁路运输法院职能范围的转变

回归司法体系的铁路运输法院开始面临"存废之争"，很多学者否认铁路运输法院职能范围的特殊性，提出撤销铁路运输法院的主张。最高人民法院则提出了新的思路，2015年2月，最高人民法院发布《关于全面深化人民法院改革的意见——人民法院第四个五年改革纲要（2014—2018）》，提出将铁路运输法院改造为跨行政区划法院，主要审理跨行政区划案件，重大行政案件，环境资源保护、企业破产、食品药品安全等易受地方因素影响的案件，跨行政区划人民检察院提起公诉的案件和原铁路运输法院受理的刑事、民事案件。此后，全国各地铁路运输法院开展了不同形式的改革，逐步承担起跨行政区划的行政案件的管辖权。例如，2014年，上海市第三中级人民法院是在上海铁路运输中级法院的基础上加挂牌子设立的全国首家跨行政区划的人民法院，管辖以上海市市级人民政府为被告的行政案件和以上海市级机关为当事人的二审行政案件，以及走私、食品药品、环境资源、企业破产等案件。

（二）铁路运输法院的职权

在 2012 年全国铁路运输法院完成管理体制改革后，最高人民法院颁布了《关于铁路运输法院案件管辖范围的若干规定》，重新规范了铁路运输法院的管辖范围，具体包括特定的刑事公诉案件、特定的刑事自诉案件、特定民事案件和高级人民法院指定管辖的特殊案件。特定的刑事公诉案件包括三类，第一，在铁路工作区域，如车站、货场、运输指挥机构等地发生的犯罪；第二，针对铁路设备、设施的犯罪，如铁路线路、机车车辆、通讯、电力等；第三，铁路职工的犯罪，且犯罪的发生是在执行职务行为中。针对后两类犯罪行为的刑事自诉案件也属于铁路运输法院的管辖范围。铁路运输法院管辖的特定民事案件主要是涉及铁路运输、铁路安全、铁路财产的案件。高级人民法院可以指定铁路运输基层法院受理上述案件之外的其他第一审民事案件，也可以指定铁路运输中级法院受理对其驻在地基层人民法院一审民事判决、裁定提起上诉的案件，但应当报最高人民法院批准后方可实施。

高级人民法院对铁路运输法院的指定管辖权为将铁路运输法院改造为跨行政区域法院提供了尝试的法律空间。上海铁路运输中级法院（上海市第三中级人民法院）、北京铁路运输中级法院（北京市第四中级人民法院）成为改革的先行者。例如，北京市第四中级人民法院（北京铁路运输中级法院）管辖下列案件：（1）北京市人民检察院第四分院提起公诉的案件；（2）应由本市人民法院管辖的标的额在 2 亿元以下的第一审涉外、涉香港特别行政区、涉澳门特别行政区、涉台湾地区商事案件；（3）应由本市人民法院管辖的申请确认仲裁协议效力案件、申请撤销仲裁裁决案件（不含申请撤销劳动争议仲裁裁决案件）；（4）应由本市人民法院管辖的申请承认与执行外国仲裁裁决审查案件，申请认可与执行香港特别行政区、澳门特别行政区、台湾地区仲裁裁决审查案件；应由本市人民法院管辖的申请承认与执行外国法院裁判审查案件，申请认可与执行香港特别行政区、澳门特别行政区、台湾地区法院裁判审查案件；（5）跨地区的重大环境资源保护第一审案件、重大食品药品安全第一审案件；（6）以本市各区人民政府为被告的第一审行政案件；（7）对北京铁路运输法院、天津铁路运输法院、石家庄铁路运输法院审理的铁路专门管辖案件的第一审裁判提起的上诉案件；（8）依据《北京市高级人民法院关于指定北京铁路运输中级法院和北京铁路运输法院受理案件范围的通知》，自 2013 年 12 月 21 日起，按照现有级别管辖规定受理金融借款合同纠纷、保险纠纷第一审民事案件，受理对北京铁路运输法院审理的运输合同纠纷、保险纠纷民事案件的第一审裁判提起的上诉案件；（9）依据《最高人民法院关于指定北京市第四中级人民法院管辖天津铁路运输法院审理的环境保护行政案件上诉案件的通知》，自 2017 年 10 月 26 日起受理天津铁路运输法院审理的环境保护行政案件上诉案件；（10）北京市高级人民法院指定管辖的其他案件。

四、知识产权法院

（一）知识产权法院的设置

随着我国经济社会发展，知识产权审判的重要作用日益凸显，案件数量迅猛增长，新型疑难案件增多，建立专门的知识产权法院的呼声日益增强。《中共中央关于全面深化改革若干重大问题的决定》提出："加强知识产权运用和保护，健全技术创新激励机制，探索建立知识产权法院。" 2014 年 8 月，全国人民代表大会常务委员会通过了《关于在北京、上海、广州设立知识产权法院的决定》。随后，北京知识产权法院、上海知识产权法院、广州知识产权法院相继挂牌成立。2020 年 12 月，全国人民代表大会常务委员会通过了《关于设立海南自由贸易港知识产权法院的决定》。随后海南自由贸易港知识产权法院挂牌成立。

知识产权法院为中级人民法院，对所在地的市人民代表大会常务委员会负责并报告工作。知识产权法院院长由所在地的市人民代表大会常务委员会主任会议提请本级人民代表大会常务委员会任免。知识产权法院副院长、庭长、审判员和审判委员会委员，由知识产权法院院长提请所在地的市人民代表大会常务委员会任免。知识产权法院的审判工作受多重监督，包括最高人民法院、所在地的高级人民法院及人民检察院的监督。

（二）知识产权法院的职权

北京、上海、广州知识产权法院设立后，北京市、上海市各中级人民法院和广州市中级人民法院不再受理知识产权民事和行政案件。知识产权法院对一审案件实行集中管辖、提级管辖和跨区域管辖。集中受理所在省市专利、植物新品种、集成电路布图设计、技术秘密、计算机软件等专业性较强的第一审知识产权民事和行政案件和涉及驰名商标认定的民事一审案件。知识产权法院的二审管辖范围包括审理所在市的基层人民法院第一审著作权、商标等知识产权民事和行政判决、裁定的上诉案件。北京和上海知识产权法院还受理对国务院部门或县级以上地方人民政府所作的涉及著作权、商标、不正当竞争等行政行为提起诉讼的行政案件。北京知识产权法院受地域管辖范围的影响,管辖不服国务院行政部门裁定或者决定而提起的第一审知识产权授权确权行政案件。海南自由贸易港知识产权法院专门管辖海南省内应由中级人民法院管辖的知识产权民事、行政、刑事案件,实行知识产权审判"三合一"。

知识产权法院的中级人民法院的地位决定了其第一审判决、裁定的上诉案件由知识产权法院所在地的高级人民法院审理。但 2019 年 1 月 1 日,最高人民法院挂牌成立知识产权法庭,全国范围内包括四家知识产权法院审理的专利等专业技术性较强的民事和行政上诉案件全部提级到最高人民法院知识产权法庭审理。专利类案件集中审理的目的在于统一专利等知识产权案件裁判尺度、加快创新驱动发展战略实施,通过实现审理专门化、管辖集中化、程序集约化和人员专业化,为知识产权强国和世界科技强国建设提供有力司法保障和服务。

五、互联网法院

(一) 互联网法院的设置

2017 年 6 月 26 日,中央全面深化改革领导小组第三十六次会议审议通过了《关于设立杭州互联网法院的方案》;2017 年 8 月 18 日,中国首家互联网法院在杭州市正式挂牌。此后,广州互联网法院和北京互联网法院先后挂牌成立。

互联网法院的成立是司法主动回应互联网时代现实需求的产物。随着互联网与社会生活的不断融合,每年的电子商务案件都在增加,特别是杭州法院 2016 年的电子商务案件量达到一万多件。这些纠纷使用传统诉讼方式解决具有成本高、时间长、举证复杂等问题,不利于纠纷化解的效率。2015 年 4 月,浙江省高级人民法院确定杭州市余杭区法院、西湖区法院、滨江区法院和杭州市中级法院为电子商务网上法庭首批试点法院。同年 8 月,四家试点法院的电子商务网上法庭正式上线,诉讼的每一个环节均在线上完成,取得了良好的反响。2017 年 4 月,最高人民法院批复同意由杭州铁路运输法院集中管辖杭州地区五类涉网民事案件,为杭州互联网法院试点获批和实体化运行积累经验、创造条件。此后，杭州互联网法院、广州互联网法院、北京互联网法院先后经中央深改组和最高人民法院批准正式成立。

（二）互联网法院的职权范围

根据最高人民法院《关于互联网法院审理案件若干问题的规定》，北京、广州、杭州互联网法院集中管辖所在市的辖区内应当由基层人民法院受理的下列第一审案件：（1）通过电子商务平台签订或者履行网络购物合同而产生的纠纷；（2）签订、履行行为均在互联网上完成的网络服务合同纠纷；（3）签订、履行行为均在互联网上完成的金融借款合同纠纷、小额借款合同纠纷；（4）在互联网上首次发表作品的著作权或者邻接权权属纠纷；（5）在互联网上侵害在线发表或者传播作品的著作权或者邻接权而产生的纠纷；（6）互联网域名权属、侵权及合同纠纷；（7）在互联网上侵害他人人身权、财产权等民事权益而产生的纠纷；（8）通过电子商务平台购买的产品，因存在产品缺陷，侵害他人人身、财产权益而产生的产品责任纠纷；（9）检察机关提起的互联网公益诉讼案件；（10）因行政机关作出互联网信息服务管理、互联网商品交易及有关服务管理等行政行为而产生的行政纠纷；（11）上级人民法院指定管辖的其他互联网民事、行政案件。这些案件发生在互联网，标的额一般不大，当事人往往分处两地，甚至相距遥远，当事人汇集到线下法院进行诉讼活动，成本与预期收益显然不相符。在线上审理这类案件，由于行为发生在互联网，行为的证据也在互联网，互联网的实时传送技术可以实现法院、双方当事人三方同时汇聚在互联网上的特定时空，并能够以电子数据的方式完成各项诉讼活动。线上审理无须当事人往返于法院与住地之间，线上提取并确认数据证据，节约了时间和金钱成本，提高了审判效率。

互联网法院属于基层人民法院，对其判决与裁定可以上诉。当事人对北京互联网法院作出的判决、裁定提起上诉的案件，由北京市第四中级人民法院审理，但互联网著作权权属纠纷和侵权纠纷、互联网域名纠纷的上诉案件，由北京知识产权法院审理。当事人对广州互联网法院作出的判决、裁定提起上诉的案件，由广州市中级人民法院审理，但互联网著作权权属纠纷和侵权纠纷、互联网域名纠纷的上诉案件，由广州知识产权法院审理。当事人对杭州互联网法院作出的判决、裁定提起上诉的案件，由杭州市中级人民法院审理。

（三）互联网法院的审判特点

互联网法院的审判特点是"网上案件网上审"，即采取在线方式审理案件，案件的受理、送达、调解、证据交换、庭前准备、庭审、宣判等诉讼环节一般应当在线上完成。

互联网法院在线接收原告提交的起诉材料，对材料进行审查之后，在线作出处理。符合立案条件的，在线登记立案及送达案件受理通知书；不符合立案条件的，线上作出不予受理的裁定。互联网法院受理案件后，通知当事人通过诉讼平台进行案件关联和身份验证。案件的审前程序、诉讼行为的实施、电子证据的录入和相互交换等都在诉讼平台上进行。互联网法院的庭审活动采取在线视频方式，实现当事人的各方沟通。互联网法院在送达上具有非常强的优势。案件审理中，涉及多次文书送达工作，传统法院的送达需要在规定时间内将纸质文书送达当事人手中，送达能否顺利进行影响着诉讼进程的推进。互联网法院在当事人没有明确反对的情况下，可以以电子方式送达法律文书，互联网法院可以向当事人确认的电子送达地址发出法律文书。当事人未提供有效电子送达地址的，也可以向受送达人本人的近3个月内处于日常活跃状态的手机号码、电子邮箱、即时通讯账号等常用电子地址发出法律文书。电子送达的效力与传统送达的效力相同，极大地解决了传统法院的送达难题，提升了司法效率。互联网法院还可以进行在线调解，并制作调解协议。在线审理的案件，可以在调解、证据交换、庭审、合议等诉讼环节运用语音识别技术同步生成电子笔录。电子笔录以在线方式核对确认后，与书面笔录具有同等法律效力。在线审案中，可以利用诉讼平台随案同步生成电子卷宗，形成电子档案。在线审案中，需要法官、当事人等签名的，可以在线确认或进行电子签章，与法律规定的签名具有相同的效力。

通过网络技术将传统审判程序在网络上实现，网上案件的网上审理，为解决当事人纠纷提供了更加便利、低成本和高效的司法服务。

六、金融法院

（一）金融法院的设置

为推进国家金融战略实施，健全完善金融审判体系，营造良好金融法治环境，促进经济和金融健康发展，2018年3月，中央全面深化改革委员会第一次会议审议通过了《关于设立上海金融法院的方案》。2018 年 4 月，全国人民代表大会常务委员会批准设立上海金融法院。同年 8 月，上海金融法院揭牌成立。上海金融法院对上海市人民代表大会常务委员会负责并报告工作。上海金融法院院长由上海市人民代表大会常务委员会主任会议提请本级人民代表大会常务委员会任免。上海金融法院副院长、审判委员会委员、庭长、副庭长、审判员由上海金融法院院长提请上海市人民代表大会常务委员会任免。上海金融法院审判庭的设置，由最高人民法院根据金融案件的类型和数量决定。上海金融法院审判工作受最高人民法院和上海市高级人民法院监督，并依法接受人民检察院的法律监督。

2021 年 1 月，全国人民代表大会常务委员会会议通过《关于设立北京金融法院的决定》。同年 3 月，北京金融法院成立。北京金融法院对北京市人民代表大会常务委员会负责并报告工作。北京金融法院院长由北京市人民代表大会常务委员会主任会议提请北京市人民代表大会常务委员会任免。北京金融法院副院长、审判委员会委员、庭长、副庭长、审判员由北京金融法院院长提请北京市人民代表大会常务委员会任免。最高人民法院和北京市高级人民法院依法监督北京金融法院的审判工作。

2022 年 2 月，全国人民代表大会常务委员会会议通过《关于设立成渝金融法院的决定》。同年 9 月，成渝金融法院成立。成渝金融法院对重庆市人民代表大会常务委员会负责并报告工作。成渝金融法院院长由重庆市人民代表大会常务委员会主任会议提请重庆市人民代表大会常务委员会任免。成渝金融法院副院长、审判委员会委员、庭长、副庭长、审判员由成渝金融法院院长提请重庆市人民代表大会常务委员会任免。成渝金融法院审判工作受最高人民法院和重庆市高级人民法院监督。成渝金融法院依法接受人民检察院法律监督。

（二）上海金融法院的案件管辖范围

2018 年 7 月，最高人民法院通过了《关于上海金融法院案件管辖的规定》，2021 年 3 月，最高人民法院对该规定进行了修正。该规定具体规定了上海金融法院的管辖范围。

上海金融法院管辖的第一审民商事案件主要有四类。第一类，上海市辖区内应由中级人民法院受理的第一审金融民商事案件，如证券、票据、银行卡、资产管理、外汇业务等。第二类，特殊类型纠纷的诉讼。主要包括境内投资者以发生在中华人民共和国境外的证券发行、交易活动或者期货交易活动损害其合法权益为由向上海金融法院提起的诉讼；境内个人或者机构以中华人民共和国境外金融机构销售的金融产品或者提供的金融服务损害其合法权益为由向上海金融法院提起的诉讼；在上海证券交易所科创板上市公司的证券发行纠纷、证券承销合同纠纷、证券上市保荐合同纠纷、证券上市合同纠纷和证券欺诈责任纠纷。第三类，针对特殊主体的诉讼。主要包括以上海证券交易所为被告或者第三人的与证券交易所监管职能相关的第一审金融民商事案件和以住所地在上海市并依法设立的金融基础设施机构为被告或者第三人的与其履行职责相关的第一审金融民商事案件。第四类，涉金融执行案件。主要包括上海金融法院执行过程中发生的执行异议案件、执行异议之诉案件，以及上海市基层人民法院涉金融案件执行过程中发生的执行复议案件、执行异议之诉上诉案件。

上海金融法院管辖的第一审行政案件主要有两类。第一类，以上海证券交易所为被告或者第三人的与证券交易所监管职能相关的涉金融行政案件。第二类，上海市辖区内应由中级人民法院受理的对金融监管机构以及法律、法规、规章授权的组织因履行金融监管职责作出的行政行为不服提起诉讼的第一审涉金融行政案件。

作为中级人民法院，上海金融法院还受理对上海市基层人民法院作出的涉金融民商案件和行政案件的裁判的上诉和申请再审案件。当事人不服上海金融法院作出的第一审判决、裁定，提起上诉的，由上海市高级人民法院受理。

（三）北京金融法院的案件管辖范围

2021 年 3 月，最高人民法院通过了《关于北京金融法院案件管辖的规定》，对北京金融法院的管辖范围进行了规定。

北京金融法院管辖第一审民事案件主要有四类。第一类，北京市辖区内应由中级人民法院受理的第一审金融民商事案件。第二类，特殊类型的金融纠纷案件。主要包括境内投资者以发生在中华人民共和国境外的证券发行、交易活动或者期货交易活动损害其合法权益为由向北京金融法院提起的诉讼；境内个人或者机构以中华人民共和国境外金融机构销售的金融产品或者提供的金融服务损害其合法权益为由向北京金融法院提起的诉讼；在全国中小企业股份转让系统向不特定合格投资者公开发行股票并在精选层挂牌的公司的证券发行纠纷、证券承销合同纠纷、证券交易合同纠纷、证券欺诈责任纠纷以及证券推荐保荐和持续督导合同、证券挂牌合同引起的纠纷。第三类，涉及特定主体的金融纠纷案件。主要包括全国中小企业股份转让系统有限责任公司、以住所地在北京市并依法设立的金融基础设施机构。第四类，涉金融执行案件。主要包括北京金融法院执行过程中发生的执行异议案件、执行异议之诉案件，以及北京市基层人民法院涉金融案件执行过程中发生的执行复议案件、执行异议之诉上诉案件。

北京金融法院管辖的第一审行政案件主要有两类。第一类，以全国中小企业股份转让系统有限责任公司为被告或者第三人的与证券交易场所监管职能相关的涉金融行政案件。第二类，涉及对金融监管主体行使监管职权的行政行为不服的诉讼案件。这类金融监管主体主要有中国人民银行、中国证券监督管理委员会、国家外汇管理局等国家金融管理部门以及其他国务院组成部门和法律、法规、规章授权的组织。北京金融法院为中级人民法院，还受理对北京市基层人民法院作出的涉金融民商案件和行政案件裁判的上诉和申请再审案件。

当事人不服北京金融法院作出的第一审判决、裁定，提起上诉的，由北京市高级人民法院受理。

（四）成渝金融法院的案件管辖范围

成渝金融法院管辖第一审民事案件主要有四类。第一类，重庆市以及四川省属于成渝地区双城经济圈范围内的应由中级人民法院受理的第一审金融民商事案件。第二类，特殊类型的金融纠纷案件。主要包括境内投资者以发生在中华人民共和国境外的证券发行、交易活动或者期货和衍生品交易活动损害其合法权益为由向成渝金融法院提起的诉讼；境内个人或者机构以中华人民共和国境外金融机构销售的金融产品或者提供的金融服务损害其合法权益为由向成渝金融法院提起的诉讼。第三类，涉及特定主体的金融纠纷案件。主要包括以住所地在重庆市以及四川省属于成渝地区双城经济圈范围内依法设立的金融基础设施机构为被告或者第三人，与其履行职责相关的第一审金融民商事案件。第四类，涉金融执行案件。主要包括成渝金融法院执行过程中发生的执行异议案件、执行异议之诉案件，重庆市以及四川省属于成渝地区双城经济圈范围内基层人民法院涉金融案件执行过程中发生的执行复议案件、执行异议之诉上诉案件。

成渝金融法院管辖的第一审行政案件主要有两类。第一类，以住所地在重庆市以及四川省属于成渝地区双城经济圈范围内依法设立的金融基础设施机构为被告或者第三人，与其履行职责相关的涉金融行政案件，由成渝金融法院管辖。第二类，重庆市以及四川省属于成渝地区双城经济圈范围内应由中级人民法院受理的对金融监管机构以及法律、法规、规章授权的组织，因履行金融监管职责作出的行政行为不服提起诉讼的第一审涉金融行政案件。

重庆市以及四川省属于成渝地区双城经济圈范围内基层人民法院作出的第一审金融民商事案件和第一审涉金融行政案件的上诉案件，由成渝金融法院审理。重庆市以及四川省属于成渝地区双城经济圈范围内应由中级人民法院受理的金融民商事案件、涉金融行政案件的申请再审和再审案件，由成渝金融法院审理。当事人对成渝金融法院作出的第一审判决、裁定提起的上诉案件，由重庆市高级人民法院审理。当事人对成渝金融法院执行过程中作出的执行异议裁定申请复议的案件，由重庆市高级人民法院审查。

第四节　审级制度与审判监督制度

一、两审终审制

目前大多数国家都设立不同级别的法院，实行两审或三审制度。我国法院审级制度以两审终审为原则，一审终审为例外。

我国法院审级制度普遍实行两审终审制，即一个案件经过两级法院审判即宣告终结的制度。对第一审法院的判决不服在法律规定期限内可以向上一级法院上诉或抗诉，规定期限内没有上诉或抗诉的一审判决或者第二审法院判决为终审判决，当事人不得再行上诉或抗诉，但有可能启动审判监督程序，获得案件的再审。两审终审制保障同一案件有获得不同级别法院两次审判的机会，从而保障案件得到公正的审判。但实践中，由于我国幅员辽阔，一审案件主要由基层人民法院管辖，二审案件则由中级人民法院管辖，终审判决法院的级别不高，地区性明显，法律适用的统一性存在难度。

特殊类型的案件实行一审终审制，如小额诉讼案件、非讼程序中选民资格案件、宣告失踪案件、宣告死亡案件、认定公民无行为能力案件、认定公民限制民事行为能力案件等。案件经过法院一次审判，即告终结。此外，由于最高人民法院是我国的最高审判机关，其审理的一审案件也实行一审终审制。

两审终审制的另一例外是判处死刑的案件。死刑，是剥夺犯罪分子生命的刑罚，是最严厉的刑罚。我国刑法、刑事诉讼法在规定死刑的同时，也规定了死刑严格适用的程序。死刑案件除经过第一审、第二审程序外，还必须经过死刑复核程序。只有经过复核并核准的死刑判决才发生法律效力。死刑复核程序具有自动性，作出死刑判决的法院即使当事人、人民检察院不提出申请，也应自动将案件提交最高人民法院对死刑的适用进行复核。

二、审判监督制度

审判监督制度，是我国诉讼审级制度中的特殊纠错与救济机制。依据审判监督程序对已经终审的案件提起再审，实现纠正错误判决，维护当事人利益的目标。《人民法院组织法》规定了最高人民法院、高级人民法院和中级人民法院有权审理依据审判监督程序提起的再审案件。三大诉讼法分别规定审判监督程序的启动主体、启动条件、法律效力等问题。

审判监督的启动主体包括当事人、人民法院和人民检察院。《民事诉讼法》专设第十六章规定审判监督程序，有权提起审判监督程序的主体有人民法院、当事人和人民检察院。不同的主体在启动审判监督程序时有不同的程序。（1）人民法院可决定再审。各级人民法院院长对本院已经发生法律效力的判决、裁定、调解书，发现确有错误，认为需要再审的，应当提交审判委员会讨论决定。最高人民法院对地方各级人民法院已经发生法律效力的判决、裁定、调解书，上级人民法院对下级人民法院已经发生法律效力的判决、裁定、调解书，发现确有错误的，有权提审或者指令下级人民法院再审。（2）当事人可申请再审。当事人对已经发生法律效力的判决、裁定，认为有错误的，可以向上一级人民法院申请再审；当事人一方人数众多或者当事人双方为公民的案件，也可以向原审人民法院申请再审。当事人申请再审的，不停止判决、裁定的执行。当事人申请再审的，受理人民法院应当进行审查，对符合法定再审事由的，受理人民法院应当裁定再审。（3）人民检察院可提出抗诉。最高人民检察院对各级人民法院已经发生法律效力的判决、裁定，上级人民检察院对下级人民法院已经发生法律效力的判决、裁定，发现存在再审事由时，应当提出抗诉。当事人也可以向人民检察院申请抗诉。人民检察院提出抗诉的案件，接受抗诉的人民法院应当作出再审的裁定，对案件进行再审。《刑事诉讼法》第三编专设第五章规定了审判监督程序，当事人及其法定代理人、近亲属可以向人民法院或者人民检察院提出申诉，符合法定条件的，人民法院应当重审。各级人民法院院长对本院已经发生法律效力的判决和裁定，如果发现在认定事实上或者在适用法律上确有错误，必须提交审判委员会处理。最高人民法院对各级人民法院已经发生法律效力的判决和裁定，上级人民法院对下级人民法院已经发生法律效力的判决和裁定，如果发现确有错误，有权提审或者指令下级人民法院再审。最高人民检察院对各级人民法院已经发生法律效力的判决和裁定，上级人民检察院对下级人民法院已经发生法律效力的判决和裁定，如果发现确有错误，有权按照审判监督程序向同级人民法院提出抗诉。人民检察院抗诉的案件，接受抗诉的人民法院应当组成合议庭重新审理。《行政诉讼法》同样规定了当事人可以申请再审、人民法院有权决定再审和人民检察院有权提起抗诉而人民法院进行再审的审判监督程序。

审判监督程序是对生效判决、裁定的再审纠错程序，有利于维护司法公正，但过多过易地启动审判监督程序有损司法的权威、效率，不利于社会关系的稳定。因此，审判监督程序的启动必须满足法定的条件（又称再审事由），足以说明生效判决存在瑕疵，足以导致产生错误的判决、裁定。

《民事诉讼法》第211条规定了当事人提起再审的事由，包括实体性事由、程序性事由、裁判基础事由和违法审判事由。

实体性事由又分为事实认定事由和法律适用事由。事实认定事由被具体化为如下情况：（1）出现足以推翻原判决、裁定的新证据；（2）原判决、裁定认定的基本事实缺乏证据证明；（3）原判决、裁定认定事实的主要证据是伪造的或未经质证的；（4）人民法院应调查收集而未调查收集的主要证据。这些证据上的瑕疵导致原判决、裁定的正当性缺少足够的事实依据，并且不是由于当事人自身的过错，故应对案件进行再次审理。法律适用事由，即指适用法律确有错误，此时应对案件进行再审。

程序性事由包括：（1）审判组织的组成不合法或者依法应当回避的审判人员没有回避的；（2）无诉讼行为能力人未经法定代理人代为诉讼或者应当参加诉讼的当事人，因不能归责于本人或者其诉讼代理人的事由，未参加诉讼的；（3）违反法律规定，剥夺当事人辩论权利的；（4）未经传票传唤，缺席判决的。违反诉讼程序并不必然导致裁判具有实体错误，但对程序正义和当事人程序权利的保护，应对存在损害当事人程序权利的案件进行再审。但并非所有的存在程序错误的案件都应再审，仅当特定类型的程序瑕疵足以影响裁判的公正时，方为再审事由。

裁判基础事由包括：（1）原判决、裁定遗漏当事人诉讼请求。此类判决、裁定未能完全解决当事人争诉的事项，却又因不得重复诉讼之规定丧失再次寻求司法救济的权利，只能通过再审程序对案件进行重新审理。（2）原判决、裁定超出诉讼请求。此类判决、裁定违反了原告的处分权，原告对未提出请求的事项往往未提供充分的证据和质证，存在裁判突袭的可能，导致裁判正当性的缺失，只能进行再审。（3）据以作出原判决、裁定的法律文书被撤销或者变更。作出裁判的基础事实发生变化，裁判必然应随之发生变化，应对案件进行再审，以维护审判的公正。

违法审判事由，是指审判人员审理该案件时有贪污受贿、徇私舞弊、枉法裁判行为。存在上述行为的审判人员缺少司法公正需要的中立性，易于作出错误的裁判，应就案件进行再审。

《民事诉讼法》第211条也是人民检察院抗诉的事由，同时对于调解书损害国家利益、社会公共利益的，人民检察院应当提出抗诉。人民法院决定再审事由并未细化，在发现确有错误时，即可进行再审。

《刑事诉讼法》在规定当事人及其法定代理人、近亲属可以申诉时，规定了申诉事由，同样包括实体性事由、程序性事由和违法审判事由。实体性事由包括证据瑕疵和法律适用错误。程序性事由概括为：违反法律规定的诉讼程序，可能影响公正审判的。违法审判事由与《民事诉讼法》的规定一致，是指审判人员在审理该案件的时候，有贪污受贿、徇私舞弊、枉法裁判行为的。相对于《民事诉讼法》的相关规定具有更强的概括性。相比《民事诉讼法》的再审事由，《刑事诉讼法》申诉事由在类型上基本相同，都包括实体性事由、程序性事由和法官违法审判事由，但过于概括化、模糊化。人民法院和人民检察院决定再审的事由更加具有概括性，发现确有错误的就应当启动审判监督程序，这体现了我国刑事案件有错必纠的司法精神。

《行政诉讼法》也规定了相应的再审事由，包括实体性事由、程序性事由、裁判基础事由和违法审判事由。实体性事由包括证据瑕疵和法律适用错误。程序性事由概括为：违反法律规定的诉讼程序，可能影响公正审判的。裁判基础事由包括原判决、裁定遗漏诉讼请求和据以作出原判决、裁定的法律文书被撤销或者变更。违法审判事由是指审判人员在审理该案件时有贪污受贿、徇私舞弊、枉法裁判行为。人民法院决定再审的事由除上述事由外，还包括调解违反自愿原则或者调解书内容违法。人民检察院抗诉的事由包括当事人申请再审事由外，还包括调解书损害国家利益、社会公共利益的。显然，行政案件的再审事由从规范上而言更加细化。

为了优化司法资源配置，明确四级法院职能定位和审判监督体系建设，全国人民代表大会常务委员会授权最高人民法院组织开展四级法院审判职能定位改革试点，据此最高人民法院制定《关于完善四级法院审级职能定位改革试点的实施办法》。该实施办法对最高人民法院再审程序进行了改革，重点在于确定最高人民法院再审案件的范围。根据再审案件来源不同进行区分，主要有两类。一类是不服高级人民法院作出的已经发生法律效力的民事、行政判决、裁定，向最高人民法院提起的再审案件。这类案件一般仍由高级人民法院进行再审，只有满足特定情况的，最高人民法院方决定由其再审，不属于特定情况的，仍由原高级人民法院再审。特定情况有两种：一为再审申请人对原判决、裁定认定的基本事实、主要证据和诉讼程序无异议，但认为适用法律有错误的；二为原判决、裁定经高级人民法院审判委员会讨论决定的。另一类是最高人民法院的提审案件，分为应当提审和可以提审两类。原判决、裁定适用法律确有错误，且符合特定情形之一的，最高人民法院应当裁定提审。地方各级人民法院、专门人民法院已经发生法律效力的判决、裁定，确有错误的，且符合特定情形之一的，可以裁定提审。上述特定情形包括：（1）具有普遍法律适用指导意义的；（2）最高人民法院或者不同高级人民法院之间近3年裁判生效的同类案件存在重大法律适用分歧，截至案件审理时仍未解决的；（3）最高人民法院认为应当提审的其他情形。最高人民法院再审案件范围的改革将最高人民法院受理再审案件的事由主要集中到案件再审对法律适用具有指导意义的案件，有利于将最高人民法院从繁重的案件审理中解脱出来，将工作的重点放在对法律适用具有指导意义的案件上，更好地履行统一我国法律适用的职能。

案件再审的法律效力为何，即是否影响生效法律文书的执行问题，三大诉讼法对此分别进行了规定。《民事诉讼法》规定再审程序的申请并不产生中止生效法律文书执行的效力，但经过审查人民法院决定再审的案件，如无法律特别规定，将中止原生效法律文书的执行。追索赡养费、扶养费、抚养费、抚恤金、医疗费用、劳动报酬等案件被决定再审的，可以不中止执行，上述案件的执行往往是在满足债权人的生活必需。刑事案件再审程序的启动主要涉及是否要对案件的被告采取强制措施，《刑事诉讼法》根据启动再审程序的主体不同进行了不同的规定，遵循"谁启动，谁决定"原则。人民法院决定再审的案件，可以决定中止原判决、裁定的执行。需要对被告人采取强制措施的，由人民法院依法决定；人民检察院提出抗诉的再审案件，需要对被告人采取强制措施的，由人民检察院依法决定。《行政诉讼法》仅规定了当事人申请再审的，判决、裁定不停止执行。但对于人民法院、人民检察院启动再审程序的是否影响生效法律文书的执行缺乏规定。本书认为这种情况属于法律漏洞，即使行政案件具有自身的特殊性，也应对再审是否影响生效判决、裁定和调解书的执行有所回应，而非视而不见。

第五节　审判组织形式

依据我国法律的规定，我国的审判组织存在两种形式，一种是独任制，另一种是合议制。多数案件的审理采用合议制，少数特别规定的案件采用独任制。

一、独任制

独任制，是指由一名审判员对案件进行审理并作出裁判的审判组织形式。独任制适用的范围为比较简单的案件。

独任制的特点主要有：第一，独任制由独任法官一人组织案件的审理工作并作出裁判。独任法官组织庭前活动，包括庭前调解工作，确定庭审时间，参加、组织庭审活动，控制庭审的程序推进并根据庭审情况独自依据法律与证据事实作出裁判。独任法官之外的审判辅助人员只是辅助法官开展审判活动，审判的决策权和裁判的决定权都属于独任法官。第二，承担独立审判任务的人员只能是法官，人民陪审员或者不具有独任审判员资格的法官，不能担任独任制的独任法官。独任制由法官独立对案件进行审理，对审判员的职业水平有更高的要求，所以只能由具有独任审判员资格的法官担任独任审判中的审判法官。

第三，独任制多采用简易程序审理案件。简易程序只适用于审理事实清楚、权利义务关系明确、争议不大的简单的民事案件，而法官独任制一般适用于案情简单的一审案件，恰好与简易程序的适用范围相一致，所以独任制审判的案件很多都采用简易程序。

三大诉讼法分别规定了独任制适用的范围。《刑事诉讼法》规定了两类案件适用独任制：一是基层人民法院适用简易程序审理的案件；二是适用速裁程序审理的案件。《行政诉讼法》也规定了对适用简易程序审理的案件适用独任制。此外，在审级上，独任制只适用于一审案件，不能审理二审案件和再审案件。2017年修正的《民事诉讼法》中规定了两类案件的审理适用独任制：一类为适用简易程序审理的民事案件；另一类为依照特别程序审理的除了选民资格案件或者重大、疑难案件的其他案件。但是，为进一步优化司法资源配置，我国不断深化的民事诉讼改革正在尝试扩大独任制适用的范围，最高人民法院于2020年1月15日向北京、上海等15家高级人民法院印发《民事诉讼程序繁简分流改革试点实施办法》，该办法突破传统审判组织配置模式，从两个方面扩大了独任制的适用范围。第一，将独任制的适用案件扩展至基层人民法院以普通程序审理的事实不易查明，但法律适用明确的案件。这类案件的"事实不易查明"，不是事实模糊不清难以查明，而是事实需要评估、鉴定、审计等耗时较长，程序比较复杂的情况，一旦这些工作完成，案件事实是很清楚的，法律适用也比较简单，法官一人足以完成案件的审判工作，此时可以适用独任制。第二，探索在第二审程序中适用独任制。该办法规定事实清楚、法律适用明确的第一审以简易程序结案的上诉案件及裁定类上诉案件，可以由法官一人独任审理。这两类案件案情相对简单，权利义务关系比较明确，审理难度不大，法官一人足以正确作出裁判，故可以采用独任制。独任制的扩大适用以案件的公正裁判为前提，以我国法官精英化为基础，以优化司法资源、提高司法效率为目标，是我国独任制的发展趋势。2021年《民事诉讼法》修正，总结了前期的改革成果，将独任制的适用范围扩张为四类案件：第一类为适用简易程序审理的民事案件，这类案件必然适用独任制。第二类为基层人民法院审理的基本事实清楚、权利义务关系明确的第一审民事案件，这类案件可以适用独任制。第三类为中级人民法院对第一审适用简易程序审结或者不服裁定提起上诉的第二审民事案件，事实清楚、权利义务关系明确的，这类案件可以适用独任制，但还需要经过双方当事人同意。第四类为依照特别程序审理的除了选民资格案件或者重大、疑难案件的其他案件，这类案件必然适用独任制。2023年《民事诉讼法》修正时，在第四类依照特别程序审理的案件中增加了一种案件，即指定遗产管理人案件，该案件也适用独任制。

独任制转换是指在审判中，由于出现了某种情况，审判组织由独任制转为合议制。审判组织的确定是在案件受理之初根据案件当时的基本情况确定的，随着案件审理活动的推进，可能发现案件的真实情况比最初表现出的情况更加复杂，不再属于独任制的适用范围，也不宜采用独任制审判组织形式，存在将案件转由合议制审理的必要性时，独任法官可以申请重新组成合议庭对案件进行审理。发生转换的原因有：（1）审理过程中，发现案情并不简单，适用独任制不足以正确审理的；（2）当事人在审理中又提出新的诉讼请求或发现被告又有新的犯罪；（3）其他需要采用合议制的情况。转换后，原独任审判员可以成为合议庭成员，已经发生的先行诉讼行为和诉讼效果应当维持其效力，合议庭在承接案件后存在疑虑的，可以重新组织开庭。

二、合议制

（一）概念与特征

合议制，是指一种实行多人参与、共同裁判的集体决策机制。

合议制的特征主要有：第一，多人参与案件的审理与评议。多人是指3人以上包括3人的奇数，不能是偶数，以便形成多数判决。第二，合议庭成员法律地位平等。法院院长、庭长、法官作为合议庭成员时具有相同的审判权力，在案件审理和评议中都有权参与庭审，发表评议意见，进行裁判表决。法院院长等不得因行政级别高于其他合议庭成员，而不允许其他成员发表评议意见或不经表决直接将自己的意见作为裁判结果。人民陪审员依法成为合议庭成员的，除法律有特别规定的，与法官具有同等的权利。第三，共同审理，共同裁判，集体负责。合议庭成员对案件的审理是多人共同审理，共同参与庭审活动，共同根据庭审对案件的事实进行认定，共同讨论法律的认定，共同作出案件的裁判，对外以合议庭的名义负责。第四，案件的裁判实行少数服从多数。案件评议时，多个合议庭成员就可能出现多种评议意见，经过讨论仍不能形成一致意见时，依据多数人意见作出裁判，实行少数服从多数。少数人的评议意见应当记入合议庭记录，但不记入裁判文书。裁判文书仅显示合议庭的集体裁判意见。

合议制较之独任制在裁判公正性上具有更多的优势。第一，集体决策，克服法官个体的主观偏向性。合议制中裁判的形成依赖于多人的集体决策，审判人员的个人意见并不具有决定性作用，集体决策防止因单个审判人员的认识偏差或个人倾向而作出错误的裁判。案件庭审过程中，原被告双方提出证据，审判人员需要对证据进行认定进而形成对事实的确认，其中审判人员存在心证及自由裁量，依赖单个审判人员的心证和自由裁量，容易发生因审判人员的主观偏向而形成不公正的事实认定；在案件法律适用问题上，也可能存在审判人员的主观偏好，影响法律适用的公正性。独任制中对于单个审判人员的具有主观偏向的事实认定和法律适用缺乏有效的修正机制，形成的裁判更易于出现不公正的结果。合议制则利用多人集体评议、集体决策的机制平衡和消减单个审判人员的主观偏向，更易于形成公正的裁判。第二，权力的相互制约，防止司法腐败。在独任制中作出判决的法官仅有一个，司法腐败的成本相对较低。合议制中，各成员具有平等的审判权力，单个审判人员无法决定裁判的结果，为司法腐败行为增加了难度和成本。合议庭成员间的相互制约将抑制司法腐败，进而易于产生公正的裁判。

（二）合议制的适用范围

我国法律规定，对普通案件的审理采用合议制。《民事诉讼法》规定，人民法院审理第一审民事案件，由审判员、人民陪审员共同组成合议庭或者由审判员组成合议庭；人民法院审理第二审民事案件，由审判员组成合议庭；适用特别程序审理的选民资格案件或者重大、疑难的案件，由审判员组成合议庭审理。《刑事诉讼法》规定，基层人民法院、中级人民法院审判第一审案件，应当由审判员3人或者由审判员和人民陪审员共3人或者7人组成合议庭进行，高级人民法院审判第一审案件，应当由审判员3人至7人或者由审判员和人民陪审员共3人或者7人组成合议庭进行。最高人民法院审判第一审案件，应当由审判员3人至7人组成合议庭进行。人民法院审判上诉和抗诉案件，由审判员3人或者5人组成合议庭进行。《行政诉讼法》在规定适用简易程序审理的行政案件由审判员1人独任审理外，规定人民法院审理行政案件，由审判员组成合议庭，或者由审判员、人民陪审员组成合议庭；人民法院对上诉案件，应当组成合议庭。

（三）合议庭的人员组成及其权利义务

根据合议庭成员身份的不同，合议庭组成有两种方式：一是由审判员和人民陪审员组成的合议庭；二是由审判员组成的合议庭。第一种形式的合议庭仅适用于一审案件，二审案件或者适用特别程序的非诉案件只能采用由审判员组成的合议庭审理案件。

根据合议庭成员数量不同，有3人合议庭、5人合议庭、7人合议庭。近年来，随着案件复杂度的提升及我国对司法公正的高度重视，合议庭成员的数量也呈增长的趋势，但人数都为奇数，以便评议中形成多数意见，不至于出现平局的情况。

合议庭设有审判长一名，由符合审判长任职条件的法官担任，人民陪审员不得担任审判长。院长或者庭长参加合议庭审判案件的时候，自己担任审判长。审判长主持合议庭的审判活动，与其他成员平等参与案件的审理、评议、裁判，共同对案件认定事实和适用法律负责。审判长的主要职责包括庭前调解、庭前辅助工作；确定案件审理方案，确定争点；主持庭审活动；主持合议庭对案件进行评议；决定是否提请院长将案件提交审判委员会讨论；制作、审核裁判文书；签发裁判文书等。

根据有关规定，合议庭接受案件后，需要确定案件承办法官，或者由审判长指定合议庭成员之一为案件承办法官。案件的承办法官负责组织和推动案件审判流程，主要有：（1）庭前准备，包括主持当事人庭前调解，证据提交和交换，确定案件庭审的焦点等；（2）庭审组织，协助审判长组织法庭审理活动，制作审理报告等；（3）庭后评议，组织合议庭开展评议，对需要提交审判委员会讨论的，受审判长指派向审判委员会汇报案件，根据评议结果，制作裁判文书并提交合议庭审核等。案件承办法官组织案件审判流程，但在案件评议和决议事项上，与合议庭其他成员具有平等的职权，承担同等的责任。

（四）合议庭的运行

合议庭的运行贯穿案件审理的整个过程，具体分为案件审理、案件评议、裁判文书的制作与签署。

审理案件既是合议庭的权利，也是合议庭的义务。案件承办法官负责审理案件的准备，依法不开庭审理的案件，合议庭全体成员均应当阅卷，必要时提交书面阅卷意见。开庭审理时，合议庭全体成员应当共同参加，不得缺席、中途退庭或者从事与该庭审无关的活动。实践中，存在合议庭流于形式的个别现象，承办法官独自负责案件，其他合议庭成员"合而不审"，成为事实上的独任制，危害当事人的程序性权利，违背审判亲历性的司法规律。司法责任制改革将有利于改善这一现象，以合议庭成员均对案件裁判文书承担司法责任倒逼合议庭成员积极、充分地参与案件的庭审、评议和裁判，实现真正的合议。

案件评议由合议庭成员全部参加，并且不对外公开。合议庭成员进行评议的时候，应当认真负责，充分陈述意见，独立行使表决权，不得拒绝陈述意见或者仅作同意与否的简单表态。同意他人意见的，也应当提出事实根据和法律依据，进行分析论证。评议时，审判长与合议庭其他成员（包括人民陪审员）权利平等，评议决定按照多数人的意见作出，少数人的意见应当记入笔录。评议时，发言的顺序是先由承办法官对认定案件事实、证据是否确实充分以及适用法律等发表意见，其他合议庭成员陆续发表自己的意见，审判长最后发表意见。审判长作为承办法官的，由审判长最后发表意见。审判长最后发表意见有利于其他合议庭成员充分地发表自己的意见，而不会陷入对权威的服从，导致无法对案件的裁判进行充分的评议。审判长应当根据评议情况总结合议庭评议，根据少数服从多数原则，形成结论性意见。

合议庭形成评议意见后，需要制作、签署裁判文书。裁判文书的制作一般由审判长或者承办法官承担，但是审判长或者承办法官的评议意见与合议庭评议结论或者审判委员会的决定有明显分歧的，也可以由其他合议庭成员制作。对制作的裁判文书，合议庭成员应当共同审核，确认无误后签名。

三、审判委员会制

（一）概念与特征

人民法院审判委员会制度是中国特色社会主义司法制度的重要组成部分，是我国法院集体讨论、决定重大疑难案件和总结审判经验的审判组织。审判委员会是否是审判组织理论上存在争议。赞同的观点认为：审判委员会是按照"民主集中制"原则在各级法院内部设立的机构，由于审判委员会拥有对案件进行讨论并进而作出决定的权力，因此尽管审判委员会并不直接主持或参加法庭审判，却实际承担着审判职能，成为一种审判组织。反对的观点则认为：审判委员会不直接主持或参加法庭审判，因此不是审判组织，仅是法院内部行政领导机构。应该看到的是，我国法院的审判委员会虽然不直接主持或参加法庭审判，但是其承担着讨论决定重大、疑难案件的审判职能，并事实上决定着案件的裁判，应当属于审判组织。

审判委员会作为审判组织与独任庭、合议庭两类主要审判组织相比，具有如下特征。第一，审判委员会仅适用于审判重大、疑难或复杂的案件或者对本院审理工作有指导意义的案件。审判委员会并非普通案件的审判组织，仅当独任庭或合议庭裁判案件有争议，难以形成确定裁判时，独任庭或合议庭向院长申请，由院长提请审判委员会讨论决定案件。或者一些案件在法院受理之初就影响重大，比较复杂，也会在确定案件合议庭时，提出还需由审判委员会讨论决定。第二，审判委员会对案件的审理方式不同。独任庭或合议庭强调案件审理的亲历性，亲自直接参加庭审活动。审判委员会并不直接参加庭审活动，其对案件的审理属于间接审理，由直接审判案件的法官向其陈述案件的证据与事实，审判委员会在此基础上讨论法律的适用。第三，审判委员会讨论、决定案件的保密性要求更高。比如，1993 年最高人民法院印发的《最高人民法院审判委员会工作规则》（根据 2019 年《最高人民法院关于废止部分司法解释（第十三批）的决定》规定，此文件已失效）第 13 条规定："审判委员会委员、列席人员、秘书和书记员，应当遵守保密规定，不得泄露审判委员会讨论，决定的事项。审判委员会会议纪要，属机密文件，未经批准，任何人不得外传。" 2019 年 8 月 2 日最高人民法院印发的《关于健全完善人民法院审判委员会工作机制的意见》第 26 条规定，"各级人民法院应当建立审判委员会会议全程录音录像制度，按照保密要求进行管理"。第 34 条规定："审判委员会委员、列席人员及其他与会人员应严格遵守保密工作纪律，不得泄露履职过程中知悉的审判工作秘密。因泄密造成严重后果的，严肃追究纪律责任和法律责任。" 第四，审判委员会决议形式不同。审判委员会以决定的形式表现其决议的内容，审判委员会的裁判意见并不是直接形成审议案件的裁判文书，而仅形成审判委员会决议，表明其就案件法律适用问题的意见。第五，审判委员会决议形式不属于裁判文书，不可对此寻求司法救济。审判委员会经过讨论评议形成的决议是发给独任庭或合议庭的，独任庭或合议庭收到审判委员会作出的决议，一般会选择遵守，并转化为裁判文书，审判委员会并不直接制作或发布裁判文书。因此，不服裁判文书判决的，也不能就审判委员会决议提起上诉。

（二）审判委员会的职能

根据《人民法院组织法》的规定，我国法院审判委员会的职能主要有三项。第一，总结审判工作经验。审判委员会的这一职能针对特定类型的案件，但不针对个案，是对所在法院既往审判工作经验的总结。根据所在法院既往的审判工作，总结特定类型案件审判中的共同的难点问题，提出针对特定类型案件的审判对策和审判规律，统一法院案件审判的标准。第二，讨论决定重大、疑难、复杂案件的法律适用。审判委员会并不普遍性地参与案件的审判工作，我国法院简易案件采用独任制，普通案件采用合议制，只有重大、疑难、复杂案件才在独任法官或合议庭审判的基础上，提交审判委员会讨论决定。审判委员会这一职能在历史上法官审判业务能力不强的时期，解决了法官个体或合议庭的司法能力不强的问题。但随着我国法学理论界对审判规律认识的提升，特别是对司法亲历要求的认同以及"让审理者裁判，由裁判者负责"司法共识的形成，审判委员会就特定案件的讨论、决定的职能受到了学界的诟病，审判委员会改革日益受到重视。2018年《人民法院组织法》修订，明确肯定了各级人民法院设立审判委员会，其职能包括对具体重大、疑难、复杂案件的讨论决定，并进一步细化了审判委员会讨论决议案件的程序、效力和司法责任。第三，讨论决定本院已经发生法律效力的判决、裁定、调解书是否应当再审。我国法院有权以再审的方式对本院裁判的案件进行审判监督，审判委员会有权对具有再审事由的本院已生效判决、裁定、调解书是否再审进行讨论并作出决定。审判委员会的设立充分体现了我国审判工作中的集体决策和集体领导的精神。

最高人民法院的审判委员会还具有发布法律具体适用问题的解释和发布指导性案例的职能，旨在实现全国范围内法律适用的统一。

（三）审判委员会的运行

为了健全完善人民法院审判委员会工作机制，2019年8月2日最高人民法院颁布了《关于健全完善人民法院审判委员会工作机制的意见》（以下简称《意见》），对审判委员会的运行机制等进行了明确规定。

第一，《意见》规定了审判委员会的人员组成。审判委员会由法院院长、副院长和若干名资深法官组成，成员为单数。人员构成加强专业化，保障审判委员会具备指导案件审判的专业能力。

第二，《意见》规定了审判委员会讨论具体案件时，参加人员的构成。审判委员会讨论案件时，除审判委员会成员外，下列人员应当列席审判委员会会议：（1）承办案件的合议庭成员、独任法官；（2）承办案件的审判庭或者部门负责人；（3）其他有必要列席的人员。审判委员会召开会议，必要时可以邀请人大代表、政协委员、专家学者等列席。经主持人同意，列席人员可以提供说明或者表达意见，但不参与表决。审判委员会举行会议时，同级人民检察院检察长或者其委托的副检察长可以列席。

第三，《意见》规定了审判委员会的议事程序、议事规则和决议的法律效力等问题。审判委员会讨论案件的议事程序包括听取汇报、询问、发表意见和最后表决。审判委员会会议由法院院长或者其委托的副院长担任主持人。由承办人汇报案件情况，合议庭其他成员补充。审判委员会委员听取汇报后，可以进行询问、发表意见，最后进行表决。审判委员会的议事规则规定：审判委员会委员应当客观、公正、独立、平等地发表意见，审判委员会委员发表意见不受追究，但应当记录在卷。为保障审判委员会委员充分地讨论和发表意见，发言的顺序应当按照职级高的委员后发言的原则确定，主持人最后发表意见。主持人应当归纳委员的意见，按多数意见拟出决议，付诸表决。审判委员会的决议应当按照全体委员 1/2 以上多数意见作出。决议的法律效力明确为：合议庭应当执行。

（四）审判委员会的司法责任

2018 年修订的《人民法院组织法》规定，审判委员会讨论案件，合议庭对其汇报的事实负责，审判委员会委员对本人发表的意见和表决负责。审判委员会的决定，合议庭应当执行。首先，该规定肯定了审判委员会对案件审判的决定权。审判委员会对案件裁判的决议，合议庭必须执行。审判委员会由资深的法官组成，适用法律时更有准确性。其次，该规定解决了权责分明问题。案件的审理需要事实认定清楚与法律适用准确，审判委员会不参加庭审，无法通过庭审认定事实，没有经过庭审质证的证据也不能作为事实认定的依据，事实的认定只能在庭审中完成。合议庭组织、参与了庭审，在庭审中对事实形成了认定。审判委员会在案件讨论时，由合议庭陈述案件的事实，并且对陈述的事实负责。审判委员会根据合议庭陈述的案件事实作出法律适用的决议，因为其对案件审判的决定权，其对该决议承担责任。当然，合议庭在陈述事实准确的情况下，不再对案件法律适用正确与否承担责任，尽管其是案件的审判组织。审判委员会对事实认定的错误以及基于错误事实作出的错误的法律适用的决议也不承担责任。由此，很好地界定了审判委员会的地位与权责，更好地发挥审判委员会的职能，又防止了其权力的滥用，同时符合司法审判的规律。

第六节　审判人员

一、法官

法官是依法行使国家审判权的审判人员。我国现行《法官法》于 1995 年制定，2001 年、2017 年和 2019 年分别进行了修改。该法就法官的职责、权利、义务、条件、遴选、任免、管理、考核、奖励和惩戒、职业保障等问题进行了规定。

（一）法官的任职条件与选任

法官是审判的具体实践者，法官素质的高低决定着审判的质效。为了全面推进高素质的法官队伍的建设，我国法官的选任日趋专业和严格，并建立起法官员额制，实现法官精英化。

《法官法》规定了法官应具备的条件，包括积极的条件和消极的条件。

积极的条件是指法官应当具备的条件，包括身份、政治思想、身体状况、学历、从事法律工作时长和职业资格考试等方面。（1）在身份方面，必须具有中华人民共和国国籍。（2）在政治思想方面，必须拥护中华人民共和国宪法，拥护中国共产党领导和社会主义制度，具有良好的道德品行。（3）在身体健康方面，必须具有正常履行职责的身体条件。（4）在学历方面，必须具备普通高等学校法学类本科学历并获得学士及以上学位，或者普通高等学校非法学类本科及以上学历并获得法律硕士、法学硕士及以上学位，或者普通高等学校非法学类本科及以上学历，获得其他相应学位，并具有法律专业知识；特殊地区可以放宽至为高等学校本科毕业。（5）从事法律工作时长方面，要求从事法律工作满 5 年。其中获得法律硕士、法学硕士学位，或者获得法学博士学位的，从事法律工作的年限可以分别放宽至 4 年、3 年。（6）在职业资格考试方面，要求初任法官应当通过国家统一法律职业资格考试取得法律职业资格。

消极的条件是指法官不得具备的情况，具备法定的情况之一的，就不能担任法官。这些情况往往反映出相关人员的非道德性、非公正性，不足以信赖其能对案件作出公正的裁判，主要有：（1）因犯罪受过刑事处罚的；（2）被开除公职的；（3）被吊销律师、公证员执业证书或者被仲裁委员会除名的；等等。

满足积极条件而不具备消极条件的人员才有可能成为法官。在实行法官员额制之前，法官人选的确定由各法院自行决定，法官员额制之后，法官人选的确定需要经过法官遴选委员会的选任。法官遴选委员会分为最高人民法院法官遴选委员会和省级法官遴选委员会。最高人民法院法官遴选委员会负责最高人民法院法官人选专业能力的审核，由最高人民法院院长提请全国人民代表大会常务委员会任免。省级法官遴选委员会负责辖区内三级人民法院初任法官人选专业能力的审核，由各法院院长提请本级人民代表大会常务委员会任免。

法官员额制实施之后，法官的遴选由法官遴选委员会完成，完成初任法官人选专业能力的审核。最高人民法院法官遴选委员会负责最高人民法院法官人选专业能力的审核。2017 年 6 月 21 日，最高人民法院法官遴选委员会正式成立。法官遴选委员会由中央有关单位负责人、全国人大代表、全国政协委员以及社会有关代表、专家代表、法官代表等 15 人组成，其中专门委员 8 名、专家委员 7 名。法院自身仅有 3 名委员，仅占全体委员的 1/5。省级法官遴选委员会负责地方各级人民法院法官人选专业能力的审核，由地方各级人民法院法官代表、其他从事法律职业的人员和有关方面代表组成，其中法官代表不少于 1/3。通过遴选的法官须经相关人民代表大会常务委员会任命。最高人民法院的法官由全国人民代表大会常务委员会任命，地方各级人民法院的法官由省、自治区、直辖市人民代表大会常务委员会任命。

（二）法官的权利义务

法官的权利是指其作为法官这一特殊身份，履行其特殊职权所具有的权利。《法官法》规定的法官权利从保障法官能够实施审判权和保障法官公正、不受干预地实施审判权两个方面着手。保障法官能够实施审判权，包括保障法官具备履行法官职责应当具有的职权和工作条件；应当享有的职业保障和福利待遇；人身、财产和住所安全受法律保护。为保障法官公正、不受干预地实施审判权，赋予法官非因法定事由、非经法定程序，不被调离、免职、降职、辞退或者处分的权利；赋予法官提出申诉或者控告的权利；等等。

法官的义务是指其作为法官这一特殊身份，履行其特殊职权所应当履行的行为。法官的义务体现着法官履行审判职权应有的基本要求。法官履行审判职权应客观公正，勤勉尽责，清正廉明，恪守职业道德。法官的义务包括：严格遵守宪法和法律；秉公办案，不得徇私枉法；依法保障当事人和其他诉讼参与人的诉讼权利；维护国家利益、社会公共利益，维护个人和组织的合法权益；

保守国家秘密和审判工作秘密，对履行职责中知悉的商业秘密和个人隐私予以保密；依法接受法律监督和人民群众监督；通过依法办理案件以案释法，增强全民法治观念，推进法治社会建设；等等。

（三）法官的职业保障

法官是司法审判活动的具体执行者，是司法审判的裁判者，是司法公平正义的具体实践者和维护者。法官在司法体系中的重要意义，要求法官公正严明，其审判行为不受行政机关、社会团体和个人干预。为保障法官的独立，《法官法》以法律的形式为法官提供职业保障，主要体现为如下几个方面。第一，法官及其家属的人身安全保障。任何单位和个人不得对法官及其近亲属打击报复，法官因依法履行职责，本人及其近亲属人身安全面临危险的，人民法院、公安机关应当对法官及其近亲属采取人身保护、禁止特定人员接触等必要保护措施。对法官及其近亲属实施报复陷害、侮辱诽谤、暴力侵害、威胁恐吓、滋事骚扰等违法犯罪行为的，应当依法从严惩治。法官因依法履行职责遭受不实举报、诬告陷害、侮辱诽谤，致使名誉受到损害的，人民法院应当会同有关部门及时澄清事实，消除不良影响，并依法追究相关单位或者个人的责任。第二，法官履行职责保障。任何单位或者个人不得要求法官从事超出法定职责范围的事务。对任何干涉法官办理案件的行为，法官有权拒绝并予以全面如实记录和报告，有违法违纪的应承担相应的法律责任。非因法定事由、非经法定程序，不被调离、免职、降职、辞退或者处分。第三，法官职业薪酬保障。法官实行与其职责相适应的工资制度，按照法官等级享有国家规定的工资待遇。法官实行定期增资制度。经年度考核确定为优秀、称职的，可以按照规定晋升工资档次。法官享受国家规定的津贴、补贴、奖金、保险和福利待遇。法官因公致残的，享受国家规定的伤残待遇。法官因公牺牲、因公死亡或者病故的，其亲属享受国家规定的抚恤和优待。法官退休后，享受国家规定的养老金和其他待遇。

全面的法官职业保障，是吸引更多的优秀法律人才从事法官职业的根本保证，是法官公正履行审判职能的根本保证。

二、人民陪审员

陪审制源远流长，具体源于何处，已经无法准确地考证。现代陪审制起源于英国，1215 年《英国大宪章》规定，国王巡回法庭在各郡开庭的时候，只要当事人双方同意，都可以使用陪审团的方式审理民事案件。若不经同等人的合法裁决和本国法律之审判，不得将任何自由人逮捕囚禁、不得剥夺其财产、不得宣布其不受法律保护、不得处死、不得施加任何折磨，也不得令我等群起攻之、肆行讨伐。此处的同等人即指的是陪审团。自此，陪审制度开始以其民主的形式纵横世界各国。

我国在 1954 年《宪法》中确定了人民陪审员制度①，随后的《人民法院组织法》、三大诉讼法都具体规定了人民陪审制度，并在历次法律修改中保留并不断完善。2018 年 4 月 27 日全国人民代表大会常务委员会审议通过了《人民陪审员法》，下文以此法律为基础介绍我国人民陪审员制度。

（一）人民陪审员的选任条件

《人民陪审员法》规定了详细的人民陪审员的选任条件，包括积极的条件和消极的条件。

积极的条件是指，公民担任人民陪审员，应当具备下列条件：（1）拥护中华人民共和国宪法；（2）年满 28 周岁；（3）遵纪守法、品行良好、公道正派；（4）具有正常履行职责的身体条件；（5）一般应当具有高中以上文化程度。条件（1）和（3）保障人民陪审员是一个遵守社会秩序、公正的人；条件（2）保障人民陪审员有足够的生活阅历，对社会生活有成熟的理解力和判断力；条件（4）保障人民陪审员具有完成陪审工作的身体条件；条件（5）保障人民陪审员具有一定的认知水平，但不要求本科或者更高的学历水平，保障了人民陪审员来源于广泛的社会群体。一般要求人民陪审员具有高中及以上文化程度，在特殊情况下，如偏远地区或者候选人年龄较大但很有社会威望，对文化程度的要求还可以降低。人民陪审员的选任条件由陪审制的目的而定。陪审制是司法民主参与的保障，利用广大民众的生活认知帮助裁判的形成，防止法官因专断和对社会生活的片面理解形成错误裁判。

消极的条件主要包括两方面：一是因担任特定职务不宜担任人民陪审员，这部分人员主要是指其职务可能与案件的审判有一定的牵连，担任人民陪审员可能损害案件裁判的独立性。《人民陪审员法》明确规定，监察委员会、人民法院、人民检察院、公安机关、国家安全机关、司法行政机关的工作人员以及

---

① 1954 年《宪法》第 75 条规定："人民法院审判案件依照法律实行人民陪审员制度。"

律师、公证员、仲裁员、基层法律服务工作者等不能担任人民陪审员。还有的公民职务级别较高，参与案件审理极有可能影响法官、其他人民陪审员独立地进行裁判，进而形成错误的裁判结果，也不宜担任人民陪审员，如人民代表大会常务委员会的组成人员等。二是该公民曾经的行为表明其缺乏公正，丧失了公信力，不得担任人民陪审员。《人民陪审员法》明确规定，有下列情形之一的，不得担任人民陪审员：（1）受过刑事处罚的；（2）被开除公职的；（3）被吊销律师、公证员执业证书的；（4）被纳入失信被执行人名单的；（5）因受惩戒被免除人民陪审员职务的；（6）其他有严重违法违纪行为，可能影响司法公信的。这些公民过去行为的违法性已经很难让公众相信其是一个公正的人，能够公正地裁判案件，作出公正的裁判结果。为保障司法的公正、权威与公信，这部分公民不得担任人民陪审员。

（二）人民陪审员的选任方式

人民陪审员的选任方式以随机抽选为主、以个人申请和组织推荐为辅。

一是随机抽选的方式。随机抽选是人民陪审员制度改革的一项重大机制创新。通过随机抽选方式，可以使更多的人民群众有机会参与司法审判活动，切身地感受法庭审判过程。同时，随机抽选可吸收社会不同行业、不同职业、不同年龄、不同民族的人员参与，最大限度地实现人民陪审员的广泛性和代表性。随机抽选制包括三个步骤：第一，随机抽取确定人民陪审员候选人。由司法行政机关会同基层人民法院、公安机关，从辖区内的常住居民名单中随机抽选拟任命人民陪审员数5倍以上的人员作为人民陪审员候选人。第二，对人民陪审员候选人进行资格审查并征询候选人意见。由司法行政机关会同基层人民法院、公安机关完成。第三，随机抽选确定人民陪审员人选。由司法行政机关会同基层人民法院，从通过资格审查的人民陪审员候选人名单中随机抽选确定人民陪审员人选。

二是个人申请和组织推荐方式。这是考虑到在实际审判中有时需要具备特定专业知识和素养的人民陪审员，根据审判工作的需要，可以由组织推荐和个人申请方式产生一定比例的人民陪审员，这是对"随机抽选"选任方式的有益补充。通过这种方式产生的人民陪审员不得超过人民陪审员名额数的1/5，既满足审判工作实际需要，又保证人民陪审员的广泛性。首先，以个人申请和所在单位、户籍所在地或者经常居住地的基层群众性自治组织、人民团体推荐的方式产生人民陪审员候选人。其次，由司法行政机关会同基层人民法院、公安机关进行资格审查，确定人民陪审员人选。

确定后的人民陪审员人选由基层人民法院院长提请同级人民代表大会常务委员会任命。人民陪审员经人民代表大会常务委员会任命后，应当公开进行就职宣誓。任期为5年，一般不得连任。

（三）人民陪审员审判案件的范围

人民陪审员和法官组成合议庭审理案件有两种情况，一种是法律明确规定类，另一种是特定当事人申请类。

法律明确规定类由《人民陪审员法》第15条规定。该条规定，人民法院审判第一审刑事、民事、行政案件，有下列情形之一的，由人民陪审员和法官组成合议庭进行：（1）涉及群体利益、公共利益的；（2）人民群众广泛关注或者其他社会影响较大的；（3）案情复杂或者有其他情形，需要由人民陪审员参加审判的。但是为了和其他法律保持一致，《人民陪审员法》特别规定，如果人民法院审判上述规定的案件，法律规定由法官独任审理或者由法官组成合议庭审理的，从其规定。

特定当事人申请类由《人民陪审员法》第17条规定。该条规定，第一审刑事案件被告人、民事案件原告或者被告、行政案件原告申请人民陪审员参加合议庭审判的，人民法院可以决定由人民陪审员和法官组成合议庭审判。

上述两类案件最终是否由人民陪审员和法官组成合议庭审理仍然由人民法院决定。

（四）合议庭的组成

人民法院决定由人民陪审员和法官组成合议庭审判案件的，应由人民法院组建合议庭。合议庭有两种组成形式，3人合议庭和7人合议庭。7人合议庭由3名法官和4名人民陪审员组成，适用下列四种情况：（1）可能判处10年以上有期徒刑、无期徒刑、死刑，社会影响重大的刑事案件；（2）根据民事诉讼法、行政诉讼法提起的公益诉讼案件；（3）涉及征地拆迁、生态环境保护、食品药品安全，社会影响重大的案件；（4）其他社会影响重大的案件。除了这四种情况的案件之外，其他案件组成3人合议庭审理。

合议庭人民陪审员的确定由人民法院从人民陪审员名单中随机抽取确定，人民法院还可以一并抽取候补人民陪审员，并确定递补顺序，一并告知当事人。需要具有相应专业知识的人民陪审员参加合议庭审判的，可以根据具体案情，在符合专业需求的人民陪审员名单中随机抽取确定。

人民法院应将组成合议庭的人民陪审员名单告知当事人，当事人有权申请人民陪审员回避。人民陪审员的回避，适用审判人员回避的法律规定。此外，人民陪审员不得参与审理由其以人民调解员身份先行调解的案件，以此保障人民陪审员公正地审理案件。

（五）人民陪审员的审理权限

在《人民陪审员法》之前，我国人民陪审员在案件审理中，与法官具有相同的权利。但现实中，人民陪审员因对法律知识欠缺等原因，在案件的审理中存在"陪而不审"的情况，因此多受诟病。人民陪审员制度改革需要破解上述问题。为此，《人民陪审员法》在制定时，考虑到人民陪审员参加庭审的目的及人民陪审员的认知能力，规定人民陪审员对案件的审理以事实审为主，特别是7人合议庭审理案件时。《人民陪审员法》规定，人民陪审员参加3人合议庭审判案件，对事实认定、法律适用，独立发表意见，行使表决权。人民陪审员参加7人合议庭审判案件，对事实认定，独立发表意见，并与法官共同表决；对法律适用，可以发表意见，但不参加表决。在7人合议庭评议时，审判长应当归纳和介绍需要通过评议讨论决定的案件事实认定问题，并列出案件事实问题清单。人民陪审员和法官在共同评议的基础上就案件事实问题清单一一进行表决，实行少数服从多数。

（六）人民陪审员的免除

人民陪审员不再能够履行陪审职责的，应予免除，《人民陪审员法》规定了相应的条件和程序。

有下列条件之一的，免除其人民陪审员职务：（1）本人因正当理由申请辞去人民陪审员职务的；（2）属于职务原因不能担任人民陪审员的人员范围的；（3）实施了严重违法违纪行为，属于不得担任人民陪审员的人员范围的；（4）无正当理由，拒绝参加审判活动，影响审判工作正常进行的；（5）违反与审判工作有关的法律及相关规定，徇私舞弊，造成错误裁判或者其他严重后果的。

存在上述条件的人员已经不再适宜担任人民陪审员，经所在基层人民法院会同司法行政机关查证属实的，由院长提请同级人民代表大会常务委员会免除其人民陪审员职务。

第三章　中国检察制度

第一节　中国检察制度概述

检察制度是司法制度的基本组成部分，也是现代社会一个国家根本法律制度的重要组成部分，是关于检察机关性质、地位、任务、职权、设置、组织和活动原则，以及工作程序等规范的总和。与审判制度相比，检察制度的产生要晚很多，检察制度是伴随着诉讼模式的演进而产生的，从一定意义上说，检察机关的出现是诉讼文明完善和发展的重要标志。从私力救济、同态复仇到公力救济的发展，审判制度的确立标志着司法制度的产生，而检察制度的产生标志着司法制度的完善和成熟。在现代社会，国家权力制衡已经成为保障民主和人权的重要武器，而作为现代社会政治体系中正义保障最后一道防线的司法制度同样需要权力的制衡。检察制度正是确保司法公正、剔除司法专横的不可缺少的机制，检察制度的产生实现了控、审分离，因此可以说检察制度从根本上确立了审判的中立性，从而使司法制度自身实现了内部权力的制衡。正是由于检察制度肩负着这一伟大的历史使命和重要责任，因此在现代的司法体制中处于举足轻重的地位，备受世界各国的重视。

一、中国检察制度的建立与发展

一般认为，我国检察制度主要是借鉴苏联的检察制度而创立的，与过去清政府时期的检察传统没有直接联系，同时也与民国时期的检察制度没有太大关联，因此通常认为，我国人民检察制度始建于第二次国内革命战争时期（1927—1937）。当然由于时代因素，其起步发展时期主要是以公诉职能为核心建设的，但是这一时期的相关法令已经有了关于检察监督职能的简单规定，检察监督在当时有了一定的雏形。但是由于当时正处于战争环境，战争是一切问题的主线，作为共产党领导下的相关司法机构，其配合功能自然成为主流，而制约监督很容易被忽视，甚至检察机构本身的存在都处于不确定之中。在长期的战争过程中，检察机构一直在"独立"与"合并"之间徘徊，命运不定。每当战争形势稍缓，根据地、解放区政治局面稳定的时候，司法就会更加活跃，于是就会出现各种形式的独立的检察机构；而一旦战争来临，形势紧迫，出于精简机构的必要和强调工作效率的要求，检察机构就会被并入法院系统，甚至干脆取消。

在抗日战争时期，检察机构失去独立性主要存在两种方式，一是不设检察机构，而是由各级行政机构或公安机关代行检察职权；二是在各级司法机关内设检察处，检察机关成为司法审判机构的"自己人"而丧失了独立性。比如，在1939年公布的《陕甘宁边区高等法院组织条例》中，在法院内部设立检察处，检察机关采用"合署制"或"配置制"，职权局限于实施侦查、提起公诉、实行公诉、协助自诉、担当自诉及指挥刑事裁判执行等，主要在刑事检察意义上存在。新民主主义革命时期的人民检察制度，理所当然地具有鲜明的时代性，不可避免地带有时代的局限性：一是它的不完备性，只是一个雏形，初步具备了现代检察制度的一些功能和属性；二是它的不平衡性、不普遍性，这一时期主要是一部分革命根据地自主地建立了检察制度，为后来的检察制度初步探索了一些经验教训，而相当多的地方则没有建立检察制度；三是缺乏连续性、稳定性，由于战争的原因导致检察制度时有时无，对检察制度的坚持很少，除个别地区外，一般都没有延续到新中国成立以后。因此，这一时期的检察制度还算不上是真正的中国特色社会主义检察制度，只能算是检察制度的初步探索，只是我国检察制度的启蒙阶段。

我国检察制度正式确立是随着1949年中华人民共和国的成立而开始的。1949年9月27日通过的《中央人民政府组织法》确立检察和审判分署制度，呈现"一府两院"并列的政治组织形态，实际上是把最高人民检察署和最高人民法院作为中央人民政府的组成部分来看待的，还没有准确地把政府的行政属性与司法机关的司法属性进行准确的区分。《中央人民政府组织法》第28条规定，最高人民检察署对政府机关、公务人员和全国国民之严格遵守法律，负最高的检察责任。这一规定，最先确立了检察机关的法律监督性质。检察制度作为中国政治法律制度中的基本制度正式建立。

1954年，第一届全国人民代表大会第一次会议通过并颁布了我国历史上第一部社会主义类型的宪法。在这部宪法中，以根本大法的名义正式明确了检察制度的存在，在第二章第六节专门对检察制度作出了明确具体的规定。对检察机构的性质、职权、设置、领导关系以及检察权行使等重大问题作了原则性规定，并将"署"改为"院"，同时颁布了《人民检察院组织法》。可以说在此之后人民检察院才真正地有了明确的法律依据，取得正式的法律地位。

1979年7月，第五届全国人民代表大会第二次会议通过了《人民检察院组织法》，检察制度开始重建。1982 年 12 月，第五届全国人民代表大会第五次会议通过了《宪法》，明确规定人民检察院是国家法律监督机关，明确了人民检察院的属性与地位。"一府两院"中的人民检察院正式明确写入了国家的根本大法，它不但标志着我国检察制度的成熟，而且也标志着国家基本政治制度的完善。

1979 年 7 月 5 日颁布、1980 年 1 月 1 日起施行的《人民检察院组织法》标志着中国特色社会主义检察制度正式的确立。在这部法律中明确界定了我国检察机关在国家机构体系中的性质、地位、作用和职责，因此也成为构建人民检察院组织体系、机构设置的主要依托。可以说在相当长的阶段，这部法律对检察制度的确立和发展都发挥了重要的作用。但是随着时代的发展，这部法律逐渐显露出不足之处，逐渐跟不上时代的脚步，特别是随着改革开放的不断深入发展，法治建设日臻完善，对检察制度不断提出新的挑战。在这个过程中，三大诉讼法先后出台并多次修改，在修改完善过程中，刑事诉讼法、民事诉讼法和行政诉讼法等相关法律都不断地在创设新的制度，检察机关的职能、作用也不断地产生变化。尤其是随着全面依法治国的深化，我国进行了重大的法治探索，首先是国家监察体制改革，创建了国家监察委员会，部分检察职能转移给国家监察委员会；其次是司法体制改革的深入开展。这些使我国的检察制度发生重大变化，特别是检察机关的机构设置、职权配置、检察权运行方式和保障机制等都发生了深刻变化，而这些变化都需要在检察院的组织法中予以体现、在组织法中予以准确的法律界定。《人民检察院组织法》的修改于是被提上了日程，曾先后被列入第八届、第九届、第十届全国人大常委会立法规划。但是由于司法改革一直在进行，所以在一些重要问题上还在探索中，无法形成共识，因此法律的修改未能完成。随着司法改革的不断深入推进，特别是一些涉及检察职权配置、增强法律监督措施的改革文件陆续出台，一些争议问题陆续得到了解决，检察制度改革方案逐渐成熟，《人民检察院组织法》的修改就正式进入了立法程序。最终 2018 年 10 月 26 日，第十三届全国人大常委会第六次会议审议并通过了《人民检察院组织法》，新的《人民检察院组织法》正式出台。

1979 年《人民检察院组织法》共 3 章 28 条，2018 年《人民检察院组织法》共 6 章 53 条，不仅条文数量增加了近一倍，而且在体例、内容上也作了较大修改完善，有较多的新制度出现，在一定意义上完全可以说不亚于一次新的立法。这次法律修改主要体现在以下几个方面。

第一，在法律中明确地界定了我国人民检察院的性质和任务。这次法律修订再次确定人民检察院的性质是国家的法律监督机关，这一规定解答了社会各界对人民检察院的性质的争论。另外这次法律修订重新界定了人民检察院的任务，明确规定人民检察院的任务是"通过行使检察权，追诉犯罪，维护国家安全和社会秩序，维护个人和组织的合法权益，维护国家利益和社会公共利益，保障法律正确实施，维护社会公平正义，维护国家法制统一、尊严和权威，保障中国特色社会主义建设的顺利进行"。

第二，在立法中进一步完善了检察工作的基本原则和增加了工作体制的规定。修订后的《人民检察院组织法》增加了检察制度的基本原则的规定，主要增加了检察院设置法定原则、司法公正原则、司法公开原则、司法责任制原则、接受人民群众监督原则等基本原则，这些基本原则的规定对检察工作有了更明确的指导意义。立法中还增加了关于人民检察院的工作体制的规定。首先，明确了领导体制，强调最高人民检察院是我国最高检察机关。相关法律在各级检察机构的关系上明确规定，最高人民检察院领导地方各级人民检察院的工作。上级人民检察院领导下级人民检察院的工作。在法律中明确地规定了上级人民检察院对下级人民检察院的领导方式，规定了上级人民检察院对下级人民检察院的具体职权。其次，特别强调了关于人民检察院与同级人民代表大会及其常务委员会的关系，明确规定"最高人民检察院对全国人民代表大会及其常务委员会负责并报告工作。地方各级人民检察院对本级人民代表大会及其常务委员会负责并报告工作。各级人民代表大会及其常务委员会对本级人民检察院的工作实施监督"。

第三，增加完善了人民检察院具体设置的相关规定。首先，在常规检察院的设置上，增加了地方各级人民检察院设置的相关规定。这次立法修改在原有规定的人民检察院分为最高人民检察院、地方各级人民检察院、军事检察院等专门检察院的基础上，对地方各级人民检察院作出了详细、具体的划分。根据法律规定，地方各级人民检察院分为省级人民检察院（包括省、自治区、直辖市人民检察院）、设区的市级人民检察院（包括省、自治区辖市人民检察院，自治州人民检察院，省、自治区、直辖市人民检察院分院）、基层人民检察院（包括县、自治县、不设区的市、市辖区人民检察院）。其次，增加了专门检察院、派出检察院、检察室等特殊检察机构的设置规定。明确规定专门检察院设置的具体规则由全国人民代表大会常务委员会规定。另外明确省级人民检察院和设区的市级人民检察院可以在辖区内特定区域设立人民检察院，作为派出机构。人民检察院根据检察工作需要，可以在监狱、看守所等场所设立检察室，行使人民检察院的部分职权。

第四，增加完善了人民检察院内设机构的相关规定。首先，规定了人民检察院内设机构的设置规则，明确规定人民检察院根据检察工作需要，设必要的业务机构。同时考虑我国地方差异，考虑各个地方实际情况，规定检察官员额数量较少的设区的市级检察院和基层人民检察院，可以设综合业务机构。除业务机构外，同时还规定人民检察院可以设必要的检察辅助机构和行政管理机构。其次，新增加规定了派驻检察室和巡回检察监督方式。根据法律规定，人民检察院根据检察工作需要，可以在监狱、看守所等场所设立检察室，行使派出它的人民检察院的部分职权，也可以对上述场所进行巡回检察。这一新规定为检察机关完善派驻检察室和巡回检察相结合的监督工作机制提供了明确的法律依据。

第五，进一步完善了人民检察院职权的相关规定。随着司法改革的深入进行，人民检察院的职责有了较大变化，这次法律修改对人民检察院的职权进行了新的界定。修订后的《人民检察院组织法》明确规定了人民检察院行使的职权包括八项：一是依照法律规定对有关刑事案件行使侦查权；二是对刑事案件进行审查，批准或者决定是否逮捕犯罪嫌疑人；三是对刑事案件进行审查，决定是否提起公诉，对决定提起公诉的案件支持公诉；四是依照法律规定提起公益诉讼；五是对诉讼活动实行法律监督；六是对判决、裁定等生效法律文书的执行工作实行法律监督；七是对监狱、看守所的执法活动实行法律监督，包括对监狱、看守所对生效法律文书的执行活动，即刑罚执行活动进行监督以及对监狱、看守所的其他执法活动进行监督；八是法律规定的其他职权。

这次法律修改除明确规定了人民检察院行使的一般职权外，还特别规定了最高人民检察院的职权，具体包括：对最高人民法院死刑复核活动实行监督；对报请核准追诉的案件进行审查，决定是否追诉；对属于检察工作中具体应用法律的问题进行解释；发布指导性案例。

第六，丰富、完善了人民检察院行使法律监督机关职权的措施和方式。修改后的《人民检察院组织法》规定："人民检察院行使本法第二十条规定的法律监督职权，可以进行调查核实，并依法提出抗诉、纠正意见、检察建议。有关单位应当予以配合，并及时将采纳纠正意见、检察建议的情况书面回复人民检察院。抗诉、纠正意见、检察建议的适用范围及程序，依照法律有关规定。"这一规定强化了检察机关的法律监督职权的保障。纠正意见和检察建议是检察机关行使法律监督职权的重要方式，但长期以来，这种方式的法律监督由于没有法律明确规定而缺乏监督效果，这次规定要求有关单位及时将采纳纠正意见、检察建议的情况书面回复人民检察院，对提升纠正意见、检察建议的监督实效具有重要意义。

第七，在立法中明确了人民检察院的组成人员。明确规定人民检察院由检察长、副检察长、检察委员会委员和检察员等人员组成；明确规定各级人民检察院组成人员的任免程序；明确规定人民检察院组成人员的任职条件；明确规定检察官、检察辅助人员和司法行政人员实行分类管理；明确规定检察官实行员额制。检察官员额根据人民检察院案件数量、经济社会发展情况、人口数量和人民检察院层级等因素确定。最高人民检察院检察官员额，由最高人民检察院商有关部门确定。地方各级人民检察院检察官员额，在省、自治区、直辖市内实行总量控制，动态管理。

第八，进一步完善了人民检察院行使职权的保障制度。为防止对检察权的外部干预，明确规定"任何单位或者个人不得要求检察官从事超出法定职责范围的事务。对于领导干部等干预司法活动、插手具体案件处理，或者人民检察院内部人员过问案件情况的，办案人员应当全面如实记录并报告；有违法违纪情形的，由有关机关根据情节轻重追究行为人的责任"。同时还规定人民检察院采取必要措施，维护办案安全。对妨碍人民检察院依法行使职权的违法犯罪行为，依法追究法律责任。

二、中国检察制度的特点

中国检察制度自诞生之日起，就有它的特殊性，与当前各国的检察制度相比有很强的独特性，成为现代检察制度的一个独特的类型。中国检察制度的特殊性根源于中国特色社会主义制度，既包含社会主义政治制度的原因，也源于中国文化传统的特殊性，是中国特色社会主义司法制度。因此，与其他国家检察制度相比，我国检察制度特点主要体现在以下几个方面。

第一，人民检察院是人民代表大会制度下与行政机关、人民法院平行的国家机关，具有较高的法律地位。我国实行人民代表大会制度。根据我国《宪法》规定，一切国家权力属于人民。而人民权力的保障和行使，其根本制度就是我国的人民代表大会制度。可以说人民代表大会制度是我国的根本政治制度，在人民代表大会制度下的国家权力机构设置中，中央和地方各级国家行政机关、审判机关、检察机关平行设置，都由相对应的各级人民代表大会产生，对它负责，受它监督。因此，检察机关是与行政机关和审判机关具有平行的同等地位的国家机构，具有独立的、较高的宪法地位，这与许多国家的检察制度有较大区别。同时，这种平行地位也表明检察制度在中国法律制度中的重要地位，标志着检察制度是我国司法制度的构成部分。

第二，在我国，检察机关是法律监督机关，这一定性与其他国家检察制度不一样。根据相关法律规定，我国检察机关主要通过履行刑事侦查、公诉和诉讼监督等职能，监督法律的实现，以实现国家法制的统一。根据我国相关法律的规定，人民检察院是国家的法律监督机关，依法对国家法律的统一正确实施进行专门的法律监督。因此，可以说法律监督是我国检察机关的法律属性，并且是其根本属性，是一切检察业务活动、检察职权设置的根本出发点和归宿。检察机关通过侦查活动、公诉和诉讼监督等具体的业务活动实现法律监督的职责。

第三，检察机关实行独特的领导体制。我国检察机关既不是行政首长负责制也不是集体负责制，而是首长负责制和集体负责制的结合，即检察长负责和检察委员会集体领导相结合的领导体制。检察机关的这种特殊领导体制具有强烈的中国特色，是与行政机关和人民法院的领导体制截然不同的。我国检察机关内部这种检察长负责和检察委员会集体领导相结合的工作机制和决策方式可以说是一种创举，具有很强的优越性。检察长和检察委员会虽然都领导检察院的工作，但是二者有明确的职权分工。检察长领导检察院的日常工作、一般事务工作，对检察事务中的一般事项作出决定。而检察委员会实行集体领导的组织形式，讨论决定重大案件和检察工作中的重大问题，按少数服从多数的原则作出决定，由检察长组织贯彻执行。同时，在各级检察机构的关系上，检察机关之间是上级领导下级和对同级人民代表大会负责相结合的特殊体制。最高人民检察院领导地方各级人民检察院对全国人民代表大会负责，上级检察院领导下级检察院对同级人民代表大会负责。与人民法院相比，有较强的"行政隶属属性"，上级检察机关与下级检察机关的关系是领导与被领导的关系。

第四，我国检察制度坚持独立行使检察权与坚持党的领导、接受人民代表大会的监督相统一。这是中国特色社会主义政治制度的性质所决定的，这是与其他国家检察制度最大的不同。我国《宪法》明确规定，检察机关依法独立行使检察权，不受行政机关、社会团体和个人的干涉。这是检察权行使所必需的，也是检察机关行使检察权的最大保障。同时，作为中国特色社会主义的本质要求，坚持中国共产党的领导是中国政治制度的重要组成部分和重要特色。人民代表大会制度是我国的根本政治制度，检察机构对人民代表大会负责，接受人民代表大会监督，是检察制度存在的根本，也是检察权独立行使的重要保障。

三、中国检察权的性质

检察权是国家权力的重要组成部分，但其性质却从其产生之日起就有一丝不确定性，与审判权相比具有不同的民族性、国家特性。也就是说，审判权作为司法权与行政权并立是各国政治体系共同的权力定位，而对于检察权各国定位并不一致，在不同国家检察权的具体职能并不相同，有的国家检察权是强大的，包括多项职能，而有的国家检察权相对弱小甚至只有单一的公诉职能，所以说检察权的性质有其各自国家的特殊性。从各国的立法和理论来看，检察权目前为止都是一个"缺乏清晰定位的权力"，即虽然都有检察机关的存在，但缺乏准确的理论定性和法律定位。在我国，对于检察权到底如何定性，同样争论不休。对检察权到底是什么样的权力，形成了各式各样的观点，至今还没有达成一致的观点。关于我国检察权的性质，主要有以下几个观点。

第一种观点认为，检察权应属于司法权的范畴。这一学说确认"检察官不是法官，检察机关也不是审判机关"，但在学说上另辟蹊径，从检察官与法官"同质但不同职"的"等同性"出发，将宪法上的司法机关解释为包括检察机关与审判机关二者，并且同受事务独立性的保障。而对于我国检察权主要是从我国国家体制加以论证的，认为我国实行人民代表大会制度，在"一府两院"的权力架构下，检察权是与行政权并列存在的。宪法和法律都明确规定，检察权不受行政机关的干涉，说明检察权与行政权之间并没有隶属关系。

第二种观点认为，我国检察机关的组织体制上具有行政特性。相关法律在各级检察机构的关系上明确规定，最高人民检察院领导地方各级人民检察院的工作，上级人民检察院领导下级人民检察院的工作。这是典型的行政领导体制。同时检察职权进行的各项检察工作都是一种为维护法律秩序所实施的积极、主动的行为，不是消极与被动的裁判行为，这具有行政特征。

第三种观点认为，法律监督是检察权的本质属性，司法性和行政性是检察权兼有的属性。如果不确定、不确认检察机关的法律监督性，检察机关的发展可能就会偏失，这是方向性的错误；如果不承认检察机关具有行政性质，就无法确认当代世界所共有的"检察一体化"的体制；如果不承认检察机关具有一定司法性质，就不能引入检察官相对独立原则及有关的一系列制度。

第四种观点认为，检察权既非司法权又非行政权，是独立的法律监督权，检察机关就是法律监督机关。检察权的行政性质和司法性质的有机结合共同构成了法律监督权特有的属性，使它既不同于行政权，又不同于司法权，而成为国家权力分类中一种独立的权力。法律监督权与检察权，是一个事物的两种命题。

当前我国更多人赞成法律监督学说，即检察权应定位为法律监督权。综观世界各国，一个国家的检察权性质都受制于该国的政治体制，受制于该国具体的权力分工。从根本上说，检察权的性质主要是看检察权在国家权力体系中处于何种地位和享有哪些职权。首先，我国根本政治制度是人民代表大会制度，因此检察权性质的确定必须在这一前提下探讨。人民代表大会是国家权力体系中的核心，是我国的权力机关，在此基础上分别将行政、审判权与法律监督权赋予人民政府、人民法院和人民检察院行使。因此，在这个意义上，法律监督权是与行政权、审判权并立的、平行的，不存在上下的隶属关系，是同等地位的国家权力。至于检察权既有一定的行政属性，又有一定的司法属性，也表明检察权既不是行政权也不是纯粹的司法权，而是我国立法中所创设的法律监督权。其次，检察权的性质的界定也不能离开检察机关的定位，我国法律明确规定，检察机关是国家的法律监督机关。《宪法》第134条规定，中华人民共和国人民检察院是国家的法律监督机关。《人民检察院组织法》第2条规定，人民检察院是国家的法律监督机关。再次，从人民检察院的具体职能来看，我国检察机关的职能并不局限于刑事诉讼领域，而是在广泛的法律实施领域皆有检察活动的存在。总体来看，我国检察机关在检察活动中行使的国家权力都可统称为法律监督权，是确保法律统一正确实施而与行政权、审判权相对应的法律监督权。最后，2021年《中共中央关于加强新时代检察机关法律监督工作的意见》明确规定，人民检察院是国家的法律监督机关，是保障国家法律统一正确实施的司法机关，是保护国家利益和社会公共利益的重要力量，是国家监督体系的重要组成部分，在推进全面依法治国、建设社会主义法治国家中发挥着重要作用。因此，法律监督是我国检察权最重要最本质的职能，检察权的性质应定位为法律监督权。

第二节　中国检察制度的基本原则

一、检察院依法设置原则

检察院依法设置原则是指人民检察院的设置必须依据法律的规定来进行。《人民检察院组织法》对此作出明文规定，该法第3条规定："人民检察院依照宪法、法律和全国人民代表大会常务委员会的决定设置。"根据这一规定，人民检察院的设置分为两种情形：第一种情况为通常情况，即常规设置，在一般情况下，人民检察院的基本设置在宪法和作为宪法性法律的检察院组织法中予以明确规定，作为我国人民检察院的基本架构、主要的、常规的检察机构都是以此为依据而设立的。第二种情况为特殊情况，即非常规设置，由全国人民代表大会常务委员会以决定的方式设置。宪法和基本法律具有相对的稳定性，不可能也不应该频繁作出修改，因此不具有灵活性，从而对检察机构设置的特殊需求不能由这种方式来满足。而全国人大常委会作出决定这种方式，则相对更为灵活，由全国人大常委会对个别特殊检察院的设置作出决定，能够更为及时便捷，从而更好地适应社会发展、社会需求。随着我国社会全方位的发展和司法改革的全面深入推进，未来可能有更多检察工作需求，可能需要设立更多新类型的检察院，来推进检察工作的顺利完成。在保持宪法、检察院组织法稳定性的情况下，由全国人大常委会以决定的方式设立各种新类型检察院，将为检察工作的开展带来极大便利。

二、依法独立行使检察权原则

《人民检察院组织法》第 4 条规定："人民检察院依照法律规定独立行使检察权，不受行政机关、社会团体和个人的干涉。"这是《宪法》第 136 条规定在组织法中的再次确认，是检察权行使的根本保障，有助于检察机关在办案工作中进一步排除外部干扰。依法独立行使检察权原则是保证检察机关能够准确、高效地履行检察职能的基本要求。

依法独立行使检察权原则是指检察机关依照法律规定独立行使检察权，不受外部的非法干涉，立法中主要强调了不受行政机关、社会团体和个人的干涉，要注意的是，这个规定是一种泛指，其内涵是指不受一切外来的非法干涉。理解这一原则，要注意三个方面的含义：第一，检察权只能由检察机关代表国家来行使，这是检察机关的专属权力，是其他任何机关包括行政机关、审判机关都不具有的专属国家权力，因此其他任何机关、社会团体、组织和个人都无权行使。第二，检察机关在代表国家行使检察权时，必须依法行使，只有依法行使检察权，检察权才不受行政机关、社会团体和个人等外部的干涉。第三，我国的依法独立行使检察权原则明确强调是人民检察院独立行使检察权，而不是检察官个人独立行使检察权。需要特别强调的是坚持依法独立行使检察权的原则，并不能脱离人民代表大会的监督，并不违背对人民代表大会负责的制度，同样也坚持中国共产党的领导。依法独立行使检察权原则更多是强调在案件的办理过程中，强调的是个案的具体检察权的行使。而党的领导和人民代表大会的监督更多是宏观的领导，是组织领导，是对检察机关的整体的领导和监督。因此，坚持党的领导是检察权独立行使的最有力、最可靠的保证。同时坚持依法独立行使检察权原则，还应当接受人民群众的监督，这是我国群众路线的体现。检察机关独立行使检察权必须依法行事，必须依靠人民群众，不能我行我素，必须听取其他机关、社会团体和人民群众的合理意见。检察机关在办理具体案件的过程中应当做到客观公正，特别是要注意听取人民群众的广泛意见和建议，要防止自身的主观片面性，也要防止片面意见，保证处理案件的客观性和公正性。

三、适用法律一律平等原则

适用法律一律平等原则是指检察机关在检察活动中适用法律应当一律平等，

不应当有超越法律的特权存在，不能有任何形式的歧视。《人民检察院组织法》第5条规定："人民检察院行使检察权在适用法律上一律平等，不允许任何组织和个人有超越法律的特权，禁止任何形式的歧视。"这是"公民在法律面前一律平等"原则在检察制度中的体现。《人民检察院组织法》把适用法律一律平等规定为行使检察权的基本要求，规定为检察工作的基本原则，对检察工作制度有重大意义。这一原则规定要求人民检察院在检察工作中，特别是具体案件办理过程中，不因民族、种族、性别、职业、家庭出身、教育程度、财产状况等情形的不同有选择性地、差别性地行使检察权。这一原则表明任何人都不能谋求凌驾于法律之上的司法特权，应当是每个公民、法人的合法权益都能得到宪法法律上的全面、平等保障。

四、司法公正原则

司法公正原则是指人民检察院在检察工作中应坚持司法公正，以司法公正作为检察工作第一目标，坚持以事实为依据，坚持以法律为准绳。要求检察机关在办理案件中遵守法定程序，在办理案件过程中始终做到尊重和保障人权。《人民检察院组织法》第6条规定："人民检察院坚持司法公正，以事实为根据，以法律为准绳，遵守法定程序，尊重和保障人权。"公正是法治的生命线，司法公正是司法制度的最低要求，但也是司法制度的最高要求。说司法公正是最低要求，是因为司法公正是司法制度存在的意义和价值，司法制度的产生、发展都是围绕这个目标的。说司法公正是最高要求，是因为公正是最难衡量、最难绝对实现的，因为公正的标准本身带有不确定性。司法公正对社会公正具有重要引领作用，也是社会公正实现的最终保障。人民检察院作为我国的法律监督机关，是我国法律的终极守护者，所以维护司法公正是检察机构的最高目标和永恒价值追求。充分发挥各项检察职能，努力实现习近平总书记的要求，"让人民群众在每一个司法案件中感受到公平正义"，是每个检察工作者的人生理想和最终追求。司法公正包括实体公正和程序公正两个方面，这就要求检察活动不仅要做到最终结果客观公正，更要强调检察活动的过程应当遵守法律、应当严格遵守法定程序，做到程序公正。实体公正是最终目标和司法目的，但实现实体公正必须依靠程序公正，遵守法定程序是达到实体公正的根本保障，因为程序公正是可衡量可评价的，而实体公正则具有不确定性。

司法公正的基本要求是以事实为根据、以法律为准绳。以事实为根据，就是要求检察机关在一切检察活动中，不管是检举犯罪，还是纠正违法，或者进行法律监督时都要从事实出发，忠于案件事实真相，而不应当附加任何主观的成分或者外来影响。所谓的事实真相可以分为三种：一是事实发生的真相，可称之为原始真相，但事实不可重现，原始真相不具有可验证性；二是法律真相，即法律事实，指通过法律程序、法定证据证明的事实真相；三是主观真相，即主观想象的事实，指某些人主观想象中的事实。我国当前主要的问题就是许多时候以主观真相代替原始真相来否定法律真相，这种错误的观念带来了极大的不利影响。只要不符合某些人的主观真相就被认为是司法不公正（针对实体公正而言）。其实原始真相都是不清楚的，我们只能相信法律真相，相信程序公正。所以要想做到以事实为根据，就要坚持调查研究，坚持法定程序，以保证法律事实的客观实在性。只有在合法地调查研究，取得充足的证据之后，才能证明案件的事实；也只有在依法认定犯罪事实之后，才能正确地适用法律。以法律为准绳，就是要求检察机关在一切检察活动中，既要遵守实体法的规定，又要遵守程序法的规定。首先，检察机关在一切检察活动中必须遵守实体法的规定，如在刑事诉讼活动中必须遵守刑法的规定，严格按照刑法的规定认定犯罪、追究刑事责任。其次，检察机关在一切检察活动中必须遵守程序法的规定，必须严格按照程序法规定的法定程序行使检察权、进行检察活动，如在刑事诉讼活动中严格按照刑事诉讼法规定的程序行使检察权、进行检察活动。

五、司法公开原则

司法公开原则是指人民检察院所有的检察活动、检察事务应当依法公开。《人民检察院组织法》第 7 条规定："人民检察院实行司法公开，法律另有规定的除外。"正义不仅要实现，而且应当以看得见的方式实现，因此司法公开是实现司法公正的必要手段和重要保障。司法公开的目的或者价值主要有三个方面。一是监督的需要。公开是最好的防腐剂，司法公开能够强化社会、人民群众对检察机关的监督，保障检察机关依法活动。二是司法公开为人民群众和当事人参与案件，办理各种事务带来便利，如各种检务信息的公开，给当事人办理检察事务带来全方位的指导，提供了极大方便。三是司法公开能实现法治宣传、社会引导功能，如案件信息的公开，能起到法治宣传的作用，使人们认识到什么是合法的、可以做的行为，什么是违法犯罪的、不能做的行为。当然，司法公开不是全部公开，必须是依法公开，法律规定不能公开的不得公开。2015年，最高人民检察院《关于全面推进检务公开工作的意见》规定，涉及国家秘密、商业秘密、个人隐私、未成年人犯罪和未成年被害人的案件信息，以及其他依照法律法规和最高人民检察院有关规定不应当公开的信息，不得公开。

检察机构的司法公开主要分为对当事人公开和对社会公开。第一，对当事人公开。对当事人公开对检察制度具有重要的意义和价值，因为当事人对信息的关注度更高，其需求更直接，对当事人公开更应是检察公开的中心。

第二，对社会公开。当前社会公开规定相对较多，规定的内容主要表现在三个方面：一是检察案件信息公开。检察机关发布重要案件信息，特别是应当主动公开具有指导性、警示性、教育性的典型案例，做好法治宣传。当前主要是建立网上平台，在网站公开生效法律文书，供社会组织、个人查询，便于各种监督、学习。二是检察政务信息公开。人民检察院应当主动公开检察机关各内部机构职权职责、工作流程等与检察职能相关的内容，便于当事人办理各项检察事务。人民检察院还应当主动公开工作报告、专项工作报告（主要指向人民代表大会及常委会所作的工作报告）、检察工作中的事项（如重大决策部署、重大专项活动、重大创新举措）等内容。三是检察队伍信息公开。人民检察院应当主动公开检察机关领导班子成员任免情况，检察委员会委员、检察员等法律职务任免情况，领导班子成员分工情况，机构和人员编制情况。

六、司法责任制原则

司法责任制原则是指人民检察院在行使职权、办理案件的检察活动中，办案人、办案组织应当对自己的行为负责，对因自己的行为造成的法律后果承担法律责任。《人民检察院组织法》第 8 条规定："人民检察院实行司法责任制，建立健全权责统一的司法权力运行机制。"司法责任制是我国正在进行的司法体制改革的"重中之重"，在司法制度体系和司法权运行机制中居于基础和核心的地位。司法责任制最终目标就是要实现谁办案谁负责，谁决定谁负责的工作机制。司法责任制实现的途径主要是健全办案组织机构、机制，科学理顺司法办案权限，完善司法办案责任制度体系，最终构建公正、合理、高效的检察权运行体系和公平合理的司法责任认定、追究机制。2015 年 9 月最高人民检察院发布了《关于完善人民检察院司法责任制的若干意见》，在此之后，各省、自治区、直辖市等省级检察院普遍结合各地区实际情况制定了各自的实施细则。随着这些年的探索实践，检察机关司法责任制体系初步形成，监管有效、权责明晰的检察权运行新机制在我国逐步建立。《人民检察院组织法》中对司法责任制原则的确定，体现了对过去检察司法责任制探索经验的吸收和固定，也为检察司法责任制的正式实施确立了法律依据。

七、接受人民群众监督原则

接受人民群众监督原则是指检察机关的检察工作应当接受人民群众的监督，保障人民群众对检察工作所享有的知情权、参与权、监督权。《人民检察院组织法》第 11 条规定："人民检察院应当接受人民群众监督，保障人民群众对人民检察院工作依法享有知情权、参与权和监督权。"这是检察工作贯彻执行我国群众路线的重要体现。这就要求检察机关要时刻倾听群众意见，认真接受群众监督，真正实现检察为民的检察宗旨。这一原则包含两个方面的含义：第一，人民检察院接受人民群众监督是必需的，是检察机关在检察活动中必须保障的，不能逃避、不能躲避的；第二，人民检察院接受人民群众监督是有具体方式的，即主要是保障人民群众对检察院工作的知情权、参与权和监督权。在实践中，检察机关应当既要保障人民群众监督检察、参与检察活动的实效性，又要强调人民群众监督的有序性，不能影响检察工作的独立性。

第三节　检察机构与检察官

一、检察机构的设置

（一）检察机构的种类与级别

我国人民检察院的设置依据《宪法》和《人民检察院组织法》的规定，主要与国家行政区划相匹配和人民法院设置基本相一致，同时适应检察工作需要。根据《人民检察院组织法》第 12 条规定，我国的人民检察院分为三大类别。

第一，最高人民检察院。最高人民检察院是我国最高检察机关，具有唯一性，对全国人民代表大会和全国人民代表大会常务委员会负责并报告工作。最高人民检察院领导地方各级人民检察院和专门人民检察院的工作。

第二，地方各级人民检察院。地方各级人民检察院按照行政区划设置，包括：（1）省、自治区、直辖市人民检察院；（2）省、自治区、直辖市人民检察院分院，自治州人民检察院，省、自治区辖市人民检察院；（3）县、自治县、不设区的市、市辖区人民检察院。地方各级人民检察院对本级人民代表大会及其常务委员会负责并报告工作。上级人民检察院领导下级人民检察院的工作。

在常规检察院之外，还有派出检察院与检察室制度。根据《人民检察院组织法》的规定，省级人民检察院和设区的市级人民检察院根据检察工作需要，经最高人民检察院和省级有关部门同意，并提请本级人民代表大会常务委员会批准，可以在辖区内特定区域设立人民检察院，作为派出机构。人民检察院根据检察工作需要，可以在监狱、看守所等场所设立检察室，行使派出它的人民检察院的部分职权，也可以对上述场所进行巡回检察。省级人民检察院设立检察室，应当经最高人民检察院和省级有关部门同意。设区的市级人民检察院、基层人民检察院设立检察室，应当经省级人民检察院和省级有关部门同意。

第三，军事检察院等专门人民检察院。专门人民检察院是根据检察工作的需要，在特定的组织系统内设置的、具有专属管辖性质的人民检察院。专门人民检察院与地方人民检察院的主要区别是，专门人民检察院不是按照行政区划设置，而是在特定的组织系统内形成完整体系，在最高人民检察院的领导下对特定范围的案件实行专属管辖。目前我国设置的专门人民检察院包括设置在中国人民解放军系统中的军事检察院和铁路系统中的铁路运输检察院。铁路运输检察院是设置在铁路运输系统的检察机构，是中国检察机关的组成部分。铁路运输检察院由铁路运输检察分院、基层铁路运输检察院组成，由所在的省、自治区、直辖市人民检察院领导，作为省级人民检察院的派出机构。

（二）内部机构设置

在 2018 年以前，检察机关的内部机构主要是按照法律规定和业务分工设立若干业务机构，具体如下。

侦查监督部门，主要负责审查批准逮捕、对立案活动进行监督、对侦查活动进行监督等职责。公诉部门，主要负责审查起诉，决定是否提起公诉或不起诉，对侦查活动合法性进行监督，出席法庭支持公诉，对人民法院的审判活动实行监督等职责。控告申诉检察部门，主要负责受理报案、举报和控告，接受犯罪嫌疑人的自首；受理不服人民法院已经发生法律效力的判决、裁定的申诉；办理人民检察院负有赔偿义务的刑事赔偿案件等工作。民事行政检察部门，主要负责对民事诉讼活动、行政诉讼活动实行法律监督等职责。监所检察部门，主要负责对监狱、看守所、拘役所执行刑罚和监管活动进行法律监督等职责。案件管理部门，主要承担案件管理、服务、参谋、监督等职责。检察技术部门，主要负责人民检察院检察工作中相关技术工作。纪检、监察部门，主要负责受理群众和社会各界对检察人员违法违纪行为的举报和控告，并进行查处；对各种检察工作进行监督审查等职责。

2018 年，人民检察院内部机构设置开始了重大变革，其主要原因有两个：一是监察委员会的成立；二是新修订了《人民检察院组织法》，其第 18 条规定，人民检察院根据检察工作需要，设必要的业务机构。检察官员额较少的设区的市级人民检察院和基层人民检察院，可以设综合业务机构。根据最新的法律精神，人民检察院开始了内设机构的改革，机构改革自上而下从最高人民检察院开始，下级检察院对应最高人民检察院进行机构改革。最高人民检察院成功"打样"后，2018 年 12 月印发《关于推进省以下人民检察院内设机构改革工作的通知》。2019 年年底，省以下检察院内设机构改革工作基本完成。

改革后的最高人民检察院内设机构包括：办公厅（新闻办公室）、政治部、第一检察厅、第二检察厅、第三检察厅、第四检察厅、第五检察厅、第六检察厅、第七检察厅、第八检察厅、第九检察厅、第十检察厅、法律政策研究室、案件管理办公室、国际合作局、检务督察局（巡视工作领导小组办公室）、计划财务装备局、机关党委、离退休干部局。最高人民检察院在其官方网站上公开发布了各部门的具体职责。其中，第一检察厅"负责对法律规定由最高人民检察院办理的危险驾驶罪、侵犯公民人身权利、民主权利罪、侵犯财产罪、妨害社会管理秩序罪、危害国防利益罪、军人违反职责罪（故意杀人罪、抢劫罪、电信网络诈骗犯罪、计算机信息网络犯罪、邪教犯罪、毒品犯罪除外）等犯罪案件的审查逮捕、审查起诉、出庭支持公诉、抗诉，开展相关立案监督、侦查活动监督、审判监督以及相关案件的补充侦查。办理最高人民检察院管辖的相关刑事申诉案件。指导地方各级人民检察院开展相关工作"。第二检察厅"负责对法律规定由最高人民检察院办理的危害国家安全、公共安全犯罪，故意杀人、抢劫、毒品等犯罪案件的审查逮捕、审查起诉、出庭支持公诉、抗诉，开展相关立案监督、侦查监督、审判监督以及相关案件的补充侦查。办理最高人民检察院管辖的相关刑事申诉案件。负责死刑复核法律监督工作。指导地方各级人民检察院开展相关工作"。第三检察厅"负责对法律规定由最高人民检察院办理的国家监察委员会移送职务犯罪案件的审查逮捕、审查起诉、出庭支持公诉、抗诉,开展相关审判监督以及相关案件的补充侦查。办理最高人民检察院管辖的相关刑事申诉案件。指导地方各级人民检察院开展相关工作"。第四检察厅"负责对法律规定由最高人民检察院办理的破坏社会主义市场经济秩序犯罪案件的审查逮捕、审查起诉、出庭支持公诉、抗诉,开展相关立案监督、侦查监督、审判监督以及相关案件的补充侦查。办理最高人民检察院管辖的相关刑事申诉案件。指导地方各级人民检察院开展相关工作"。第五检察厅"负责对监狱、看守所和社区矫正机构等执法活动的监督,对刑事判决、裁定执行、强制医疗执行、羁押和办案期限的监督,羁押必要性审查相关工作。办理罪犯又犯罪案件。负责对法律规定由最高人民检察院办理的司法工作人员利用职权实施的非法拘禁、刑讯逼供、非法搜查等侵犯公民权利、损害司法公正犯罪,以及按照刑事诉讼法规定需要由人民检察院直接受理的其他重大犯罪案件的侦查。指导地方各级人民检察院开展相关工作"。第六检察厅"负责办理向最高人民检察院申请监督和提请抗诉的民事案件的审查、抗诉。承办对最高人民法院民事诉讼活动的法律监督,对审判监督程序以外的其他民事审判程序中审判人员的违法行为提出检察建议,对民事执行活动实行法律监督。开展民事支持起诉工作。办理最高人民检察院管辖的民事申诉案件。指导地方各级人民检察院开展相关工作"。第七检察厅"负责办理向最高人民检察院申请监督和提请抗诉的行政案件的审查、抗诉。承办对最高人民法院行政诉讼活动的法律监督,对审判监督程序以外的其他行政审判程序中审判人员的违法行为提出检察建议,对行政执行活动实行法律监督。办理最高人民检察院管辖的行政申诉案件。指导地方各级人民检察院开展相关工作"。第八检察厅"负责办理法律规定由最高人民检察院办理的破坏生态环境和资源保护、食品药品安全领域侵害众多消费者合法权益等损害社会公共利益的民事公益诉讼案件,生态环境和资源保护、食品药品安全、国有财产保护、国有土地使用权出让等领域的行政公益诉讼案件,侵害英雄烈士姓名、肖像、名誉、荣誉的公益诉讼案件。负责对最高人民法院开庭审理的公益诉讼案件,派员出席法庭,依照有关规定提出检察建议。

办理最高人民检察院管辖的公益诉讼申诉案件。指导地方各级人民检察院开展相关工作"。第九检察厅"负责对法律规定由最高人民检察院办理的未成年人犯罪和侵害未成年人犯罪案件的审查逮捕、审查起诉、出庭支持公诉、抗诉，开展相关立案监督、侦查监督、审判监督以及相关案件的补充侦查。开展未成年人司法保护和预防未成年人犯罪工作。办理最高人民检察院管辖的相关申诉案件。指导地方各级人民检察院开展相关工作"。第十检察厅"负责受理向最高人民检察院的控告和申诉。承办最高人民检察院管辖的国家赔偿案件和国家司法救助案件。指导地方各级人民检察院开展相关工作"。地方各级检察院也都比照最高人民检察院进行机构改革，按照十个业务部门设置内设机构，检察官员额较少的设区的市级人民检察院和基层检察院按照实际情况可以减少机构设置，设立综合检察业务机构。

二、检察委员会

我国《人民检察院组织法》第30条明文规定了人民检察院设检察委员会，即"各级人民检察院设检察委员会。检察委员会由检察长、副检察长和若干资深检察官组成，成员应当为单数"。检察委员会是人民检察院的办案组织和重大业务工作议事决策机构。它是在检察长的主持下，讨论决定重大案件和其他重大问题的最重要的集体决策的组织机构，是具有中国特色社会主义检察制度的重要组成部分。

（一）检察委员会的职能

《人民检察院组织法》第31条明确了检察委员会的职能，规定检察委员会主要履行三项职能：（1）总结检察工作经验；（2）讨论决定重大、疑难、复杂案件；（3）讨论决定其他有关检察工作的重大问题。另外，还特别规定最高人民检察院检察委员会的一项职能，即最高人民检察院对属于检察工作中具体应用法律的问题进行解释、发布指导性案例，应当由检察委员会讨论通过。

2020年7月31日，最高人民检察院公布了《人民检察院检察委员会工作规则》（以下简称《工作规则》），该规则对检察委员会的职能作出了详细的规定，明确规定了应当提交检察委员会讨论决定的案件和事项范围。

《工作规则》第8条规定，应当提交检察委员会讨论决定的案件有：（1）涉及国家重大利益和严重影响社会稳定的案件；（2）拟层报最高人民检察院核准追诉或者核准按照缺席审判程序提起公诉的案件；（3）拟提请或者提出抗诉的重大、疑难、复杂案件；（4）拟向上级人民检察院请示的案件；（5）对检察委员会原决定进行复议的案件；（6）其他重大、疑难、复杂案件。这个规定对检察官职权作出了明确的界定，只有重大、疑难、复杂案件才由检察长决定提交检委会讨论，一般案件由检察官在职权范围内作出决定。

《工作规则》第9条规定，应当提交检察委员会讨论决定的事项有：（1）在检察工作中贯彻执行党中央关于全面依法治国重大战略部署和国家法律、政策的重大问题；（2）贯彻执行本级人民代表大会及其常务委员会决议的重要措施，拟提交本级人民代表大会及其常务委员会的工作报告；（3）最高人民检察院对属于检察工作中具体应用法律的问题进行解释，发布指导性案例；（4）围绕刑事、民事、行政、公益诉讼检察业务工作遇到的重大情况、重要问题，总结办案经验教训，研究对策措施；（5）对检察委员会原决定进行复议的事项；（6）本级人民检察院检察长、公安机关负责人的回避；（7）拟向上一级人民检察院请示或者报告的重大事项；（8）其他重大事项。

(二) 检察委员会的组成

根据法律规定，检察委员会由检察长、副检察长和若干资深检察官组成，成员应当为单数，并设专职委员。检察委员会委员由本院检察长提请同级人大常委会任免。《工作规则》对资深检察官作出明确的界定，应当具备以下条件：（1）最高人民检察院应当为一级高级检察官以上等级的检察官；（2）省级人民检察院应当为三级高级检察官以上等级的检察官；（3）设区的市级人民检察院应当为一级检察官以上等级的检察官；（4）基层人民检察院应当为三级检察官以上等级的检察官。满足上述条件必须有一定的工作年限和工作经历，这样的资深检察官更有权威性，这样检察委员会所作的决定更能使检察人员信服，更有说服力。检察委员会讨论决定案件和事项实行民主集中制。检察委员会在检察长主持下讨论决定重大问题，一般采取少数服从多数原则，应当按照全体委员过半数的意见作出决定。地方各级人民检察院的检察长不同意本院检察委员会全体委员过半数的意见，属于办理案件的，可以报请上一级人民检察院决定；属于重大事项的，可以报请上一级人民检察院或者本级人民代表大会常务委员会决定。这是中国特有的检察制度，是检察长负责制与检察委员会民主集中制相结合的决策制度。

三、检察官制度

检察官制度是指依据法律规定对检察官进行科学管理的制度。检察官制度主要包括检察官的职责、权利义务，检察官的资格条件、任免程序，检察官的考核、培训，检察官的奖惩、工资福利，以及检察官的辞职、退休等一系列事项的管理。由于检察官制度的重要性，我国制定了专门的《检察官法》对此进行规定。1995 年第八届全国人民代表大会常务委员会第十二次会议通过了《检察官法》，1995 年 7 月 1 日起该法正式实施。2019 年第十三届全国人民代表大会常务委员会第十次会议对其作了最新修订。

（一）检察官的职责、义务

检察官的职责是检察官从事检察工作的依据所在，对检察官的职责作出明确的规定，既有利于保障检察工作的进行，也有利于监督检察官合法行使职权，不超越职权。2019 年新修订的《检察官法》明确规定了检察官的职责，既有明确职责的列举，也有概括性的兜底条款。明确列举的职权有：侦查权，即对人民检察院直接受理立案的刑事案件进行侦查；刑事诉讼中的职责，主要是对刑事案件进行审查逮捕、审查起诉，代表国家进行公诉；公益诉讼，即代表国家或者社会等开展公益诉讼工作；诉讼监督职责，对刑事诉讼活动、民事诉讼活动、行政诉讼活动依法进行监督。《检察官法》中还有最后概括性的兜底条款，即法律规定的其他职责。

检察官的义务是指作为检察官在工作、生活中，特别是工作中应当遵守的义务。检察官应当履行的义务主要有以下几项：严格遵守宪法和法律；秉公办案，不得徇私枉法；依法保障当事人和其他诉讼参与人的诉讼权利；维护国家利益、社会公共利益，维护个人和组织的合法权益；保守国家秘密和检察工作秘密，对履行职责中知悉的商业秘密和个人隐私予以保密；依法接受法律监督和人民群众监督；通过依法办理案件以案释法，增强全民法治观念，推进法治社会建设；法律规定的其他义务。

（二）检察官的任职条件和遴选

检察官履行检察职责，公平公正地办理检察事务、完成检察工作都需要较高的业务素质和道德品德，这就要求检察官的任职资格必须有较高的条件要求。对此，《检察官法》作出了明确规定，第 12 条规定了担任检察官必须具备的条件，第 13 条规定了禁止担任检察官的限制条件。

担任检察官的条件大致可以分为两部分。

第一部分是基本条件，主要包括四个方面。（1）国籍条件，必须具有中华人民共和国国籍，这是最重要的基本条件。司法工作具有强烈的国家属性，因此世界各国对此一般都有国籍要求，或者至少要求永久居住权，我国明确要求必须具有我国国籍。（2）政治条件，司法制度是国家政治制度的重要组成元素，所以检察官的任职条件必须遵守政治条件。根据我国国情，必须拥护中华人民共和国宪法，必须拥护中国共产党领导和社会主义制度。（3）应当具有从事检察工作必需的良好的政治、业务素质和道德品行。（4）检察工作的完成还必须有能履职的身体条件。身体是革命的本钱，没有好的身体就不能好好工作，所以法律规定必须具有正常履行职责所必需的身体条件。

第二部分是业务条件。（1）学历条件。必须有相关的法律学习经历，并取得相关学历。必须具备普通高等学校法学类本科学历并获得学士及以上学位；或者普通高等学校非法学类本科及以上学历并获得法律硕士、法学硕士及以上学位；或者普通高等学校非法学类本科及以上学历，获得其他相应学位，并具有法律专业知识。为适应我国地区差异，法律还特别规定，上述规定的学历条件确有困难的地方，经最高人民检察院审核确定，在一定期限内，可以将担任检察官的学历条件放宽为高等学校本科毕业。（2）要具备法律工作经历、经验。要求从事法律工作满 5 年。其中获得法律硕士、法学硕士学位，或者获得法学博士学位的，从事法律工作的年限可以分别放宽至 4 年、3 年。（3）要取得职业资格。初任检察官应当通过国家统一法律职业资格考试取得法律职业资格。

《检察官法》同时还规定了禁止担任检察官的限制条件，明确规定下列人员不得担任检察官：（1）因犯罪受过刑事处罚的；（2）被开除公职的；（3）被吊销律师、公证员执业证书或者被仲裁委员会除名的；（4）有法律规定的其他情形的。

除常规选拔检察官的任职条件外，法律还规定了特殊途径选拔检察官的任职条件。所谓特殊途径选拔检察官是指《检察官法》第 15 条规定的人民检察院可以从检察系统以外公开选拔检察官。该规定主要列举了从两个行业中的法律从业者中公开选拔检察官：一是律师行业中的优秀律师；二是从事法学教学、研究的人员。对这两类人员除应当具备一般检察官任职条件外，还分别规定了不同的条件。首先，参加选拔的律师应当实际执业不少于 5 年，这里是执业 5 年而不是从事法律工作 5 年，显然要求更高。其次，要求执业经验丰富，从业声誉良好，这就要求该律师有丰富的办案经验，有较强的法律实践能力，从业声誉良好就要求有较高的法律操守，良好的道德品质。对于参加选拔的法学教学、研究人员首先有职称要求，职称的取得都是需要一定的成果的，所以职称在一定意义上代表了一定的水平和能力，法律规定参与选拔的人应当具有中级以上职称。其次，要求从事教学、研究工作 5 年以上，这和一般的好像没有区别，但是实际上是有区别的，因为从事教学、研究的人一般都是高学历，在这里就没有放宽时间一说了。最后，是业务能力要求，要求有突出的研究能力和相应研究成果。

检察官的遴选由省级检察院集中管理、统一负责。根据法律规定，省、自治区、直辖市设立检察官遴选委员会，负责初任检察官人选专业能力的审核。省级检察官遴选委员会的组成人员应当包括地方各级人民检察院检察官代表、其他从事法律职业的人员和有关方面代表，其中检察官代表不少于 1/3。省级检察官遴选委员会的日常工作由省级人民检察院的内设职能部门承担。遴选最高人民检察院检察官应当设立最高人民检察院检察官遴选委员会，负责检察官人选专业能力的审核。初任检察官一般到基层人民检察院任职。上级人民检察院检察官一般逐级遴选；最高人民检察院和省级人民检察院检察官可以从下两级人民检察院遴选。参加上级人民检察院遴选的检察官应当在下级人民检察院担任检察官一定年限，并具有遴选职位相关工作经历。

（三）检察官的任免

《检察官法》第 18 条规定，检察官的任免，依照宪法和法律规定的任免权限和程序办理。

各级检察机关的检察官任免略有不同。最高人民检察院检察长由全国人民代表大会选举和罢免，副检察长、检察委员会委员和检察员，由检察长提请全国人民代表大会常务委员会任免。地方各级人民检察院检察长由本级人民代表大会选举和罢免，副检察长、检察委员会委员和检察员，由检察长提请本级人民代表大会常务委员会任免。地方各级人民检察院检察长的任免，须报上一级人民检察院检察长提请本级人民代表大会常务委员会批准。省、自治区、直辖市人民检察院分院检察长、副检察长、检察委员会委员和检察员，由省、自治区、直辖市人民检察院检察长提请本级人民代表大会常务委员会任免。省级人民检察院和设区的市级人民检察院依法设立作为派出机构的人民检察院的检察长、副检察长、检察委员会委员和检察员，由派出的人民检察院检察长提请本级人民代表大会常务委员会任免。新疆生产建设兵团各级人民检察院、专门人民检察院的检察长、副检察长、检察委员会委员和检察员，依照全国人民代表大会常务委员会的有关规定任免。

当检察官不符合检察官任职条件或者离开相应的工作岗位时，应当依法提请免除其检察官职务。（1）不符合任职条件主要表现为：①丧失中华人民共和国国籍的；②经考核不能胜任检察官职务的；③因健康原因长期不能履行职务的；④因违纪违法不宜继续任职的。（2）离开工作岗位的主要指：①调出所任职人民检察院的；②职务变动不需要保留检察官职务的，或者本人申请免除检察官职务经批准的；③退休的；④辞职或者依法应当予以辞退的。

由于检察工作的特殊性，法律规定了任职回避，包括两种情况。一是同在检察机关任职的回避。根据法律规定，检察官之间有夫妻关系、直系血亲关系、三代以内旁系血亲以及近姻亲关系的，不得同时担任下列职务：（1）同一人民检察院的检察长、副检察长、检察委员会委员；（2）同一人民检察院的检察长、副检察长和检察员；（3）同一业务部门的检察员；（4）上下相邻两级人民检察院的检察长、副检察长。二是因亲属从事的工作性质可能影响检察公正的回避。根据法律规定，检察官的配偶、父母、子女有下列情形之一的，检察官应当实行任职回避：（1）担任该检察官所任职人民检察院辖区内律师事务所的合伙人或者设立人的；（2）在该检察官所任职人民检察院辖区内以律师身份担任诉讼代理人、辩护人，或为诉讼案件当事人提供其他有偿法律服务的。

（四）检察官的管理

我国检察官实行员额制管理，检察官员额根据案件数量、经济社会发展情况、人口数量和人民检察院层级等因素确定，在省、自治区、直辖市内实行总量控制、动态管理，优先考虑基层人民检察院和案件数量多的人民检察院办案需要。检察官员额出现空缺的，应当按照程序及时补充。最高人民检察院检察官员额由最高人民检察院商有关部门确定。

我国检察官实行单独职务序列管理。检察官等级分为十二级，依次为首席大检察官、一级大检察官、二级大检察官、一级高级检察官、二级高级检察官、三级高级检察官、四级高级检察官、一级检察官、二级检察官、三级检察官、四级检察官、五级检察官。最高人民检察院检察长为首席大检察官。检察官等级的确定，主要以检察官德才表现、业务水平、检察工作实绩和工作年限等为依据。

由于检察工作的特殊性，法律规定对从检察院离职的检察官有一定的工作限制。根据法律规定，检察官从人民检察院离任后2年内，不得以律师身份担任诉讼代理人或者辩护人。检察官从人民检察院离任后，不得担任原任职检察院办理案件的诉讼代理人或者辩护人，但是作为当事人的监护人或者近亲属代理诉讼或者进行辩护的除外。检察官被开除后，不得担任诉讼代理人或者辩护人，但是作为当事人的监护人或者近亲属代理诉讼或者进行辩护的除外。

（五）检察官的考核、奖励和惩戒

人民检察院设立检察官考评委员会，负责对本院检察官的考核工作。检察官考评委员会的组成人员为5人至9人。检察官考评委员会主任由本院检察长担任。对检察官的考核，应当全面、客观、公正，实行平时考核和年度考核相结合。对检察官的考核内容包括：检察工作实绩、职业道德、专业水平、工作能力、工作作风。重点考核检察工作实绩。年度考核结果分为优秀、称职、基本称职和不称职四个等次。

考核结果作为调整检察官等级、工资以及检察官奖惩、免职、降职、辞退的依据。考核结果以书面形式通知检察官本人。检察官对考核结果如果有异议，可以申请复核。检察官在检察工作中有显著成绩和贡献的，或者有其他突出事迹的，应当给予奖励。检察官有下列表现之一的，应当给予奖励：（1）公正司法，成绩显著的；（2）总结检察实践经验成果突出，对检察工作有指导作用的；（3）在办理重大案件、处理突发事件和承担专项重要工作中，作出显著成绩和贡献的；（4）对检察工作提出改革建议被采纳，效果显著的；（5）提出检察建议被采纳或者开展法治宣传、解决各类纠纷，效果显著的；（6）有其他功绩的。

检察官有下列行为之一的，应当给予处分；构成犯罪的，依法追究刑事责任：（1）贪污受贿、徇私枉法、刑讯逼供的；（2）隐瞒、伪造、变造、故意损毁证据、案件材料的；（3）泄露国家秘密、检察工作秘密、商业秘密或者个人隐私的；（4）故意违反法律法规办理案件的；（5）因重大过失导致案件错误并造成严重后果的；（6）拖延办案，贻误工作的；（7）利用职权为自己或者他人谋取私利的；（8）接受当事人及其代理人利益输送，或者违反有关规定会见当事人及其代理人的；（9）违反有关规定从事或者参与营利性活动，在企业或者其他营利性组织中兼任职务的；（10）有其他违纪违法行为的。

最高人民检察院和省、自治区、直辖市设立检察官惩戒委员会，负责从专业角度审查认定检察官是否存在《检察官法》第47条第4项、第5项规定的违反检察职责的行为，提出构成故意违反职责、存在重大过失、存在一般过失或者没有违反职责等审查意见。检察官惩戒委员会提出审查意见后，人民检察院依照有关规定作出是否予以惩戒的决定，并给予相应处理。检察官惩戒委员会由检察官代表、其他从事法律职业的人员和有关方面代表组成，其中检察官代表不少于半数。

最高人民检察院检察官惩戒委员会、省级检察官惩戒委员会的日常工作，由相关人民检察院的内设职能部门承担。检察官惩戒委员会审议惩戒事项时，当事检察官有权申请有关人员回避，有权进行陈述、举证、辩解。检察官惩戒委员会作出的审查意见应当送达当事检察官。当事检察官对审查意见有异议的，可以向惩戒委员会提出，惩戒委员会应当对异议及其理由进行审查，作出决定。

（六）检察官的职业保障

检察官的职业保障是指为保障检察官可以全心工作，能够公平、公正地履行检察职权、处理检察事务，不受各种非法干扰，必须具备的各种保障制度。根据《检察官法》的规定，各级人民检察院应当设立专门的检察官权益保障委员会，作为维护检察官的权益的保障机构，积极维护检察官各项合法权益，保障检察官依法履行职责。当前，检察官的职业保障主要包含以下三部分。

1. 职务保障。《检察官法》明确规定，除下列情形外，不得将检察官调离检察业务岗位：（1）按规定需要任职回避的；（2）按规定实行任职交流的；（3）因机构调整、撤销、合并或者缩减编制员额需要调整工作的；（4）因违纪违法不适合在检察业务岗位工作的；（5）法律规定的其他情形。

2. 独立职权行使的保障。《检察官法》明确规定，任何单位或者个人不得要求检察官从事超出法定职责范围的事务。对任何干涉检察官办理案件的行为，检察官有权拒绝并予以全面如实记录和报告；有违纪违法情形的，由有关机关根据情节轻重追究有关责任人员、行为人的责任。检察官的职业尊严和人身安全受法律保护。任何单位和个人不得对检察官及其近亲属打击报复。对检察官及其近亲属实施报复陷害、侮辱诽谤、暴力侵害、威胁恐吓、滋事骚扰等违法犯罪行为的，应当依法从严惩治。检察官因依法履行职责遭受不实举报、诬告陷害、侮辱诽谤，致使名誉受到损害的，人民检察院应当会同有关部门及时澄清事实，消除不良影响，并依法追究相关单位或者个人的责任。检察官因依法履行职责，本人及其近亲属人身安全面临危险的，人民检察院、公安机关应当对检察官及其近亲属采取人身保护、禁止特定人员接触等必要保护措施。

3. 待遇保障。检察官实行与其职责相适应的工资制度，按照检察官等级享有国家规定的工资待遇，并建立与公务员工资同步调整机制。检察官的工资制度，根据检察工作特点，由国家另行规定。检察官实行定期增资制度。经年度考核确定为优秀、称职的，可以按照规定晋升工资档次。检察官享受国家规定的津贴、补贴、奖金、保险和福利待遇。检察官因公致残的，享受国家规定的伤残待遇。检察官因公牺牲、因公死亡或者病故的，其亲属享受国家规定的抚恤和优待。检察官的退休制度，根据检察工作特点，由国家另行规定。检察官退休后，享受国家规定的养老金和其他待遇。对于国家机关及其工作人员侵犯《检察官法》第 11 条规定的检察官权利的行为，检察官有权提出控告。对检察官处分或者人事处理错误的，应当及时予以纠正；造成名誉损害的，应当恢复名誉、消除影响、赔礼道歉；造成经济损失的，应当赔偿。对打击报复的直接责任人员，应当依法追究其责任。

第四节　中国检察的主要职能

《人民检察院组织法》第 20 条对人民检察院的职权范围作出了具体规定，依据这一规定，人民检察院行使下列职权：（1）刑事侦查权，即依照法律规定对有关刑事案件行使侦查权；（2）批准或者决定逮捕权，即对刑事案件进行审查，批准或者决定是否逮捕犯罪嫌疑人；（3）审查起诉、提起公诉权，即对刑事案件进行审查，决定是否提起公诉，对决定提起公诉的案件支持公诉；（4）公益诉讼权，即依照法律规定提起公益诉讼；（5）诉讼监督权，即对诉讼活动实行监督；（6）对判决、裁定等生效法律文书的执行工作实行法律监督；（7）对监狱、看守所的执法活动实行法律监督；（8）法律规定的其他职权。故中国检察职能主要由以下几部分组成：刑事侦查、审查逮捕、审查起诉和支持公诉、公益诉讼、诉讼监督、刑罚执行和监管执法监督等。

一、刑事侦查

刑事侦查是指在刑事诉讼中，公安机关、人民检察院为查清犯罪事实，而收集证据、查获犯罪嫌疑人、采取强制措施等诉讼活动。依据 2018 年修改后的《刑事诉讼法》第 19 条第 2 款的规定，人民检察院行使刑事侦查权，应具备下列条件：（1）发现途径：在对诉讼活动实行法律监督中发现；（2）侦查对象：司法工作人员；（3）侦查犯罪类型：利用职权实施的非法拘禁、刑讯逼供、非法搜查等侵犯公民权利、损害司法公正的犯罪。最高人民检察院制定了《关于人民检察院立案侦查司法工作人员相关职务犯罪案件若干问题的规定》，进一步规范了人民检察院刑事侦查权的行使。

第一，明确了案件管辖范围。人民检察院在对诉讼活动实行法律监督中，对司法工作人员涉嫌利用职权实施的 14 种侵犯公民权利、损害司法公正的犯罪案件，可以立案侦查。其中包括侵犯公民人身权利犯罪 5 种：非法拘禁罪（《刑法》第 238 条）（非司法工作人员除外）、非法搜查罪（《刑法》第 245 条）（非司法工作人员除外）、刑讯逼供罪（《刑法》第 247 条）、暴力取证罪（《刑法》第 247 条）、虐待被监管人罪（《刑法》第 248 条）；渎职类犯罪 9 种：滥用职权罪（《刑法》第 397 条）（非司法工作人员滥用职权侵犯公民权利、损害司法公正的情形除外）、玩忽职守罪（《刑法》第 397 条）（非司法工作人员玩忽职守侵犯公民权利、损害司法公正的情形除外）、徇私枉法罪（《刑法》第 399 条第 1 款），民事、行政枉法裁判罪（《刑法》第 399 条第 2 款），执行判决、裁定失职罪（《刑法》第 399 条第 3 款），执行判决、裁定滥用职权罪（《刑法》第 399 条第 3 款），私放在押人员罪（《刑法》第 400 条第 1 款），失职致使在押人员脱逃罪（《刑法》第 400 条第 2 款），徇私舞弊减刑、假释、暂予监外执行罪（《刑法》第 401 条）。

第二，明确了行使侦查权的主体。上述 14 种犯罪一般由设区的市级人民检察院立案侦查，由人民检察院负责刑事检察工作的专门部门负责侦查。基层人民检察院无权直接立案侦查，对于发现犯罪线索的，应当报设区的市级人民检察院决定立案侦查；设区的市级人民检察院也可以将案件交由基层人民检察院立案侦查，或者由基层人民检察院协助侦查。对于最高人民检察院、省级人民检察院发现的犯罪线索，可以自行决定立案侦查，也可以将案件线索交由指定的省级人民检察院、设区的市级人民检察院立案侦查。

第三，明确了起诉管辖。设区的市级以上人民检察院侦查终结的案件，可以交有管辖权的基层人民法院相对应的基层人民检察院提起公诉；需要指定其他基层人民检察院提起公诉的，应当与同级人民法院协商指定管辖；依法应当由中级人民法院管辖的案件，应当由设区的市级人民检察院提起公诉。

此外，人民检察院对于应由公安机关管辖的国家机关工作人员利用职权实施的重大犯罪案件，如有需要，经省级以上人民检察院决定，也可以立案侦查。

二、审查逮捕

《刑事诉讼法》规定了拘传、取保候审、监视居住、拘留、逮捕五种强制措施。由于各种强制措施对人身的强制程度和方式不同，所以法律规定的采取这些强制措施的条件和程序也不同。对犯罪嫌疑人采取拘传、取保候审、监视居住强制措施的，公安机关有权作出决定。逮捕是最严厉的限制人身自由的强制措施，为了最大限度保护人权，对逮捕适用的条件和程序都作了更为严格的法律规定。《刑事诉讼法》第80条规定："逮捕犯罪嫌疑人、被告人，必须经过人民检察院批准或者人民法院决定，由公安机关执行。"《刑事诉讼法》第87条规定，"公安机关要求逮捕犯罪嫌疑人的时候，应当写出提请批准逮捕书，连同案卷材料、证据，一并移送同级人民检察院审查批准"。审查逮捕就是人民检察院对公安机关提请逮捕犯罪嫌疑人和直接受理侦查的案件需要逮捕犯罪嫌疑人的，进行审查从而作出是否批准、决定逮捕的诉讼活动。审查逮捕兼具保障基本人权和刑事诉讼顺利进行的双重功能，是重要的检察制度。

审查逮捕需要严格把握逮捕的适用条件：一是逮捕的先决条件，即有证据证明有犯罪事实。有犯罪事实的人才能予以逮捕，是否有犯罪事实，要有证据加以证明。对于案件的定性处理起决定作用的主要犯罪事实已经查清，并且能够证实犯罪事实系被逮捕人所为，就具备了逮捕的先决条件。二是逮捕的基本条件，即犯罪嫌疑人、被告人可能判处徒刑以上刑罚的。逮捕主要适用罪行比较严重的犯罪嫌疑人、被告人，对罪行较轻，可能判处拘役、管制或者单处罚金等不足以判处有期徒刑以上刑罚的，不予以逮捕。三是逮捕的关键条件，即采取取保候审尚不足以防止社会危险性。即使主要犯罪事实已经查清，并且有可能判处有期徒刑以上刑罚的，但如果犯罪嫌疑人不存在逃跑、自杀、毁灭证据等社会危险性的，也没有逮捕的必要性；或者虽然存在一定的社会危险性，但是采取取保候审、监视居住等办法就可以防止社会危险性的，也不需要予以逮捕。审查逮捕时，应当将犯罪嫌疑人、被告人涉嫌犯罪的性质、情节，认罪认罚等情况，作为是否可能发生社会危险性的考虑因素。对于采取取保候审尚不足以防止下列社会危险性的，应当予以逮捕：（1）可能实施新的犯罪的；（2）有危害国家安全、公共安全或者社会秩序的现实危险的；（3）可能毁灭、伪造证据，干扰证人作证或者串供的；（4）可能对被害人、举报人、控告人实施打击报复的；（5）企图自杀或者逃跑的。

此外，对有证据证明有犯罪事实，可能判处 10 年有期徒刑以上刑罚的，或者有证据证明有犯罪事实，可能判处徒刑以上刑罚，曾经故意犯罪或者身份不明的，应当予以逮捕。被取保候审、监视居住的犯罪嫌疑人、被告人违反取保候审、监视居住规定，情节严重的，可以予以逮捕。

三、公诉活动

公诉是检察机关对侦查（调查）机关侦查（调查）终结，移送审查起诉的案件，依法定职权进行审查，决定向人民法院提起公诉、出庭支持公诉、对刑事判决进行审查，或依法决定不起诉的诉讼活动。公诉是检察机关核心的标志性职能，连接着侦查（调查）与审判，是刑事诉讼中重要的一环。公诉的基本职能是指控犯罪和对刑事诉讼活动进行法律监督，主要包含以下内容。

（一）审查起诉

审查起诉是指人民检察院在案件移送审查起诉后，为了确定经侦查（调查）终结的刑事案件是否应当提起公诉，而对侦查（调查）机关确认的犯罪事实和证据、犯罪性质和罪名等进行审查核实，并作出处理决定的一项诉讼活动。它是实现人民检察院公诉职能的一项最基本的准备工作，也是人民检察院对侦查（调查）活动实行法律监督的一项重要手段。对于保证人民检察院正确地提起公诉，发现和纠正侦查（调查）活动中的违法行为，具有重要意义。

1. 审查管辖。人民检察院提起公诉时，要与人民法院审判管辖相适应。人民检察院收到移送起诉的案件后，经审查认为不属于本院管辖的，应当在发现之日起 5 日以内移送有管辖权的人民检察院。属于上级人民法院管辖的案件，应当报送上级人民检察院；属于同级其他人民法院管辖的，应当移送有管辖权的人民检察院或者报送共同的上级人民检察院指定管辖；上级人民检察院受理同级公安机关移送起诉的案件，认为属于下级人民法院管辖的，可以交下级人民检察院审查。

对于需要依照刑事诉讼法的规定指定审判管辖的，公安机关移送起诉的案件，人民检察院应当在移送起诉前协商同级人民法院办理指定管辖有关事宜；监察机关移送起诉的案件，人民检察院应当在移送起诉 20 日前协商同级人民法院办理指定管辖有关事宜。

2. 审查程序性内容。一是证据材料是否随案移送，不宜移送的证据的清单、复制件、照片或者其他证明文件是否随案移送，采取侦查措施包括技术侦查措施的法律手续和诉讼文书是否完备。二是采取的强制措施的情况，审查犯罪嫌疑人是否被采取强制措施，强制措施是否适当，已经逮捕的犯罪嫌疑人有无继续羁押的必要。三是侦查活动是否合法，有无违反法定程序的行为，有无侵犯诉讼参与人合法权益的行为。四是涉案财物情况，审查涉案财物是否查封、扣押、冻结并妥善保管，清单是否齐备，对被害人合法财产的返还和对违禁品或者不宜长期保存的物品的处理是否妥当，移送的证明文件是否完备。

3. 审查实体性内容。一是审查犯罪嫌疑人的身份状况是否清楚，包括姓名、性别、国籍、出生年月日、职业和单位等；单位犯罪的，单位的组织机构代码、所在地、法定代表人、诉讼代表人等情况。二是审查犯罪事实、情节是否清楚，认定犯罪性质和罪名是否正确，有无法定的从重、从轻、减轻或者免除处罚情节及酌定从重、从轻情节，共同犯罪案件的犯罪嫌疑人在犯罪活动中的责任认定是否恰当。三是审查犯罪嫌疑人是否认罪认罚。四是审查证据是否确实、充分，有无应当排除非法证据的情形。五是审查有无遗漏罪行和其他应当追究刑事责任的人。六是审查是否属于不应当追究刑事责任的情形。七是审查有无附带民事诉讼；对于国家财产、集体财产遭受损失的，是否需要由人民检察院提起附带民事诉讼；对于破坏生态环境和资源保护，食品药品安全领域侵害众多消费者合法权益，侵害英雄烈士的姓名、肖像、名誉、荣誉等损害社会公共利益的行为，是否需要由人民检察院提起附带民事公益诉讼。

4. 全面审查证据。审查证据是审查起诉工作的核心内容，要围绕合法性、客观性、关联性对证据进行全面审查。一是讯问犯罪嫌疑人，询问证人、被害人，听取犯罪嫌疑人及其辩护人或者值班律师、被害人及其诉讼代理人的意见。二是审查物证、书证、视听资料、勘验笔录、检查笔录、鉴定意见等证据材料，对物证、书证、视听资料、电子数据及勘验、检查、辨认、侦查实验等笔录存在疑问的，可以要求调查人员或者侦查人员提供获取、制作的有关情况，必要时也可以询问提供相关证据材料的人员和见证人并制作笔录附卷，对物证、书证、视听资料、电子数据进行鉴定。三是补充侦查（调查）。经审查认为犯罪事实不清、证据不足或者存在遗漏罪行、遗漏同案犯罪嫌疑人等情形需要补充侦查的，应当制作补充侦查提纲，连同案卷材料一并退回公安机关补充侦查。人民检察院也可以自行侦查，必要时可以要求公安机关提供协助。对于监察机关移送起诉的案件，认为需要补充调查的，应当退回监察机关补充调查。必要时，人民检察院可以自行补充侦查。

（二）提起公诉

人民检察院经过审查，认为犯罪嫌疑人的犯罪事实已经查清，证据确实、充分，依法应当追究刑事责任的，应当作出起诉决定，按照审判管辖的规定，向人民法院提起公诉。人民检察院提起公诉时，必须具备以下条件。

1. 犯罪嫌疑人的犯罪事实已经查清。犯罪事实是对犯罪嫌疑人正确定罪和处刑的基础，只有查清犯罪事实，才能正确定罪量刑。因此，人民检察院提起公诉，必须首先查清犯罪嫌疑人的犯罪事实。这里的"犯罪事实"，是指影响定罪量刑的犯罪事实，包括：（1）确定犯罪嫌疑人实施的行为是犯罪，而不是一般违法行为的事实。（2）确定犯罪嫌疑人是否负刑事责任或者免除刑事责任的事实。比如，犯罪嫌疑人的主观状态（包括故意、过失、动机和目的）、犯罪嫌疑人的年龄、精神状态等。（3）确定对犯罪嫌疑人应当从轻、减轻或者从重处罚的事实。查清上述各项事实就符合犯罪嫌疑人的犯罪事实已经查清的条件。在实践中，就具体案件来说，具有下列情形之一的，可以确认犯罪事实已经查清：（1）属于单一罪行的案件，与定罪量刑有关的事实已经查清，不影响定罪量刑的事实无法查清的；（2）属于数个罪行的案件，部分罪行已经查清并符合起诉条件，其他罪行无法查清的；（3）无法查清作案工具、赃物去向，但有其他证据足以对被告人定罪量刑的；（4）言词证据中主要情节一致，只有个

别情节不一致且不影响定罪的。对于符合上述第（2）种情况的，应当以已经
查清的罪行起诉。

2. 证据确实、充分。证据是认定犯罪事实的客观依据。因此，人民检察院
指控犯罪嫌疑人实施的犯罪行为，必须有确实、充分的证据。证据确实是对证
据质的要求，是指用以证明犯罪事实的每一证据必须是客观真实存在的事实，
同时又是与犯罪事实有内在的联系，能够证明案件的事实真相。证据充分是对
证据量的要求，是指只要一定数量的证据足够证明犯罪事实，就达到了证据充
分性的要求。证据确实与充分是相互联系、不可分割的两个方面，证据确实必
须以证据充分为条件，如果证据不充分，证据确实也无法达到；反之，如果证
据不确实，而证据再充分，也不能证明案件真实。证据确实、充分是指：
（1）定罪量刑的事实都有证据证明；（2）据以定案的证据均经法定程序查证属
实；（3）综合全案证据，对所认定事实已排除合理怀疑。

3. 依法应当追究刑事责任。依照法律规定，犯罪嫌疑人实施了某种犯罪，
并非一定要负刑事责任。根据刑法、刑事诉讼法的有关规定，有些犯罪行为法
定为不予追究刑事责任的情形。因此，决定对犯罪嫌疑人提起公诉，还必须排
除法定不予追究刑事责任的情形。依法应当追究犯罪嫌疑人的刑事责任，就成
为对其提起公诉的又一必要条件。

（三）不起诉

不起诉，是指人民检察院认为案件不符合提起公诉的法定条件或者没有追
诉的必要，而作出的不将案件移送人民法院审判的决定。不起诉是人民检察院
审查案件的结果之一，具有终止刑事诉讼的法律效力。根据刑事诉讼法的相关
规定，不起诉分为法定不起诉、酌定不起诉和存疑不起诉三种基本类型，还有
特别不起诉、附条件不起诉和和解不起诉三种特别不起诉类型。

1. 法定不起诉，又称绝对不起诉，是指犯罪嫌疑人没有犯罪事实或者具有
法律规定的不追究刑事责任情形的，人民检察院应当作出的不起诉决定。具体
来说，法定不起诉适用于以下七种情形：（1）没有犯罪事实；（2）情节显著轻
微，危害不大，不认为是犯罪的；（3）犯罪已过追诉时效期限的；（4）经特赦
令免除刑罚的；（5）依照刑法告诉才处理的犯罪，没有告诉或者撤回告诉的；
（6）犯罪嫌疑人死亡的；（7）其他法律规定免予刑事责任的。比如，《刑法》
第 18 条规定的精神病人在不能辨认或者不能控制自己行为的时候犯罪的，不负

刑事责任;《刑法》第 20 条规定的正当防卫没有超过必要限度的,和对正在进行行凶、杀人、抢劫、强奸、绑架以及其他严重危害人身安全的暴力犯罪,采取防卫行为,造成不法侵害人伤亡的,不负刑事责任等。

人民检察院在审查起诉中,对于具有上述七种情形之一的,都应当作出不起诉决定,而无须权衡作出这一决定是否适宜,这是法定不起诉不同于酌定不起诉的重要特征。

2. 酌定不起诉,又称相对不起诉,是指人民检察院认为犯罪嫌疑人的犯罪情节轻微,依照刑法规定不需要判处刑罚或者免除刑罚的案件,可以作出的不起诉决定。酌定不起诉必须同时具备两个条件:一是犯罪嫌疑人实施的行为触犯了刑律,符合犯罪构成的要件,已经构成犯罪。二是犯罪行为情节轻微,依照刑法规定不需要判处刑罚或者免除刑罚。《刑法》第 37 条规定,对于犯罪情节轻微不需要判处刑罚的,可以免予刑事处罚,但是可以根据案件的不同情况,予以训诫或者责令具结悔过、赔礼道歉、赔偿损失,或者由主管部门予以行政处罚或者行政处分。依照刑法规定,可以免除刑罚的情形主要有:(1)犯罪嫌疑人在中华人民共和国领域外犯罪,依照我国刑法规定应当负刑事责任,但在外国已经受过刑事处罚的;(2)犯罪嫌疑人又聋又哑,或者是盲人犯罪的;(3)犯罪嫌疑人因防卫过当或者紧急避险超过必要限度,并造成不应有危害而犯罪的;(4)为犯罪准备工具,制造条件的;(5)在犯罪过程中自动中止或者自动有效地防止犯罪结果发生的;(6)在共同犯罪中,起次要或者辅助作用的;(7)被胁迫、被诱骗参加犯罪的;(8)犯罪嫌疑人自首、犯罪较轻的或者有重大立功表现的。

3. 存疑不起诉,又称证据不足的不起诉,是指检察机关对于经过补充侦查的案件,仍然认为证据不足,不符合起诉条件的,可以作出不起诉决定。我国《刑事诉讼法》第 175 条第 4 款规定,对于二次补充侦查的案件,人民检察院仍然认为证据不足,不符合起诉条件的,应当作出不起诉的决定。有的案件由于关键证据确已灭失、无法获取,经过一次退回补充侦查,没有再次退回补充侦查的必要的,也可以作出不起诉决定。具有下列情形之一,不能确定犯罪嫌疑人构成犯罪和需要追究刑事责任的,属于证据不足,不符合起诉条件:(1)犯罪构成要件事实缺乏必要的证据予以证明的;(2)据以定罪的证据存在疑问,无法查证属实的;(3)据以定罪的证据之间、证据与案件事实之间的矛盾不能合理排除的；（4）根据证据得出的结论具有其他可能性，不能排除合理怀疑的；（5）根据证据认定案件事实不符合逻辑和经验法则，得出的结论明显不符合常理的。

人民检察院根据上述情形作出不起诉决定后，如果发现了新的证据，证明案件符合起诉条件时，可以撤销不起诉决定，提起公诉。

4. 特别不起诉类型，与三种基本不起诉的类型相对，特别不起诉不具有普遍性，有特别的适用范围和适用条件。特别不起诉有三种情形：一是须报请最高人民检察院的特殊不起诉，不管是程序还是构成条件都有一定的特殊性；二是针对未成年人犯罪的附条件不起诉；三是针对部分案件的和解不起诉，和解不起诉以刑事和解作为前提条件针对部分案件类型可以不起诉。

特殊不起诉是指在符合法定条件时，经最高人民检察院批准可以不起诉的制度。《刑事诉讼法》第 182 条规定，犯罪嫌疑人自愿如实供述涉嫌犯罪的事实，有重大立功或者案件涉及国家重大利益的，经最高人民检察院核准，公安机关可以撤销案件，人民检察院可以作出不起诉决定，也可以对涉嫌数罪中的一项或者多项不起诉。根据这一规定，在犯罪嫌疑人自愿作有罪供述，并如实供述涉嫌犯罪的事实的情况下，经最高人民检察院核准，符合以下两个条件的案件，可以作出不起诉决定：一是有重大立功表现的；二是涉及国家重大利益的。另外根据法律规定，如果在审查起诉阶段，犯罪嫌疑人涉及的犯罪行为有多个罪名时，在作出不起诉决定时，可以对其中一项罪名或者多项罪名作出不起诉的决定。特别是对涉及多项罪名不起诉后，对于剩余罪名仍起诉的，在审判阶段对被告人的量刑处罚也是具有重大作用的，即减轻了对被告人的涉嫌多项犯罪罪名的合并处罚幅度，起到了引导犯罪嫌疑人积极揭发他人犯罪和维护国家重大利益的作用。这一制度对于引导犯罪嫌疑人真诚悔罪、认罪，争取免予处罚是有积极的助推作用的，是认罪认罚从宽制度的一个重要体现形式。

附条件不起诉是针对未成年人犯罪而特别设置的未成年人保护教育制度，又称为暂缓起诉、缓予起诉、暂缓不起诉等，是指针对未成年人涉嫌特定犯罪且符合起诉条件，检察机关在审查起诉时，根据犯罪嫌疑人的年龄、性格、情况、犯罪性质和情节、犯罪原因以及犯罪后的悔过表现等，对罪行较轻的犯罪嫌疑人设定一定的条件，并根据犯罪嫌疑人在考验期的表现，如果证实其确有悔罪且履行了相关的义务，检察机关就可以作出不起诉的决定。附条件不起诉需要满足的实质要件是：（1）只限于未成年人犯罪，即实施犯罪行为时未满18周岁；（2）必须是涉嫌侵犯公民人身权利、民主权利罪，侵犯财产罪，妨害社会管理秩序罪这三类犯罪；（3）可能判处1年有期徒刑以下刑罚；（4）符合起诉条件，确有悔罪表现。附条件不起诉的考验期一般为6个月以上至1年以下，在考验期内，犯罪嫌疑人应当遵守法律法规，服从监督；按照考察机关的规定报告自己的活动情况；如需离开所居住的市、县或者迁居，应当报经考察机关批准；同时犯罪嫌疑人需要按照考察机关的要求接受矫治和教育。在考验期内，如果犯罪嫌疑人有下列行为之一的，人民检察院应当撤销附条件不起诉的决定并提起公诉：（1）实施新的犯罪；（2）发现以前还有其他犯罪需要追诉的；（3）违反治安管理规定，造成严重后果，或者多次违反治安管理规定的；（4）违反考察机关有关监督管理规定，造成严重后果，或者多次违反考察机关有关监督管理规定的。

和解不起诉制度是指在刑事诉讼过程中，通过调停人或其他组织使被害人与犯罪嫌疑人、被告人直接沟通、协商，双方达成赔偿和解协议后，人民检察院根据案件的具体情况对犯罪嫌疑人作出不起诉的制度。《刑事诉讼法》第290条规定，对于达成和解协议的案件，公安机关可以向人民检察院提出从宽处理的建议。人民检察院可以向人民法院提出从宽处罚的建议；对于犯罪情节轻微，不需要判处刑罚的，可以作出不起诉的决定。人民法院可以依法对被告人从宽处罚。据此规定，人民检察院作出和解不起诉决定主要有两个条件。一是被害人与犯罪嫌疑人达成和解协议，在这里人民检察院不是和解活动的组织者，人民检察院只对和解协议的自愿性、合法性进行审查。二是《刑事诉讼法》规定的许可刑事和解的刑法条件，即犯罪要符合法定的刑法罪名、刑罚条件，主要有两点：（1）因民间纠纷引起，涉嫌刑法分则第四章（侵犯公民人身权利、民主权利罪）、第五章（侵犯财产罪）规定的犯罪案件，可能判处3年有期徒刑以下刑罚的；（2）除渎职犯罪外的可能判处7年有期徒刑以下刑罚的过失犯罪案件。但是犯罪嫌疑人在5年以内曾经故意犯罪的除外。最后需要注意的是，人民检察院根据犯罪嫌疑人的年龄、犯罪动机和目的、手段、危害后果等情节以及一贯表现、认罪认罚等情况进行综合考虑，认为符合不起诉条件的，可以作出不起诉决定，而不是必须作出不起诉决定。

（四）　出庭支持公诉

出庭支持公诉，是指人民检察院向人民法院提起公诉后，指派公诉人出席法庭指控犯罪的诉讼活动。公诉人在法庭上通过揭露被告人的犯罪行为，反驳被告人及其辩护人的意见，实现公诉主张。公诉人出庭的主要任务有以下几个方面。

1. 代表国家指控、揭露和证实犯罪，提请人民法院对被告人依法审判。人民检察院之所以提起公诉，就是认为被告人实施的行为已经构成犯罪，应当追究刑事责任。但被告人究竟是否构成犯罪和应当给予何种刑事处罚，依法需要由人民法院通过审判确定。为了依法追究犯罪人的刑事责任，人民检察院需要在开庭审判时充分运用证据证实起诉书所指控的犯罪事实，通过法庭调查、法庭辩论等活动，使人民法院准确认定事实和正确适用法律，公正地定罪量刑。一是要讯问被告人，询问被害人、证人、鉴定人，在起诉书指控的范围内，围绕对被告人的定罪和量刑进行有针对性的讯问、询问，被告人、证人、被害人对同一事实的陈述存在矛盾的，公诉人可以建议法庭传唤有关被告人、通知有关证人同时到庭对质，必要时可以建议法庭询问被害人。二是出示、宣读未到庭证人、被害人证言，出示、宣读书证、物证等其他证据。被告人在庭审中的陈述与在侦查、审查起诉中的供述一致或者不一致的内容不影响定罪量刑的，可以不宣读被告人供述笔录。被告人在庭审中的陈述与在侦查、审查起诉中的供述不一致，足以影响定罪量刑的，可以宣读被告人供述笔录，并针对笔录中被告人的供述内容对被告人进行讯问，或者提出其他证据进行证明。三是申请证人、鉴定人出庭。公诉人对证人证言有异议，且该证人证言对案件定罪量刑有重大影响的，可以申请人民法院通知证人出庭作证。公诉人对鉴定意见有异议的，可以申请人民法院通知鉴定人出庭作证。必要时，公诉人可以申请法庭通知有专门知识的人出庭，就鉴定人作出的鉴定意见提出意见。四是质证与答辩。公诉人在法庭中针对辩方证据发表意见、提出质疑，对于辩方对控方证据提出的质疑进行答辩。对于被告人及其辩护人提出被告人庭前供述系非法取得的，公诉人可以通过出示讯问笔录、提讯登记、体检记录、采取强制措施或者侦查措施的法律文书、侦查终结前对讯问合法性进行核查的材料等证据材料，有针对性地播放讯问录音、录像，提请法庭通知调查人员、侦查人员或者其他人员出庭说明情况等方式，对证据收集的合法性加以证明。

2. 对法庭审判活动是否合法进行监督。人民检察院是国家专门法律监督机关，负有对人民法院的审判活动是否合法进行监督的职责。法庭审理是审判的核心活动，因而法庭审理活动是审判监督工作的重点。公诉人代表人民检察院出席法庭，有责任对审判程序是否合法进行监督，以保证刑事诉讼法的规定在法庭审理中切实得到执行。对法庭审理案件违反法定诉讼程序的情况，人民检察院有权向人民法院提出纠正意见。在法庭审理过程中，合议庭对证据有疑问并在休庭后进行勘验、检查、查封、扣押、鉴定和查询、冻结的，人民检察院应当依法进行监督，发现上述活动有违法情况的，应当提出纠正意见；未经庭审出示、质证直接采纳为判决依据的，人民检察院应当提出纠正意见。

3. 维护诉讼参与人的合法权利。根据刑事诉讼法的规定，被告人、被害人和其他诉讼参与人在法庭审判中享有充分的诉讼权利，人民法院、人民检察院应当保障诉讼参与人依法享有的诉讼权利。对这些诉讼权利的保障，不仅关系到诉讼参与人的合法权益能否受到保护，也关系到刑事案件能否得到正确、公正、及时的审判。公诉人出席法庭，是站在维护社会公平正义的立场上，代表国家和人民的利益，因而在追究犯罪的同时，也依法负有维护诉讼参与人合法权利的职责。公诉人可以建议法庭采取不暴露证人、鉴定人、被害人外貌、真实声音等出庭作证保护措施，或者建议法庭在庭外对证据进行核实。

4. 结合案情进行法治宣传和教育。人民检察院作为公诉机关，不仅负有追究犯罪的职责，也负有积极参与社会治安综合治理、努力预防犯罪的职责。公诉人在法庭上一方面要揭露犯罪、证实犯罪，另一方面要通过分析犯罪发生的原因，宣传法律知识，促使犯罪分子改过自新，教育其他公民引以为戒，自觉遵守法律，以达到预防犯罪的目的。

四、公益诉讼

公益诉讼，是指对于法律规定范围内损害国家利益和社会公共利益的违法行为，人民检察院以"公益诉讼人"的身份向人民法院提起诉讼的活动。公益诉讼，与私益诉讼相对应，即以保护国家利益或者社会公共利益为目的而进行的诉讼，具有以下特征。

第一，诉讼目的的公益性。在私益诉讼中，原告起诉的目的是维护其私人利益，当事人适格是起诉的首要条件。而公益诉讼的目的则是保护国家利益或社会公共利益免受不法侵害或者在受侵害之后获得恢复或补救，这是公益诉讼与私益诉讼之间的根本性区别。

第二，诉讼主体的扩张性。传统诉讼认为提起诉讼的当事人必须与案件具有直接的利害关系，与作为被告的当事人之间没有实体上的权利义务关系的，便不具备提起诉讼原告主体资格。公益诉讼则突破了"无利益则无诉讼"这一传统诉讼原则，起诉主体往往不是直接的利害关系主体，即不是违法行为的直接受害者。由于公益诉讼保护的客体是国家利益或者社会公共利益，受害者范围的广泛性和不特定性决定了起诉主体的特殊性和扩张性，法律必须授权给具有代表性的主体来参与诉讼活动追究违法者的责任。国家机关、社会组织、社会团体及个人都有可能基于法律法规的授权而具有起诉主体资格。

第三，裁判效力的广延性。传统私益诉讼由直接利害关系人提起，所以诉讼结果一般仅对直接利害关系人产生法律效力。公共利益涵盖环境保护、消费者权益保护、国有资产保护、国有土地使用权保护等社会生活的方方面面，不可能仅与某一个体产生直接联系，公共利益侵害行为一旦发生，其受害者是不特定的，因此而提起的公益诉讼的受益者也是不特定的。尽管经过法律授权能够向法院起诉的主体是有限的，但是法院裁判结果的效力不应局限于起诉主体，而应当扩大到所有因公共利益受到侵害所涉及或者可能涉及的不特定的人群。

人民检察院行使的公益诉讼权的诉讼类型包括：民事公益诉讼、行政公益诉讼、刑事附带民事公益诉讼。

第一，民事公益诉讼。主要适用于两种情形，一是人民检察院在履行职责中发现破坏生态环境和资源保护、食品药品安全领域侵害众多消费者合法权益等损害社会公共利益的行为，在没有相关机关和组织或者相关机关和组织不提起诉讼的情况下，可以向人民法院提起诉讼。前述规定的机关或者组织提起诉讼的，人民检察院可以支持起诉。二是英雄烈士没有近亲属或者近亲属不提起诉讼的，检察机关依法对侵害英雄烈士的姓名、肖像、名誉，损害社会公共利益的行为，向人民法院提起诉讼。

第二，行政公益诉讼。人民检察院在履行职责中发现生态环境和资源保护、食品药品安全、国有财产保护、国有土地使用权出让等领域负有监督管理职责的行政机关违法行使职权或者不作为，致使国家利益或者社会公共利益受到侵害的，应当向行政机关提出检察建议，督促其依法履行职责。行政机关不依法履行职责的，人民检察院依法向人民法院提起诉讼。

第三，刑事附带民事公益诉讼。人民检察院对破坏生态环境和资源保护、食品药品安全领域侵害众多消费者合法权益的犯罪行为提起公诉时，可以向人民法院一并提起附带民事公益诉讼，由人民法院同一审判组织审理。

五、诉讼监督

诉讼监督，是指人民检察院依法对各种诉讼的进行，以及诉讼中国家专门机关和诉讼参与人的诉讼活动进行监督，其重点是对诉讼活动中国家机关及其工作人员的违法行为和违法事项进行监督。人民检察院是国家的法律监督机关，对诉讼活动实行法律监督是其履行法律监督职能的重要方面，也是其行使检察权的重要形式。《刑事诉讼法》第8条规定："人民检察院依法对刑事诉讼实行法律监督。"《民事诉讼法》第14条规定："人民检察院有权对民事诉讼实行法律监督。"《行政诉讼法》第11条规定："人民检察院有权对行政诉讼实行法律监督。"这些规定确立了人民检察院对诉讼活动实行法律监督的原则。由于诉讼监督直接针对的是各类案件的处理过程和处理结果，因此是发现和纠正司法活动中的违法情况，实现司法公正的重要保障。要实现司法公正的目标，就必须坚持检察机关对诉讼活动实行法律监督的原则。根据诉讼活动的性质，可以将人民检察院的诉讼监督分为刑事诉讼监督、民事诉讼监督和行政诉讼监督。

（一）刑事诉讼监督

刑事诉讼监督在检察机关诉讼监督工作中居于重要地位。2021年《中共中央关于加强新时代检察机关法律监督工作的意见》第6条规定，强化刑事立案、侦查活动和审判活动监督。及时发现和纠正应当立案而不立案、不应当立案而立案、长期"挂案"等违法情形，坚决防止和纠正以刑事手段插手民事纠纷、经济纠纷。增强及时发现和纠正刑讯逼供、非法取证等侦查违法行为的能力，从源头上防范冤假错案发生。规范强制措施和侦查手段适用，切实保障人权。落实以审判为中心的诉讼制度改革要求，秉持客观公正立场，强化证据审查，严格落实非法证据排除规则，坚持疑罪从无，依法及时有效履行审查逮捕、审查起诉和指控证明犯罪等职责。加强保障律师执业权利法律监督，纠正阻碍律师依法行使诉讼权利的行为。综合运用抗诉、纠正意见、检察建议等监督手段，及时纠正定罪量刑明显不当、审判程序严重违法等问题。进一步加强死刑复核法律监督工作。这一规定明确提出要强化检察机关在刑事诉讼中的监督。刑事诉讼监督包含刑事立案监督、侦查活动监督、审判监督等重要内容。在刑事立案监督中，检察机关主要任务是监督和纠正侦查机关有案不立、有罪不纠、以罚代刑等执法不严的问题。在侦查活动监督中，检察机关的主要任务是监督侦查机关的侦查行为是否正确、合法，同时保障犯罪嫌疑人的合法权利。在审判监督中，检察机关不但要监督人民法院的实体判决是否正确，避免出现冤假错案，而且要监督人民法院的审判活动是否公正合法，保证实现程序正义。人民检察院对刑事诉讼活动实行法律监督，发现违法情形的，依法提出抗诉、纠正意见或者检察建议。

（二）民事诉讼监督和行政诉讼监督

相对于刑事诉讼监督，检察机关民事、行政诉讼监督在 2018 年《人民检察院组织法》修订前还仅限于通过审判监督程序以抗诉的方式实施，因此在监督范围、参与程度、监督效果等方面还非常有限。为了加强对民事诉讼和行政诉讼的监督，督促纠正裁判不公问题，针对影响民事诉讼和行政诉讼监督实效的相关问题，2001 年最高人民检察院制定了《人民检察院民事行政抗诉案件办案规则》（已失效），从而使人民检察院对民事诉讼活动和行政诉讼活动进行的法律监督更具可操作性。根据该规则的规定，人民检察院进行民事、行政诉讼监督的价值定位是"维护国家利益和社会公共利益，维护司法公正和司法权威，保障国家法律的统一正确实施"，其办案原则是"公开、公正、合法"。该规则从人民检察院受理的民事、行政案件的来源开始，对申诉案件的立案、审查、提请抗诉、抗诉、出庭等一系列环节作了详细的规定，清晰、系统地展示了民事、行政诉讼检察监督的办案流程。此外，该规则在细化抗诉条件，以方便司法实践操作的同时还在第八章规定了检察建议的监督途径，从而进一步拓展了民事、行政诉讼监督的工作方式和工作空间。2018 年《人民检察院组织法》的修订吸收借鉴了这些内容，规定："人民检察院行使本法第二十条规定的法律监督职权，可以进行调查核实，并依法提出抗诉、纠正意见、检察建议。有关单位应当予以配合，并及时将采纳纠正意见、检察建议的情况书面回复人民检察院。"检察机关调查核实的方式主要包括调阅、借阅案卷材料和其他文件资料，查询、调取、复制相关证据资料，向有关单位及其工作人员了解情况，向当事人或者案外人询问取证等。抗诉、纠正意见和检察建议是检察机关行使法律监督职权的主要方式，要求有关单位及时将采纳纠正意见、检察建议的情况书面回复人民检察院，对提升纠正意见、检察建议的监督实效具有重要意义。

六、刑罚执行和监管执法监督

刑罚执行和监管执法监督，是指人民检察院依法对刑事判决、裁定和决定的执行工作以及监狱、看守所等的监管执法活动实行法律监督。2021 年《中共中央关于加强新时代检察机关法律监督工作的意见》第 8 条规定，完善刑事执行和监管执法监督。健全对监狱、看守所等监管场所派驻检察与巡回检察相结合的工作机制，加强对社区矫正和财产刑执行的监督，促进严格依法监管，增强罪犯改造成效。加强对刑罚交付执行、强制医疗执行的监督，维护司法权威。完善对刑罚变更执行的同步监督机制，有效防止和纠正违法减刑、假释、暂予监外执行。加强与监管场所信息联网建设，强化对超期羁押、在押人员非正常死亡案件的监督。这一规定强调了要加强和完善检察机关对刑事执行和监管执法的监督。

检察机关根据工作需要，可以对监狱、看守所等场所采取巡回检察、派驻检察等方式进行监督，可以采取调查核实、实地查看禁闭室、会见室、监区、监舍等有关场所，列席监狱、看守所有关会议，与有关监管民警进行谈话，召开座谈会，开展问卷调查等方式予以监督。人民检察院指派检察官临场监督死刑立即执行活动；人民检察院对人民法院、公安机关、看守所等机关的交付执行活动，暂予监外执行活动，减刑、假释活动，社区矫正活动，刑事裁判财产执行，强制医疗的交付执行、解除，看守所收押和监狱收监活动等依法进行监督，发现有违反规定情形的，依法提出纠正意见；对看守所、监狱、强制医疗机构等场所依法开展事故检察。

第四章　中国侦查制度

第一节　侦查制度概述

一、侦查

侦查制度是以侦查为核心内容的制度体系。研究侦查制度，侦查概念是基础和出发点。侦查概念就是本章研究的开始。

侦查概念最开始界定的含义主要在于发现、追寻、明晰之意。在中国古代，不论是奴隶社会还是封建社会，均未出现侦查的表述，而是出现了"侦察"一词。在中国法律历史沿革中，侦察主要用于军事目的，这与侦察在当代语境中的意义是相同的。例如，《辞源》注明，侦察，暗中观察。"侦查"一词出现的时间较晚，在中华人民共和国成立之初，侦察也占据着主流地位，到改革开放之时，在理论学界展开了侦查与侦察定位的广泛讨论。考虑到在军事领域侦察应用广泛，在法学领域理论研究的学者和实务部门支持侦查法律术语的学术地位，用侦查取代侦察，自此用语趋于统一。

在不同国家，对于侦查的界定也有不同。在当事人主义国家，诉讼制度设计以审判程序为核心，诉讼围绕庭审开展，诉讼制度的设计为审判服务，而侦查工作被认为是审判的前期工作，为刑事追诉服务，为审判开展而做的前期准备，并不是诉讼程序的核心，因而当事人主义国家并未在刑事诉讼中重点研究侦查。20世纪中期之后，人权保障成为各国法治的核心，侦查才逐渐进入当事人主义国家的立法、理论、司法审判的研究视阈内。

在职权主义国家，由于诉讼模式的不同，强调法官的职权，侦查权被赋予了特定的侦查机关才能行使，其他未获授权的任何主体无权行使。侦查的目的是为诉讼服务，是为了保障公诉的启动，使得侦查和检察具有同一性，实行了一体化的运作模式。譬如，陈朴生教授认为，侦查是一种程序，是调查犯罪人的程序，是获得证据的程序，以检察官提起或实行公诉为目的。随着时间的推移，法治内涵的变化，职权主义国家对于检察机关的定位又有所变化，检察机关有权决定是否提起公诉，这就意味着侦查的结果不再是唯一的，侦查的结果不一定是公诉的提起，因而侦查概念亦随之变化。例如，部分职权主义国家学者就认为："侦查程序是一种准备工作，是侦查机关为公诉机关提起公诉所做的准备。"①

鉴于我国的法律传统和传承，对于职权主义的侦查定位较为认同。在侦查学学者的观点中，侦查是侦查机关（公安机关、检察机关等）依照法律授予的职权，以刑事诉讼为目的，发现事实，获得证据的专门工作和专门活动。与域外经验相比，我国对侦查的界定与职权主义国家类似，都把侦查视为国家特定权力机关的职权行为，行使侦查权必须获得立法的授权，无授权无侦查权。立法授权的对象只能是公权力机关，公民、社会团体等不能行使侦查权。近年来，鉴于权利保障意识的提升，也有部分法学学者支持当事人主义国家对于侦查的界定，认为侦查不仅包括特定机关的专门活动和专门工作，也应当包括刑事诉讼的相对人（被告人、犯罪嫌疑人）及其律师进行的特定调查活动。

鉴于我国的刑事诉讼立法实际，侦查是国家授权的特定主体实施的履行职权行为，而不包括刑事诉讼的相对人（被告人、犯罪嫌疑人）及其律师的为无罪、罪轻等目的从事的调查行为，也不包括一般自然人、法人和其他组织为特定经济目的实施的调查活动。

因此，本章讨论的侦查，特指经立法授权的国家机关的侦查活动。

二、侦查权

(一) 侦查权的概念

当事人主义国家，侦查制度是双轨制运行，其侦查权的行使并不囿于法律授权的行政机关，同时也包括公民个人的调查权力。在双轨制运行模式下，侦查权被视为发现事实，获取证据的行为，其强调公民个人与国家机关的权力的法律平等性。其侦查权的概念一般作如下表述，侦查权是特定机构、公民、团体调查事实的权力。

职权主义国家，侦查制度是单轨制运行，其侦查权的行使限于法律授权的行政机关，不包括公民个人的调查权力和权利。在单轨制运行模式下，侦查权被视为是发现事实，获取证据的行为，其强调国家机关的权力的法律权威性，侦查权被认为属于公诉职能的内容，属于公诉权的内涵。

我国在侦查权的运行上属于职权主义的模式，为单轨制运行，强调公权力

---

① ［德］克劳思·罗科信著：《刑事诉讼法》（第24版），吴丽琪译，法律出版社2003年版，第354页。

机关行使侦查权，其他主体和个人不具有侦查权，不得干涉侦查权的行使。而具有侦查权的公权力机关，因法律授权的职能、内容不同，侦查权行使也各有不同。据此，理论学者提出了诸多定义。有的以侦查主体为侧重，侦查权是侦查机关和侦查人员开展侦查活动的权力；有的以侦查目的为内容，侦查权是依法对刑事案件进行专门调查工作的权力。

综合上述内容，侦查权的概念为：法律授权的特定机关依法定程序进行事实查证和实施强制措施的权力。首先，侦查权是一种国家授权的法律行为，依法定程序开展，以授权范围为限。其次，侦查权由侦查机关行使，其他主体不得干涉，侦查权具有强制性。

（二）侦查权的属性

对于侦查权的属性，主要有以下三种观点。

1. 行政权说。行政权说认为，侦查权具有行政权的属性。行政权属性表现如下：

第一，行政权相对于司法权和立法权而言，行使具有主动性。

第二，侦查权的行使的主体大多是行政机关。例如，公安机关、监狱、中国海警局等。

第三，侦查权的隶属性与管理性。侦查权在行使时，对上级具有遵从性，对下级具有命令性。

第四，侦查权具有灵活性，不具备司法权的严格程序属性。具有极强的权变性。

第五，侦查权不具备终结性。司法权具有终结性，而侦查权具有追诉功能，重在事实的查证与调查，无终结、终局属性。

2. 司法权说。司法权说认为，侦查权具有司法权的属性。司法权属性表现如下：

第一，侦查权的目的。侦查权的目的在于事实查证和调查，保障追诉，实现公诉权，要求必须公平、公正，符合司法权的要求，因此具有司法权属性。

第二，侦查权的内容。侦查权的内容在于保障刑事诉讼程序进行，为司法权服务，应属于司法权的内容。

第三，侦查权的程序。现代法治国家都要求侦查权的程序中司法控制的介入。换言之，侦查权的行使以司法权为主导，因此侦查权具有司法权属性。

第四，侦查权与被动性。被动性是司法权的基本表现，侦查权具有主动性，两者相冲突，但司法权的被动性不是绝对的，尤其是在刑事诉讼中，司法权也有主动性的体现。据此，具有主动性的侦查权也是司法权，与司法权的本质不冲突。

3. 双重属性说。双重属性说认为，侦查权具有双重属性，侦查权同时具有行政权和司法权的特征。双重属性表现如下：

第一，侦查权行使的主体。侦查权行使的主体大多是行政机关，如公安机关、监狱、中国海警局等。侦查权行使程序具有严格的纵向隶属关系，具有行政权的属性。

第二，侦查权的目的。侦查权的目的在于事实查证和调查，保障追诉，实现公诉权，要求必须公平、公正，符合司法权的要求，因此具有司法权属性。

第三，侦查权的内容。侦查权的内容在于保障刑事诉讼程序进行，为司法权服务，应属于司法权的内容。

三、侦查制度

侦查制度的定义在我国有不同的观点。以侦查主体为出发点进行阐述的学者认为，侦查制度是围绕侦查主体的设置，保障侦查工作开展的一系列立法、制度、体系的总称。以侦查目的为出发点进行阐述的学者认为，侦查制度是一个国家中与犯罪侦查活动的组织、程序、人事等方面有关的规则体系的总称，它包括组织制度、程序制度和人事制度。[①]

综合以上观点，本书对侦查制度的界定为：侦查主体制度、侦查程序制度、侦查措施制度、侦查监督制度等保障侦查权运行，约束侦查权，构建侦查程序，实现权利保障的制度总称。

国家构建侦查制度，对于犯罪行为的打击，公民权利的保护，具有重大意义。具体体现在如下四个方面。

（一）侦查制度是以打击犯罪为核心的

犯罪行为严重侵害公民权利，破坏国家秩序，是需要严厉打击、制止的。犯罪行为又是一种极其复杂的社会现象，犯罪行为往往十分隐蔽，秘密进行，同时，犯罪发生之后，行为实施人还会想方设法地隐匿、毁损证据，制造假象

---

① 何家弘编著：《外国犯罪侦查制度》，中国人民大学出版社 1995 年版，第 5 页。

掩盖事实逃避刑事追责。随着社会的进步和科学技术的发展，犯罪行为也变得越来越复杂多样，融入了高科技、新思维，加大了打击犯罪的难度。只有构建侦查制度，专门的保障侦查权运行，规范侦查行为，打击犯罪，保障人权的制度，才能实现对于犯罪的打击。侦查制度的缺失和不完善，就会造成侦查活动展开的限制，变相放纵犯罪行为。打击犯罪是侦查制度设计的初衷和核心价值，是侦查制度的主要目的。如果没有强有力的侦查活动，就不可能准确、及时地揭露和打击犯罪。

（二）侦查制度是隶属于刑事诉讼制度的内容

侦查制度的设计着重于对犯罪的打击，对犯罪的打击，在于对犯罪的发现和查明。以刑事诉讼公诉案件为例，只有通过侦查制度的侦查活动，才能发现和收集证据，查明犯罪事实，查获犯罪分子，保障检察机关公诉的开始和人民法院审判的进行。

侦查是刑事诉讼的开始和起源。依刑事诉讼立法而言，立案是刑事诉讼活动的开始，是公安机关、检察机关和人民法院开展刑事诉讼工作的起源。但立案却需要以侦查为基础，以侦查获得的证据为内容，因此，侦查应是刑事诉讼真正的开始和起源。侦查作为刑事诉讼的内容，主要在于调查事实和获得证据。侦查的有效开展，是查清事实，获得证据的基础，是后续工作开展的保障。反之，侦查工作存在问题，可能会导致立案、公诉、审判等程序的瑕疵，严重时，还会造成程序违法，触犯法律。

（三）侦查制度有效实现预防犯罪

侦查制度保障刑事诉讼活动的开展，通过对犯罪的打击，实现犯罪的预防。通过对犯罪的打击，实现罪责刑相适应，有效剥夺、限制相对人的权利和自由，使其丧失犯罪的可能性，实现犯罪预防。通过合理设置公众对于犯罪行为的预期，实现法律的教育价值，使公众知法、识法、守法，以法律的威慑性实现犯罪的预防。通过对犯罪的打击，总结犯罪的类型和模式，进行法治宣传和教育，封堵犯罪的发生渠道，将犯罪扼杀在萌芽状态中，实现犯罪的预防。

（四）侦查制度是权利保障制度

侦查制度不仅是权利剥夺法、自由限制法，更是权利、自由保障法。侦查剥夺、限制相对人的权利和自由，正是对于守法公民的权利保障。犯罪行为是对守法公民权利的极大侵害，也是对社会秩序的极大侵害，侦查对犯罪的打击，正是对权利的保护和秩序的恢复。侦查制度的合法设置，也是对犯罪嫌疑人、被告人的权利的保障。任何人未经合法有效判决之前都是无罪的，与其他守法公民在法律面前并无区别。侦查活动开展之时，审判程序尚未启动，这就要求侦查制度的设置不仅要实现对犯罪的打击，更要实现对犯罪嫌疑人、被告人的权利的保障。

四、侦查模式

我国现行的侦查模式，应进行如下界定。

（一）主观型侦查模式

主观型侦查模式是指以"由人到案"，完成侦查的查证和调查行为。其核心在于对人的重视，其中尤以供述类证据为主。

客观型侦查模式是指以"由物到案"，完成侦查的查证和调查行为。其核心在于对物的重视，其中尤以实物类证据为主。

结合我国的侦查实践，以供述类证据为主，展开侦查程序的主观型侦查模式更符合我国的实际做法，我国的侦查模式应是主观型侦查模式。

（二）单轨式侦查模式

单轨式侦查模式是指侦查权限定在国家权力机关范围内行使。

双轨式侦查模式是指侦查权不限定在国家权力机关范围内行使，公民个人、律师、社会团体等其他主体也可以行使侦查权。

结合我国的侦查实践，我国应是侦查权限定在国家权力机关范围内行使的单轨式侦查模式。

我国法律授权的侦查机关有公安机关、国家安全机关、检察机关、军队保卫部门、中国海警局、监狱、海关的缉私部门等。

（三）检警双向制约模式

无论是在国内还是国外，对于检警关系的重视程度均比较高，其主要原因在于检警关系直接关系到整个国家的刑事诉讼关系，检警关系的优良程度与诉讼结构的塑造程度以及诉讼目的的实现程度成正比。虽然各国之间在处理检警关系中所作的相关规定存在差异，但是强化检警合作关系的重要性、加强全社会对检警合作关系的重视程度已经成为不争的事实。当前，对于此方面的问题，我国已经有了明确的法律规定。《刑事诉讼法》第 7 条中指出公安机关在执行任务的过程中与人民检察院干警必须相互支持和协助，才能保证双方更加公平公正地履行法律赋予的权力。由此我们可以看出，公安机关与人民检察院有相互支持、相互影响的关系，在其中有两个理论基础保证了这一关系模式的构建及稳固：第一，地位平等，指的是公安机关与检察院有着平等的法律地位，无上下级关系存在，侦查权的行使必须依靠二者的共同作用，在侦查刑事犯罪行为的过程中，两个机关既分工明确又相互联系，绝无主次之分。第二，相互制约，即检、警两个部门在任务分配时分工明确，但二者又存在相互制约的关系，公安机关在行使权力时受检察院的监督和制约，同时公安机关也保留着对检察院的各项工作提出异议的权力；公安机关享有对检察院所作的各项决定提出复议的权力是这一方面最直接的表现。我国刑事诉讼法中的相关规定指出，公安机关只有接受了同级人民检察院的逮捕决定，才能对犯罪嫌疑人进行逮捕，若得不到检察院的逮捕决定或公安机关对这一决定存在异议，可通过正确的途径提出复议请求，若检察院依然拒绝此申请，公安机关可将复核申请上交至上一级人民检察院。此项复议制度说明公安机关不仅有接受检察机关监督的义务，还有积极提出复议的权力。

第二节　侦查主体

一、侦查主体的概念

侦查主体有广义和狭义之分。广义的侦查主体，是指为了保障刑事诉讼活动的开展，实施侦查行为，查明事实，获取证据的行政机关、团体和个人。狭义侦查主体，是指依法律授权为保障刑事诉讼开展，依法定程序实施侦查行为，查明事实，调取证据的国家机关。

广义上的侦查主体包括国家侦查机关和民间侦查主体，英美法系国家对于侦查主体多采用此种设置。狭义上的侦查主体仅指国家侦查机关，大陆法系国家对于侦查主体多采用此种设置。我国的侦查制度对于侦查主体的设置，类同于大陆法系国家，侦查主体限于法律规定的国家机关。

二、侦查主体的范围

我国法律规定可以行使侦查权的称为侦查主体的机关有公安机关、检察机关、国家安全机关、军队保卫部门、监狱、中国海警局、海关的缉私部门等。鉴于海关缉私部门的特殊性，下文主要介绍公安机关、人民检察院、国家安全机关、军队保卫部门、监狱、中国海警局6个侦查主体。

（一）公安机关

根据《公安机关组织管理条例》第2条规定："公安机关是人民民主专政的重要工具，人民警察是武装性质的国家治安行政力量和刑事司法力量，承担依法预防、制止和惩治违法犯罪活动，保护人民，服务经济社会发展，维护国家安全，维护社会治安秩序的职责。"公安机关被界定为侦查机关，是侦查主体之一。

公安机关是我国制度设置的国家行政机关。公安机关主要职能是行政管理职能，同时承担刑事司法职能。公安机关承担着重要的行政管理职能，如公共秩序管理、道路交通管理、户口和居民身份证管理、特种行业管理、国籍管理、出入境和外国人管理、边防管理等。同其他行政机关一样，公安机关实施行政管理的基本方式主要有行政许可、行政强制、行政决定、行政处罚、行政检查、行政监督等。公安机关依法律授权具有刑事司法职能。这是公安机关与其他行政机关不同之处。公安机关虽然不是司法机关，却是国家的刑事侦查机关，依法羁押犯罪嫌疑人和执行部分刑罚。公安机关承担侦查职责，和检察机关分工合作、互相配合，共同构成我国刑事司法制度的一部分。公安机关依法履行打击犯罪的职责，以保护公民权利和社会秩序，实现刑事司法职能。

1. 公安机关的权限

为使公安机关顺利完成其承担的任务和职责，必须通过立法赋予其相应的权限。应当注意，法律赋予公安机关的权限，与法律赋予其他国家机关的权限有相同的一般属性，既是权力，又是职责。

根据《宪法》和相关法律，公安机关权力范围是：立案审查权；实施行政强制措施和行政处罚权；强行带离现场权；盘问、检查权；使用武器警械权；侦查权；优先通行和使用工具设施权；采取保护性约束措施权；交通管制权；采取技术侦查措施权；现场管制权等。

依授权的法律不同，公安机关的权限可以分为普通执法权和刑事司法权两类。

（1）普通执法权。以《人民警察法》授权为主，主要有：实施行政强制措施和行政处罚权；强行带离现场权；盘问、检查权；使用武器警械权；优先通行和使用工具设施权；采取保护性约束措施权；交通管制权；现场管制权等。

（2）刑事司法权。以《刑事诉讼法》及其司法解释授权为主，主要有：立案审查权、侦查权、刑事羁押权、刑事执行权等。①立案审查权。公安机关根据法律授权，依法定程序，认为存在犯罪之时，应当依法管辖，追究其刑事责任，实现打击犯罪的目的；在犯罪事实不清，证据不足，或者无犯罪事实，或者犯罪情节轻微，无须承担刑事责任时，不予以管辖，实现保障人权的目的。②侦查权。公安机关根据法律授权，依法定程序立案后，进行事实查证、证据调查、收集，证明犯罪事实是否存在，犯罪嫌疑人有无犯罪的权力。侦查权的行使包括询问、讯问、传唤、勘验、检查、搜查、扣押、鉴定、通缉、技术侦查措施等。为保障侦查权的实现，侦查权的行使还包括拘传、取保候审、监视居住、拘留、执行逮捕等执行强制措施的权力。③刑事羁押权。公安机关根据法律授权，依法定程序，对被剥夺、限制人身自由的犯罪嫌疑人，行使刑事羁押权。④刑罚执行权。公安机关根据法律授权，依法定程序，对依法判处刑罚的被告人，依法交付监狱执行的权力。

2. 公安机关的组织结构

（1）我国公安机关的组织结构，按级别可以分为五级。具体包括，公安部、公安厅、公安局、公安分局、派出所。

①公安部，即最高的公安机关，设置在中央人民政府之下。公安部是中央人民政府下辖的职能部门之一，对中央人民政府负责，接受中央人民政府的领导和指挥。公安部，是全国最高的公安机关，领导全国的公安工作，指挥和协调全国公安工作的开展。

②公安厅。省、自治区人民政府设立公安厅。直辖市人民政府设立市公安局，等同于公安厅。领导和指挥省、自治区、直辖市的公安工作。

③公安局。设区的市、自治州人民政府设立公安局。领导和指挥设区的市、自治州的公安工作。

④公安分局。设区的市公安局根据工作需要设置公安分局。不设区的市、

县、自治县人民政府设立公安局，等同于公安分局。公安分局是公安机关的派出机关，具有县级公安机关执法主体资格，可以以自己的名义对外行为和由其自身对自己的行为负责，其职责任务和权限与县级公安局相同。

⑤派出所。市、县（自治县）公安局根据需要设置公安派出所。派出所主要是县一级公安机关的派出机构。除法律法规有明确规定外，派出所不能以自己的名义对外行为和由其自身对其行为负责，而是以派出机关的名义行为，由派出机关即上级公安局（分局）对其行为负责。

（2）公安机关的内部组成。县级以上公安机关和公安分局内设机构分为综合管理机构和执法机构。执法机构按级别可以分为总队、支队、大队、中队。承担刑事司法职能的主要是治安、刑事侦查、经济侦查等执法勤务机构。县级以上公安机关根据法律法规的规定，设置看守所、拘留所、戒毒所等羁押机构和强制性教育机构。

（3）专门公安机关。我国的专门公安机关包括铁路公安、交通公安、民航公安、森林公安、缉私公安等。专门公安机关同时接受上级专门公安机关和同级地方公安机关的双重领导和管理，依照法律授权管辖特定的刑事案件和行政案件。铁路公安，负责领导全国国有铁路路内的公安业务工作，管辖铁路运输过程中的刑事案件和行政案件。交通公安，领导管理全国港口公安局、航运公安局、海事公安局，管辖全国港口航运过程中的刑事案件和行政案件。民航公安，全称中国民用航空局公安局，管辖民事航空运输过程中的刑事案件和行政案件。森林公安，保护森林及野生动植物资源、保护生态安全、维护林区社会治安秩序，管辖在此过程中的刑事案件和行政案件。缉私公安，又称缉私警察，依法查缉涉税走私犯罪案件，对走私犯罪案件和走私犯罪嫌疑人依法进行侦查、拘留、逮捕和预审工作。

3. 公安机关的领导管理体制

（1）外部领导关系。《公安机关组织管理条例》第3条规定："公安部在国务院领导下，主管全国的公安工作，是全国公安工作的领导、指挥机关。县级以上地方人民政府公安机关在本级人民政府领导下，负责本行政区域的公安工作，是本行政区域公安工作的领导、指挥机关。"公安机关的外部领导关系可以概括为"统一领导，分级管理，条块结合，以块为主"。所谓"统一领导"，是指全国的公安工作，统一受党中央和中央人民政府（国务院）的领导。所谓

"分级管理"，是指中央和地方的公安工作，分别受公安部和地方各级党委和政府的管理。所谓"条"，是指系统、专业的管理体系，即公安部作为国务院的职能部门，对全国的公安工作进行管理，以求政令统一，发挥公安工作的整体功能。所谓"块"，是指地方公安机关作为地方人民政府的职能部门，在所属地方党委和政府领导下，维护当地的社会治安秩序，确保一方平安。由于公安工作总的目的是维护国家、社会的安全和安宁，有很强的政策性，但它不是抽象的而是具体的，有很强的地区性，因此在"条"和"块"的结合上必须以"块"为主。

（2）内部领导关系。《公安机关组织管理条例》第4条规定："公安机关实行行政首长负责制。"这与我国《宪法》《国务院组织法》《地方各级人民代表大会和地方各级人民政府组织法》对领导体制的规定是一致的。首长负责制是指首长在广泛民主讨论的基础上，拥有最终的决策权。既保证了民主权的实施，享有民主权是现代法治国家的基础，也是我国依法治国的重要内容，同时以最终决策权保障效率。最终决策权有效地规避民主讨论的不足。

（二）人民检察院

人民检察院是国家的法律监督机关，其基本职能是行使法律监督职权。为了保证检察机关有效行使法律赋予的监督职能，《刑事诉讼法》和《人民检察院组织法》赋予了检察机关一定的侦查权。因此，检察机关也是侦查机关，也是侦查主体。

在"两反"① 转隶之前，人民检察院立案侦查的刑事案件，主要是与国家工作人员执行职务有关的犯罪。随着机构改革，监察委员会的成立，"两反"的转隶，此部分职权由监察委员会行使。

2018年10月26日修改的《刑事诉讼法》第19条第2款规定："人民检察院在对诉讼活动实行法律监督中发现的司法工作人员利用职权实施的非法拘禁、刑讯逼供、非法搜查等侵犯公民权利、损害司法公正的犯罪，可以由人民检察院立案侦查。对于公安机关管辖的国家机关工作人员利用职权实施的重大犯罪案件，需要由人民检察院直接受理的时候，经省级以上人民检察院决定，可以由人民检察院立案侦查。"这一规定确认了检察机关作为侦查主体的侦查范围。

---

① 反贪污反渎职部门。

2018 年 11 月 24 日，最高人民检察院颁布的《关于人民检察院立案侦查司法工作人员相关职务犯罪案件若干问题的规定》，为做好人民检察院与监察委员会案件管辖范围的衔接，对在诉讼监督中发现的司法工作人员利用职权实施的侵犯公民权利、损害司法公正的犯罪依法履行侦查职责，作了具体规定。人民检察院在对诉讼活动实行法律监督中，发现司法工作人员涉嫌利用职权实施的下列侵犯公民权利、损害司法公正的犯罪案件，可以立案侦查：（1）非法拘禁罪（《刑法》第 238 条）（非司法工作人员除外）；（2）非法搜查罪（《刑法》第 245 条）（非司法工作人员除外）；（3）刑讯逼供罪（《刑法》第 247 条）；（4）暴力取证罪（《刑法》第 247 条）；（5）虐待被监管人罪（《刑法》第 248 条）；（6）滥用职权罪（《刑法》第 397 条）（非司法工作人员滥用职权侵犯公民权利、损害司法公正的情形除外）；（7）玩忽职守罪（《刑法》第 397 条）（非司法工作人员玩忽职守侵犯公民权利、损害司法公正的情形除外）；（8）徇私枉法罪（《刑法》第 399 条第 1 款）；（9）民事、行政枉法裁判罪（《刑法》第 399 条第 2 款）；（10）执行判决、裁定失职罪（《刑法》第 399 条第 3 款）；（11）执行判决、裁定滥用职权罪（《刑法》第 399 条第 3 款）；（12）私放在押人员罪（《刑法》第 400 条第 1 款）；（13）失职致使在押人员脱逃罪（《刑法》第 400 条第 2 款）；（14）徇私舞弊减刑、假释、暂予监外执行罪（《刑法》第 401 条）。

（三）国家安全机关

《刑事诉讼法》第 4 条规定："国家安全机关依照法律规定，办理危害国家安全的刑事案件，行使与公安机关相同的职权。"

国家安全机关是各级人民政府的组成部分，受各级人民政府领导。国家安全部是最高国家安全机关，负责领导和管理全国的国家安全工作。各省、自治区、直辖市设立国家安全厅（局），省级以下地方根据需要设立国家安全机构。地方国家安全机关是地方各级人民政府的职能部门，业务上受国家安全部的直接领导。根据全国人民代表大会常务委员会《关于国家安全机关行使公安机关的侦查、拘留、预审和执行逮捕的职权的决定》规定，国家安全机关承担间谍、特务案件的侦查工作。

（四）军队保卫部门

《刑事诉讼法》第 308 条规定，军队保卫部门对军队内部发生的刑事案件行使侦查权。军队保卫部门办理刑事案件，适用《刑事诉讼法》的有关规定。因此，军队保卫部门也是侦查机关，也是侦查主体。

军队是不同于地方或其他部门的特殊的武装集团，军队内部发生的刑事案件有一定的特殊性。因此，由军队保卫部门对军队内部发生的刑事案件行使侦查权具有很强的针对性和现实意义。不仅如此，国家还通过立法在军队内部设置了军事检察院、军事法院，它们对军队内部发生的刑事案件分别行使提起公诉权和审判权。全国人民代表大会常务委员会《关于中国人民解放军保卫部门对军队内部发生的刑事案件行使公安机关的侦查、拘留、预审和执行逮捕的职权的决定》规定："中国人民解放军保卫部门承担军队内部发生的刑事案件的侦查工作，同公安机关对刑事案件的侦查工作性质是相同的，因此，军队保卫部门对军队内部发生的刑事案件，可以行使宪法和法律规定的公安机关的侦查、拘留、预审和执行逮捕的职权。"

（五）监狱

《刑事诉讼法》第 308 条规定，对罪犯在监狱内犯罪的案件由监狱进行侦查。监狱办理刑事案件，也是侦查主体，适用《刑事诉讼法》的有关规定。因此，监狱也是侦查机关。监狱是国家刑罚执行机关，负责判处死刑缓期二年执行、无期徒刑和余刑在 3 年以上有期徒刑的罪犯的刑罚执行工作，也是行政司法机关的职能部门。由于监狱是封闭的刑罚执行场所，由其对发生在监狱内部的刑事案件行使侦查权，符合实际情形。监狱进行侦查，享有与公安机关一样的职权。但在实际工作中，监狱侦查狱内犯罪案件，需要到监狱之外采取侦查措施的，应当由公安机关协助、配合。

（六）中国海警局

中国海警局，全称中国人民武装警察部队海警总队，是中国人民武装警察部队下辖的总队，享有海上执法权，对海上犯罪活动享有侦查权。

2018 年，第十三届全国人民代表大会常务委员会第三次会议决定，国家海洋局领导管理的海警队伍转隶武警部队，组建中国人民武装警察部队海警总队。

2020 年 2 月 20 日，最高人民法院、最高人民检察院、中国海警局联合发布了《关于海上刑事案件管辖等有关问题的通知》，进一步明确了中国海警的侦查权范围。《关于海上刑事案件管辖等有关问题的通知》第 2 条规定，海上发生的刑事案件的立案侦查，由海警机构根据本通知第 1 条规定的管辖原则进行。

中国海警局的主要职能有：

1. 中国海警局履行海上维权执法职责，包括执行打击海上违法犯罪活动、维护海上治安和安全保卫、海洋资源开发利用、海洋生态环境保护、海洋渔业管理、海上缉私等方面的执法任务，以及协调指导地方海上执法工作。

2. 中国海警局执行打击海上违法犯罪活动、维护海上治安和安全保卫等任务，行使法律规定的公安机关相应执法职权。执行海洋资源开发利用、海洋生态环境保护、海洋渔业管理、海上缉私等方面的执法任务，行使法律规定的有关行政机关相应执法职权。中国海警局与公安机关、有关行政机关建立执法协作机制。

第三节　侦查程序

一、侦查启动程序

（一）侦查启动程序的概念

侦查启动程序，又称立案程序，是指法律授权的侦查主体依《刑事诉讼法》及司法解释设置的条件，对符合条件的刑事案件展开侦查，行使侦查权，进行事实查证与调查的制度。我国刑事诉讼制度包含公诉、自诉两类案件。自诉案件无须侦查权的介入，也谈不上侦查启动。本章讨论的侦查启动程序，特指刑事公诉案件的侦查启动。

（二）侦查启动程序的模式

侦查程序是对事实查证与调查，包含权利的限制与剥夺，权力的强制性。侦查程序的启动伴随的往往是公民的财产、自由、权益被损害，这就要求侦查的启动必须审慎，否则公民的财产、自由、权益将置于公权力滥用的巨大危险之下，损害现代法治的基础。

侦查程序的启动，必须以需要追究相对人的刑事责任为要件，否则将是违法行为，同时侦查程序的启动必须符合法律的合理性要求。但是，在司法实践中各国对于合理性原则的要求掌握程度有所差异，世界各国在司法传统以及文化价值观念上有所不同，而刑事诉讼正是在当代需要的前提下结合各自的历史传统形成的，因此在侦查程序的启动上也有所不同，由此产生了随机型和程序型这两种启动模式。两者最大差异体现在对于结构上和程序理念上的分歧，也即具体体现在程序启动的严格程度上。以上两种模式所强调的侧重点有所差异，随机型侧重在启动程序上的随机性和主动性，它的启动是以侦查机关所获得的各种刑事案件材料为前提。与之形成鲜明对比的是程序型启动模式，这种模式排斥启动程序上的任意性而强调程序性的重要价值，一般会有一个专门的"开启程序"来启动侦查，在我国表现为立案制度。

随机启动模式，是指法律授权的主体不需要经过独立的程序，而有权直接决定是否进入侦查程序。

独立程序启动模式，是指在侦查程序启动之前设立一个独立审核程序，经过该程序审核才能正式启动刑事侦查。我国立案程序就属于独立程序启动模式，即把立案程序规定为启动刑事侦查的必经程序并设定了严格的立案审查条件，而且为了防止立案决定权的滥用，有针对性地设计了立案监督规则。我国把立案作为独立的刑事诉讼启动程序，乃是历史上受苏联侦查启动模式的影响。苏联的《刑事诉讼法》把提起刑事诉讼程序作为刑事诉讼的首要环节，其在侦查程序之前专章规定了"提起刑事案件"程序，其内容包括提起刑事案件的材料来源和根据、对相关材料的审查和处理等。① 支持这种模式的观点认为，立案具有体现阶段独立性的全部特征，并具有重要意义，一方面，它能够保证使每一个犯罪行为都受到严肃的处理；另一方面，它能够及时防止追究那些不具有犯罪特征的事实或者从根本上杜绝这种情况。诉讼程序的这一阶段是这种程序的一个过滤器，它能使有关国家机关在任何情况下都集中精力加强同犯罪行为进行斗争。同时认为在刑事诉讼中，这是保障法治和增强对人身权利保障的一个重要途径。我国的这种模式选择和制度设计是基于我国刑事诉讼制度的整体设计。我国职权式侦查在保障国家侦查权充分实现，迅速调查案件事实收集证据和查获犯罪嫌疑人的同时，由于侦查措施的使用绝大部分为侦查机关自行授权，这样也就加大了侦查机关使用侦查行为特别是强制措施侵犯公民合法权益的风险。所以，我国立法部门设计了一套独立启动的审核程序和监督程序，以制约侦查机关侦查程序启动的决定权，防止侦查机关滥用侦查权侵害公民合法权益。

---

① 樊崇义主编：《刑事诉讼法学》（第3版），法律出版社2013年版，第300页。

二、侦查终结程序

(一) 侦查终结的定义

侦查终结程序是刑事诉讼的重要阶段，对于侦查终结的概念，学者表述略有不同。有学者认为，侦查终结是指侦查机关通过一系列的侦查活动，认为案件事实已经查清，证据确实、充分，足以认定犯罪嫌疑人是否犯罪和应否对其追究刑事责任而决定结束侦查，依法对案件作出处理或提出处理意见的一项诉讼活动。① 也有学者认为，侦查终结是指侦查机关对于已经立案侦查的案件，经过全面侦查，根据已经查明的证据和事实，依据法律规定，足以对案件作出移送审查起诉或撤销案件的结论，从而决定结束侦查的一种诉讼活动。② 还有学者认为，侦查终结是指侦查机关通过一系列的侦查活动，认为证据确实、充分，有关案件事实已经查清，履行了法定程序，手续完备，达到了能够认定犯罪嫌疑人是否犯罪和应否追究其刑事责任的证明标准，从而决定结束侦查，对案件依法作出处理结果的一项诉讼活动。③ 总结学者的定义，在侦查终结程序上学界在这几个问题上达成了共识。侦查终结程序的结果是终结侦查程序，结果一是犯罪嫌疑人无罪，程序终结；二是犯罪嫌疑人有罪，侦查程序终结，诉讼程序续行。侦查终结程序的条件是案件事实已经查清，证据确实、充分，达到了法定的证明标准。据此，笔者认为，侦查终结是指侦查机关在依法履行了侦查职责后，认为案件事实已经查清，证据确实、充分，达到了法定的证明标准，依法对案件进行流转，终结侦查行为的侦查活动。

(二) 侦查终结的程序结果

《刑事诉讼法》规定了侦查终结的两种处理方式，一是移送检察院公诉部门审查起诉，二是撤销案件。

1. 移送审查起诉的具体处理方式

《公安机关办理刑事案件程序规定》第 289 条规定："对侦查终结的案件，应当制作起诉意见书，经县级以上公安机关负责人批准后，连同全部案卷材料、证据，以及辩护律师提出的意见，一并移送同级人民检察院审查决定；同时将

---

① 陈光中主编：《刑事诉讼法》（第二版），北京大学出版社、高等教育出版社 2005 年版，第 298 页。

② 陈永生：《侦查终结研究》，载《湖南省政法管理干部学院学报》2000 年第 5 期。

③ 樊崇义主编：《刑事诉讼法学》，法律出版社 2004 年版，第 312 页。

案件移送情况告知犯罪嫌疑人及其辩护律师。犯罪嫌疑人自愿认罪的，应当记录在案，随案移送，并在起诉意见书中写明有关情况；认为案件符合速裁程序适用条件的，可以向人民检察院提出适用速裁程序的建议。"

《人民检察院刑事诉讼规则》第237条规定："人民检察院经过侦查，认为犯罪事实清楚，证据确实、充分，依法应当追究刑事责任的，应当写出侦查终结报告，并且制作起诉意见书。犯罪嫌疑人自愿认罪的，应当记录在案，随案移送，并在起诉意见书中写明有关情况。对于犯罪情节轻微，依照刑法规定不需要判处刑罚或者免除刑罚的案件，应当写出侦查终结报告，并且制作不起诉意见书。侦查终结报告和起诉意见书或者不起诉意见书应当报请检察长批准。"

2. 撤销案件的具体处理方式

公安机关撤销案件的根据是《公安机关办理刑事案件程序规定》，该规定第187条规定："需要撤销案件或者对犯罪嫌疑人终止侦查的，办案部门应当制作撤销案件或者终止侦查报告书，报县级以上公安机关负责人批准。公安机关决定撤销案件或者对犯罪嫌疑人终止侦查时，原犯罪嫌疑人在押的，应当立即释放，发给释放证明书。原犯罪嫌疑人被逮捕的，应当通知原批准逮捕的人民检察院。对原犯罪嫌疑人采取其他强制措施的，应当立即解除强制措施；需要行政处理的，依法予以处理或者移交有关部门。对查封、扣押的财物及其孳息、文件，或者冻结的财产，除按照法律和有关规定另行处理的以外，应当解除查封、扣押、冻结，并及时返还或者通知当事人。"检察机关撤销案件的根据是《人民检察院刑事诉讼规则》，该规则第246条规定："撤销案件的决定，应当分别送达犯罪嫌疑人所在单位和犯罪嫌疑人。犯罪嫌疑人死亡的，应当送达犯罪嫌疑人原所在单位。如果犯罪嫌疑人在押，应当制作决定释放通知书，通知公安机关依法释放。"第248条规定："人民检察院撤销案件时，对犯罪嫌疑人的违法所得及其他涉案财产应当区分不同情形，作出相应处理：（一）因犯罪嫌疑人死亡而撤销案件，依照刑法规定应当追缴其违法所得及其他涉案财产的，按照本规则第十二章第四节的规定办理。（二）因其他原因撤销案件，对于查封、扣押、冻结的犯罪嫌疑人违法所得及其他涉案财产需要没收的，应当提出检察意见，移送有关主管机关处理。（三）对于冻结的犯罪嫌疑人存款、汇款、债券、股票、基金份额等财产需要返还被害人的，可以通知金融机构、邮政部门返还被害人；对于查封、扣押的犯罪嫌疑人的违法所得及其他涉案财产需要返还被害人的，直接决定返还被害人。人民检察院申请人民法院裁定处理犯罪嫌疑人涉案财产的，应当向人民法院移送有关案卷材料。"

以上规范对于侦查终结确定是移送起诉还是撤销案件后应适用的程序性事项作出了比较具体和完备的规定，侦查机关一旦确定适用某一种处理方式后，只要依照规定履行完备的法律手续，侦查即可宣告终结。

第四节　侦查措施

一、侦查措施的基本范畴

（一）侦查措施的概念

侦查措施，是指法律授权的特定机关，为查明案件事实，调查收集证据，控制犯罪嫌疑人，依法律授权和法定程序而使用的方法和手段。

第一，侦查措施是开展侦查活动的要求。为查明案件事实，调查收集证据，控制犯罪嫌疑人，需要特定的方法和手段，需要一定的强制力，保障侦查活动的开展。规定和设置侦查措施，是侦查活动有效开展的要求。

第二，侦查措施是实现侦查目的的要求。侦查的目的在于查明事实，打击犯罪，保障人权。侦查目的的实现需要借助特定的方法和手段。侦查措施就是特定的方法和手段。侦查措施如何设置，体现了侦查目的实现的要求，也体现了侦查目的的具体内容。侦查措施，数量越多，限制越少，越有利于查明事实，打击犯罪；侦查措施，数量越少，限制越多，越有利于权利的保障。

第三，侦查措施是实现侦查决策的要求。侦查决策，就是设置、应用、组合侦查措施的过程。侦查决策，可以分为制定、实施、反馈等环节。侦查决策的制定过程实际上是各项侦查措施的有机组合；侦查决策的实施过程，实质上就是各项侦查措施的实施过程，侦查决策的实施是通过各项侦查措施的具体运用而体现在侦查实践活动中的；侦查决策的反馈是综合各种侦查措施应用的结果，实现事实查明和权利保障的活动。

第四，侦查措施是完成侦查工作的要求。侦查工作由侦查主体、侦查客体和侦查措施等内容构成。侦查工作是侦查主体应用侦查措施，实现侦查客体的查明，以达到事实查明、犯罪侦缉、权利保障的过程。

（二）侦查措施的特点

第一，侦查措施的排他性。侦查措施的主体具有排他性，以法律授权为前提，排除其他非法律授权的任何机关、团体、个人。侦查措施的主体实施侦查措施，也以公务行为为必要的前提，非执行公务，排除侦查措施的实施。我国可以行使侦查权的机关有公安机关、国家安全机关、检察机关、军队保卫部门、监狱、中国海警局、海关的缉私部门。

第二，侦查措施的合法性。侦查措施的运行和实施，对打击犯罪而言是必要的，同时也可能侵犯公民的合法权利，其运行和实施必须合法。侦查措施的启动必须于法有据；侦查措施的运行必须符合法律规定的程序和范围；侦查措施的程度必须未超出必要的限度；侦查措施的终结必须符合法定的期限和程序。

第三，侦查措施的单一性。具体到每一项侦查措施，其功能都是特别的，产生的效果也是特殊的。每项侦查措施的行使都必须满足特定的条件。一项侦查措施不可能解决侦查中的全部问题，需要不同侦查措施的综合运用。

二、侦查措施的分类

侦查活动的复杂性决定了侦查措施分类的多样性。理论界不同学者从不同角度对侦查措施进行了分类。

（一）任意侦查措施和强制侦查措施

其分类标准是侦查措施是否具备强制性。

任意侦查措施，是指不采用强制手段对相对人的生活权益强制性地造成损害，而由相对人自愿配合开展的侦查措施。任意侦查措施通常指侦查机关经被搜查人同意后对其人身或者住所进行的搜查、经犯罪嫌疑人和知情人同意后听取其陈述或对犯罪嫌疑人进行的测谎实验等。

强制侦查措施，是指为了收集和保全犯罪证据、查获犯罪嫌疑人而通过强制方法对相对人采取的侦查措施。强制侦查措施通常指拘留、逮捕、搜查、扣押、监听、强制提取体液样本等。

强制侦查措施以其适用的对象不同可以分为对人的强制侦查措施和对物的强制侦查措施。对人的强制侦查措施是指以人为侦查对象的侦查措施，包括询问、讯问、拘留、逮捕、监听、强制提取等。对物的强制侦查措施是指以物为侦查对象的侦查措施，包括搜查、扣押等。

（二）基础侦查措施、常规侦查措施、紧急侦查措施和特殊侦查措施

其分类标准是侦查措施在侦查工作中的地位和作用。

基础侦查措施，是指在侦查过程中，发挥基础性作用并为其他侦查措施的采取和实施创造条件的侦查措施。基础侦查措施通常指现场勘查、摸底排队、调查访问和侦查讯问等侦查措施。

常规侦查措施，是指侦查机关的侦查人员必须掌握的，并在侦查工作中经常使用的侦查措施。常规侦查措施通常指并案侦查、辨认、侦查实验、侦查协作等侦查措施。

紧急侦查措施，是指侦查机关在案件发生不久或犯罪嫌疑人尚未逃远的前提下，据初期侦查掌握的情况所采取的紧急查控措施。紧急侦查措施通常指现场搜索、追缉堵截和通缉通报等侦查措施。

特殊侦查措施，是指在侦查工作中，对重大刑事案件或犯罪嫌疑人采用一般侦查措施难以达到查明案情、获取证据的目的时，根据有关规定所采取的侦查措施。特殊侦查措施通常指控制下交付、诱惑侦查和刑事特情等侦查措施。

（三）控制性侦查措施、查缉性侦查措施、强制性侦查措施和综合性侦查措施

其分类标准是侦查措施的实施目的。

控制性侦查措施，是指侦查机关运用各种公开和秘密手段，通过对特定场所和人员进行监视控制，达到有效防止侵害、发现侦查线索、收集犯罪证据等目的的侦查措施。控制性侦查措施通常指阵地控制、赃物控制、刑嫌调控等侦查措施。

查缉性侦查措施，是指侦查机关为查控并缉获犯罪嫌疑人而采取的侦查措施。查缉性侦查措施通常指巡逻盘查、跟踪、守候等侦查措施。

强制性侦查措施，是指侦查机关为防止犯罪嫌疑人潜逃、自杀、隐匿、串供、行凶报复、毁灭证据和继续危害社会，依据刑事诉讼法所赋予的权力，对犯罪嫌疑人依法采取的限制其人身自由、保证侦查工作顺利进行的侦查措施。强制性侦查措施通常指拘留、逮捕、搜查、扣押、查封等侦查措施。

综合性侦查措施，是指侦查机关为有效打击现行犯罪活动，根据犯罪形势需要，将多种侦查措施加以综合运用，实现全方位、多角度和多渠道的侦查活动所采取的侦查措施。综合性侦查措施通常指破案战役、专项行动和追捕在逃犯罪嫌疑人等侦查措施。

（四）授权型侦查措施和经验型侦查措施

其分类标准是侦查措施的制定依据和来源。

授权型侦查措施，是指依据刑事诉讼法等相关法律法规的规定，授予侦查机关在侦查过程中可以动用和采取的侦查措施。授权型侦查措施通常指刑事诉讼法规定的专门调查行为和强制措施。

经验型侦查措施，是指侦查机关在长期侦查实践中，依据侦查工作经验而总结的行之有效的侦查措施。经验型侦查措施通常指摸底排队、并案侦查、追缉堵截等侦查措施。

三、现行的侦查措施

（一）勘验、检查类

勘验、检查类侦查措施在刑事诉讼中一般是指犯罪现场的勘验、检查，侦查实验和人身检查等。

1. 犯罪现场的勘验、检查

犯罪现场的勘验、检查，是指刑事案件发生后，侦查人员依据法律规定，为从犯罪现场收集证据、研究犯罪信息，而进行的犯罪现场访问和犯罪现场勘验、检查工作的总称，是项综合性侦查措施。

犯罪现场勘验、检查的主体是侦查人员。依据现行的法律法规的相关规定，勘验、检查的主体是而且只能是侦查人员。在实践中，争议颇为集中的是犯罪现场勘验、检查的行为主体归属问题，即指挥权的问题。《刑事诉讼法》第128条规定："侦查人员对于与犯罪有关的场所、物品、人身、尸体应当进行勘验或者检查。在必要的时候，可以指派或者聘请具有专门知识的人，在侦查人员的主持下进行勘验、检查。"此条款明确规定了侦查人员是犯罪现场勘验、检查的主体，即使在"指派或者聘请具有专门知识的人"的情况下，也必须"在侦查人员的主持下进行勘验、检查"。我们认为，公安机关和检察机关内部的刑事技术人员，如果只从事犯罪现场的勘验、检查工作，则应视为侦查人员；如果从事后续的检验鉴定工作，则应视为鉴定人员而不是侦查人员。同时，公安机关刑事技术人员中的"鉴定官""法医官"应当视为鉴定人员，而不应视为侦查人员，因此也不具有从事犯罪现场勘查的主体资格。侦查人员主持犯罪现场勘查，有利于公正执法，维护程序的公正性；有利于提高痕迹、物证的利用率；

有利于保持侦查工作的连续性和完整性，进而提升侦查办案的质量和水平。

犯罪现场勘验、检查的客体是犯罪现场。具体内容就是犯罪现场的构成要素，即时空要素、行为要素、被侵害物质及环境变化要素等。

犯罪现场勘验、检查的目的是发掘、研究犯罪信息，收集、审查、使用犯罪证据证明犯罪事实与确定犯罪嫌疑人。

犯罪现场勘验、检查的核心内容是犯罪现场访问与实地勘验，分别以人和物为核心内容，收集言词证据和实物证据。

犯罪现场勘验、检查的内容包括：犯罪现场保护；犯罪现场勘查的组织与指挥；犯罪现场访问；犯罪现场实地勘验、检查；犯罪现场分析；犯罪现场勘验笔录等。（1）犯罪现场保护，是指在刑事案件发生之后，为了使现场上的状况和现场内的痕迹、物品不被破坏，由警察和相关人员对现场进行警戒、封锁，对与案件有关的人员进行保护，对与犯罪有关的痕迹、物品等实施保全的一项专门工作。（2）犯罪现场勘查的组织与指挥是做好现场勘查工作的基础，需要由合理的人员组成，必要时可以聘请和指派具有专门知识的人参与勘查。参与犯罪现场勘查的人员一般有侦查人员、聘请和指派的具有专门知识的人、见证人、商请的检察官和其他人员（包括派出所民警、巡警和基层部门保卫干部）。（3）犯罪现场访问，又称现场询问、现场调查访问，是指在犯罪现场勘查过程中侦查人员为了查明案件基本情况，广辟线索来源，收集犯罪证据而询问案件当事人及有关证人并进行实地调查的一项侦查措施。犯罪现场访问是犯罪现场勘查的重要组成部分。它是法律赋予侦查机关的一项重要侦查权，对于及时了解案情、确定犯罪嫌疑人、收集证据、侦破案件具有十分重要的作用。（4）犯罪现场实地勘验、检查，是指侦查人员运用人体感官和科学技术方法，依法对与犯罪有关的场所、物品、人身、尸体等进行勘验、检查的一种综合犯罪现场勘查措施。（5）犯罪现场分析，又称现场分析，是指在犯罪现场访问，犯罪现场实地勘验、检查等工作基本结束后，由现场指挥员组织参与犯罪现场勘查工作的主要人员，根据犯罪现场访问，犯罪现场勘验、检查等工作获得的信息和材料，就案件性质等有关情况，以及初步侦查方案等问题进行分析论证的活动。（6）犯罪现场勘验笔录，是指侦查人员在犯罪现场勘验、检查过程中，对与犯罪有关的场所、物品、痕迹、尸体、人身等进行勘验检查时，为固定犯罪现场状态，记录过程和结果，运用文字、绘图、照相、录像等方法制作的一种重要法律文书。

2. 侦查实验

《刑事诉讼法》第 135 条第 1 款规定："为了查明案情，在必要的时候，经公安机关负责人批准，可以进行侦查实验。"

侦查实验，是指侦查人员为了查明案件中的某种现象、某种时间或某种行为等发生的可能性，而按照该现象、事件、行为发生时的同等或近似条件进行实地验证的一种侦查活动。侦查实验在侦查机关办案实践中具有重要的作用。通过侦查实验，可以进一步发现新线索、新情况，加深侦查人员对案件的认识，还可以对一些关键问题进行证实并为查明案情提供依据。长期以来，侦查实验在刑事侦查中发挥着其他侦查措施不可替代的作用。

侦查实验的开展应遵循特定的法律规则。侦查实验尽可能原地开展，尽量重现当时的条件，使用原工具和物品。侦查实验要反复多次进行，重复验证，邀请必要的见证人。

在进行侦查实验时，根据实验的目的和所要解决的问题的不同，侦查实验应用的方法可分为求同法、求异法、求同求异法、共变法、剩余法等。（1）求同法是要先考察某现象发生的若干事例，如果在这些事例中只有一个情况是这些场合共同拥有的，其余的情况都各不相同，那么这个唯一的共同情况就是引发被研究现象的原因。应用求同法寻求现象的原因是有局限性的，得出的结论具有或然性，不一定都正确。因为，有的现象的产生不一定只是一个原因，有时还可能是多种原因共同作用的结果。（2）求异法要求先考察某一现象出现的事例和不出现的事例，在这些事例中只有一个情况不同。这个不同的情况不出现某现象就不出现，那么这个情况就是某现象的原因。求异法得出的结论一般要比求同法得出的结论更为可靠，因为在应用求异法时，要求在被研究现象出现与不出现的场合中，只有一个情况不同，其余情况都必须相同。（3）求同求异法是指在两组事例中，第一组是由被研究现象出现的若干场合组成的，第二组是由被研究现象不出现的若干场合组成的，如果在第一组的各个场合里只有一个共同情况，而且这个共同情况在第二组的各个场合里都不存在，那么，这个情况就是被研究现象的原因。求同求异法是一组应用求同法，另一组应用求异法最后得出结论。它经过了正反两个方面的考察和比较，当原因存在时，结果就产生，当原因不存在时，结果就不发生，因而得到的结论比单纯应用求同法或求异法所得出的结论要可靠得多。(4) 共变法是指当考察到某现象发生某种方式的变化,另一现象也随之发生一定方式的变化时,那么可以推断出前一现象是后一现象的原因。共变法比求同法和求异法具有更多的优点:共变法不但能找出原因,而且能求出原因和结果之间的数量关系;共变法比求异法更简单,只要共变,就能得出结论,不必像求异法那样要从有到无,比较有、无两个方面。但是共变法得出的结论也可能失真,因为一切事物都在变化,如果把两个变化着的事物之间的非必然联系看成必然的因果联系,就会导致实验结果的失真。(5) 剩余法是指已知某一复合情况是另一复合现象的原因,同时知道某一复合情况中的某些部分是另一复合现象的部分原因,那么,某一复合情况中的剩余部分就是另一复合现象中的其余部分的原因。剩余法的作用是引导侦查人员在分析和排除复合情况与复合现象间已知的因果联系后,继续寻找所研究的复合现象中剩余部分的原因,为侦查破案提供新的线索。

侦查实验需要制作侦查实验笔录。侦查实验笔录是《刑事诉讼法》规定的一种独立的证据法定形式。为确保侦查实验笔录发挥证据的作用,从实验开始,即应将实验的情况和结果用笔录、照相、绘图、录像等方法加以记录和固定,客观、全面地记录侦查实验的过程及结果。

侦查实验是多个因素共同作用的动态过程,其中任何一个因素的变化,都可能使侦查实验的结果与真实情况出现偏差,影响实验结果的准确性。因此对侦查实验结果应当进行全面审查,而不能盲目采用。否则,不但不能发挥侦查实验在侦查破案中应有的作用,还可能使侦查方向误入歧途,给实际工作带来危害。因此,对于侦查实验结果的审查,应注意从两个方面入手:一是实验结果的可靠性;二是实验结果的证据能力。

3. 人身检查

人身检查,是指为了确定被害人、犯罪嫌疑人的某些特征、伤害情况或者生理状态,侦查人员对被害人、犯罪嫌疑人的人身进行检查的活动。在人身检查过程中,可以对被害人、犯罪嫌疑人提取指纹信息,采集血液、尿样等生物样本信息。在刑事案件侦办的过程中,确定被害人所受到的人身伤害程度对于及时判明案件性质、确定犯罪嫌疑人作案手段以及查获犯罪嫌疑人具有重要意义。

人身检查不是人身搜查。人身搜查,是指侦查人员为了收集犯罪证据,查获犯罪嫌疑人，而对犯罪嫌疑人的身体、物品、住处以及可能隐藏犯罪分子和犯罪证据的其他有关地方进行搜索和检查的一种强制侦查行为。人身检查是以身体本身物理属性、状态为目的，通过生物样本获取人身信息而实施的。

人身检查与鉴定的竞合之处是人身检查中的采样检查。但是，两者的区别是很明显的：第一，目的不同。人身检查是侦查部门为了收集、研究犯罪时遗留的痕迹和其他证据，分析犯罪分子作案的动机、手段，为确定侦查方向，进一步开展侦查工作提供依据，是为鉴定等诉讼工作提供可对比的材料。而鉴定是对已经收集到的证据进行检验核实，鉴定人无须对案件作推理判断，只需作出客观准确的鉴定结果。第二，实施主体不同。人身检查的实施主体是侦查人员，即使是医务人员对被害人或犯罪嫌疑人进行的人身检查，也是在侦查人员的主导下进行的。参与人身检查的医务人员不具备独立的诉讼参与人的资格。鉴定适用于侦查阶段，也适用于审判阶段，鉴定的实施主体是中立的第三人，而不是侦查人员，而且鉴定人可以以独立的身份参与诉讼。实践中，采用人身检查获取身体样本进行鉴定时，二者是一种目的与手段的关系，也即鉴定是目的，人身检查是为了获取鉴定材料、达到鉴定目的的手段。

（二）讯问、询问类

讯问、询问类侦查措施在刑事诉讼中一般是讯问犯罪嫌疑人，询问证人、被害人等。

1. 讯问犯罪嫌疑人

讯问犯罪嫌疑人，是指侦查机关的侦查人员为了获取犯罪嫌疑人的供述和辩解，依照法定程序，通过言语等方式对犯罪嫌疑人进行口头提问并加以固定的一种侦查行为。

讯问犯罪嫌疑人具有以下特点：（1）讯问的主体是特定的，是侦查机关的侦查人员。侦查人员进行讯问必须来源于法律的授权和职权。（2）讯问的对象是特定的，是犯罪嫌疑人，非犯罪嫌疑人只能进行一般性询问。（3）讯问的程序是特定的，必须遵循严格的时间要求，如在拘留后 24 小时内至少讯问一次。（4）讯问的方式，是面对面由侦查人员与犯罪嫌疑人两个主体进行的，两者之间具有明显的对抗性。

我国《刑事诉讼法》对讯问犯罪嫌疑人的侦查人员、讯问期限、讯问地点、讯问程序和规则等均作了明确的规定，其目的在于保障其调查功能实现的同时，防止侦查讯问权的滥用侵害犯罪嫌疑人诉讼中的合法权利。

（1）侦查人员。为防止讯问权的滥用和对公民合法权益的保护，讯问犯罪嫌疑人必须由法律授权的侦查人员进行。讯问时，侦查人员应在 2 人以上。犯罪嫌疑人是未成年人的，应当通知其法定监护人到场。犯罪嫌疑人是女性未成年人的，应当有女性工作人员在场。犯罪嫌疑人具有聋、哑等障碍时，应当有通晓聋、哑手势的人参加。

（2）讯问期限。讯问被传唤、拘传的犯罪嫌疑人应在 12 小时内完成。案情特别重大、复杂，需要采取拘留、逮捕措施的，传唤、拘传持续的时间不得超过 24 小时。对于被拘留、被逮捕的人，应当在拘留或逮捕后的 24 小时内进行讯问。在发现不应当拘留、逮捕时，必须立即释放并发给释放证明。

（3）讯问地点。按照法律规定，犯罪嫌疑人被拘留后应立即将犯罪嫌疑人送看守所羁押，至迟不得超过 24 小时，侦查人员对其进行讯问，应在看守所内进行。对于不需要逮捕、拘留的犯罪嫌疑人，可以传唤到其所在的市、县内的指定地点或者他的住处进行讯问。对于患有严重疾病或残疾、行动不便的以及怀孕的犯罪嫌疑人，经县级以上侦查机关负责人批准，讯问也可以在犯罪嫌疑人住所开展。

（4）讯问程序。应当遵循告知犯罪嫌疑人在侦查阶段权利义务的基本程序。根据《刑事诉讼法》的规定，侦查阶段应确保犯罪嫌疑人享有合法的诉讼权利。侦查人员在第一次讯问时应让犯罪嫌疑人阅读《犯罪嫌疑人诉讼权利义务告知书》，如果犯罪嫌疑人没有阅读能力，可以向其宣读，确保犯罪嫌疑人明确知晓自己在侦查阶段享有的各项诉讼权利，并将这种告知行为记录在讯问笔录中。应遵循先让犯罪嫌疑人进行自由陈述和辩解，然后侦查人员进行重点提问的基本程序。《刑事诉讼法》就侦查人员讯问犯罪嫌疑人的程序作出了明确的规定，侦查人员在讯问犯罪嫌疑人的时候应当首先讯问犯罪嫌疑人是否有犯罪行为，让他陈述有罪的情节和无罪的辩解，然后向他提出问题。也就是说，侦查人员在开始讯问犯罪嫌疑人时，不能先入为主，未审先定。侦查讯问人员应当充分保障犯罪嫌疑人供述和辩解的权利的行使。如果犯罪嫌疑人承认具有犯罪行为，侦查人员就应让他详细陈述犯罪的目的、动机、手段、经过、后果，以及罪轻罪重的情节；若否认其有犯罪行为，侦查人员要悉心听取他的辩解事实和理由。然后，就犯罪嫌疑人供述或辩解中不清楚不全面、隐瞒或者前后矛盾的地方向他提出问题。只有按照此程序要求，才能保证讯问工作的客观公正性。当然，犯罪嫌疑人对于侦查人员的提问，应当如实回答。讯问时，应当如实制作笔录，讯问结束后，讯问笔录应交犯罪嫌疑人核对，并签名或者按手印。

（5）讯问犯罪嫌疑人严禁刑讯逼供，严禁威胁、引诱和欺骗，不得强迫自证其罪。①刑讯逼供，是指侦查人员对犯罪嫌疑人施以肉刑或者变相肉刑，以逼取口供的行为。肉刑逼供，是指讯问人员对犯罪嫌疑人实施暴力，对犯罪嫌疑人的精神和身体进行折磨，来逼取口供的非法行为。变相肉刑，是指讯问人员对犯罪嫌疑人不直接使用暴力，而变相地使犯罪嫌疑人的肉体和精神受到折磨的非法行为，让其感到精神极其痛苦、难以忍受的折磨手段。例如，强光照射、要求站立等。②禁止采用威胁、引诱、欺骗以及其他非法的方法进行讯问。《刑事诉讼法》明确规定，严禁刑讯逼供和以威胁、引诱、欺骗以及其他非法的方法收集证据。严禁威胁、引诱、欺骗是为了获得真实的供述和辩解，遏制侦查人员的非法取证行为，保障讯问程序的合法性和犯罪嫌疑人的合法权利。③不得强迫自证其罪。不得强迫自证其罪，是指在刑事诉讼过程中，侦查人员不得以刑讯逼供、威胁等非法的方法强迫犯罪嫌疑人违背自己的意志，提供口供证实自己有罪。不得强迫自证其罪作为我国政府已签署的联合国《公民权利和政治权利国际公约》中的一项重要内容，随着《刑事诉讼法》的颁布施行成为一项正式的刑事诉讼程序规定。不得强迫自证其罪有利于制止刑讯逼供行为，有利于促进侦查人员改进讯问技巧和讯问方法，有利于促进侦查人员放弃刑讯逼供等非法取证方法，转向使用更文明、更人道、更科学的讯问技巧和方法。

2. 询问证人、被害人

询问证人、被害人，是指侦查人员依法向直接或间接了解案件情况的人进行正面查询的一种侦查行为。询问证人、被害人对于查明案件事实真相，核对和进一步收集证据，查明犯罪嫌疑人，正确认定案件事实具有十分重要的作用。

询问证人、被害人是获取证据的重要方法。侦查中的询问证人、被害人不同于社会日常生活中的交谈访问和询问，它是由《刑事诉讼法》等法律法规加以严格规定的。这些规定包括：询问的主体和客体；询问地点的选择；询问主体身份的确认；询问证人的方式；被询问人的义务、法律责任；询问的法律文书制作；询问的证据特点。法律法规上的这些详细而又严格的规定，说明了询问证人、被害人是一个必需的法律程序，是一种法律行为，是一项非常重要的侦查活动。侦查人员在主持或参加询问证人、被害人时,应严格依照法律规定去运作。

询问证人和询问被害人应注意的问题有所不同。被害人是被直接侵害的,同时在案件中具有强烈的利己性,对于被害人一定要及时询问,同时注意稳定被害人的情绪,防止被害人夸大或者隐瞒事实,也要做到全面询问,同其他证据相互印证。

(三)鉴定、辨认类

鉴定、辨认类侦查措施在刑事诉讼中一般是指鉴定程序和辨认程序。

1. 鉴定

鉴定,是指在侦查程序中,针对案件的专门性或者技术性问题,由具有专门知识的人进行辨别和判决的一种侦查活动。《刑事诉讼法》第146条规定,为了查明案情,需要解决案件中某些专门性问题的时候,应当指派、聘请有专门知识的人进行鉴定。鉴定侦查措施,以鉴定人出具的鉴定意见证明案件事实。

鉴定具有专业性,从事鉴定的鉴定人都具有扎实的专业知识,同时取得了法定资质①,鉴定的结果具有较强的可信性。鉴定具有科学性,鉴定是对专门性问题或者技术性问题进行的侦查行为,不涉及法律规定和对法律的理解。

鉴定对于侦查程序的价值主要体现在:首先,鉴定保障侦查程序正常开展。鉴定勘验弥补侦查机关在特定的专门性问题或者技术上的不足。其次,鉴定的结果以鉴定意见呈现,属于刑事诉讼的证据法定形式之一,直接服务于诉讼程序。最后,鉴定具有鉴别真伪的能力。鉴定本身可以判断鉴定对象的真实性,证明案件事实,同时对其他证据也可以进行鉴别。

我国将鉴定依对象不同分为:法医类鉴定、物证类鉴定和声像资料鉴定。

鉴定程序的启动决定权在侦查机关,鉴定人必须经侦查机关指定或聘请方能进入侦查程序,并且应具备下列条件:具有专门知识;与鉴定的案件之间无依法应当回避的情形;没有丧失鉴定人执业资格的情况;鉴定人必须是自然人,而不是法人或其他组织;鉴定人是侦查机关指定或聘请的人。

2. 辨认

辨认,是指侦查人员在办理刑事案件的过程中,为了明晰案情、查明事实,

---

① 参见2005年全国人民代表大会常务委员会《关于司法鉴定管理问题的决定》。

在必要的时候，组织安排与案件有关联的人员，如被害人、证人、犯罪嫌疑人等，由他们对与犯罪有关的物品、文件、尸体、场所或人身进行辨识，并由见证人到场监督的一项侦查措施。在侦查程序中，辨认是查证犯罪嫌疑人，核实案件证据的一种有效的侦查方法。辨认不仅能为确定侦查方向和确定犯罪嫌疑人提供可靠的线索或证据，而且对查清犯罪事实有着重要的意义。

辨认本身是一种侦查行为，必须以法律规范为前提。辨认是一种程序，程序规范是实体公正的保证。辨认的结果作为证据，其效力需要法律的确认。

辨认作为侦查措施的一种，其启动、实施需要遵循相关的法律规范。我国《刑事诉讼法》未对辨认措施进行必要的规范，但这并不意味着刑事辨认在实践中实施的随意性。公安部和最高人民检察院在各自颁布的文件中对辨认措施的实施有相关规范。《公安机关办理刑事案件程序规定》和《人民检察院刑事诉讼规则》对辨认的实施方式、辨认的主体、辨认运行的规则以及辨认笔录的制作均有涉及。不过上述规范对相关问题规定得有些笼统，辨认的实施方式及运行规则阐述得也较为简略，但搭建了辨认措施运行的基本参照，在一定程度上为辨认程序的运行提供了依据。

辨认作为侦查措施的价值有：促进侦查线索的发现，确定被害人，确定涉案财物，为侦查程序的运行奠定基础。

以辨认的客体为分类标准，辨认可以分为对人的辨认、对物的辨认、对尸体的辨认、对场所的辨认。以辨认程序为分类标准，辨认可以分为现场辨认、照片辨认、录像辨认、群体辨认、列队辨认。

（四）技术侦查类侦查措施

技术侦查，又称技术侦察[①]，是指在侦查过程中需要运用高新技术和设备的侦查措施。

技术侦查措施主要包括：电子侦听、电话监听、电子监控、秘密拍照或录像、秘密获取某些物证、邮件检查等专门技术手段。[②]

适用技术侦查时应注意的事项：

第一，技术侦查的适用范围在法律上有着严格的限制[③]，对于公安机关、

---

①　参见《国家安全法》《人民警察法》。

②　宋英辉：《刑事程序中的技术侦查研究》，载《法学研究》2000 年第 3 期。

③　《刑事诉讼法》第 150 条。

检察机关追捕被通缉或被批准、决定逮捕的在逃的犯罪嫌疑人、被告人如何适用都有法定的标准。

第二，专门的技术侦查只有在立案以后方可采取，未经立案，不得使用任何技术侦查手段侦查案件。

第三，必须经过严格的批准手续，2012 年《刑事诉讼法》生效以后，我国的技术侦查批准程序由侦查机关的内部层级审批制度①转变为报设区的市一级以上公安机关负责人批准或者按有关规定报请批准，技术侦查的线索在审判中作为证据使用时，关于申请与批准的文书应当附卷。

第四，技术侦查的适用有效期限为批准决定签发之日起 3 个月，可以根据实际案件侦查情况延长或缩短。

第五，技术侦查的适用对象是人而不是案件，且必须是犯罪嫌疑人、被告人或与犯罪活动直接关联的人员。也就是说，应根据侦查犯罪的需要，具体明确对案件中的哪个人采取技术侦查，列明具体的姓名、性别、年龄等。

第六，执行机关并不只有公安机关，还有检察机关交付执行的机关也可以执行技术侦查，一般为公安机关或国家安全机关。

第七，技术侦查的信息保密原则。技术侦查获取的材料涉及国家秘密、商业秘密、个人隐私的，应控制知悉人员的范围，注意秘密的保护。在触及秘密之后，如是对案件的侦破没有意义的信息要及时销毁，对案件侦破有价值的信息及其载体都需妥善保存。

（五）特殊类侦查措施

特殊类侦查措施主要有控制交付、卧底侦查等。

1. 控制交付

控制交付措施，是指侦查机关在法定情形下对已经发现的非法、可疑物品，不立即实施扣押，而是对非法、可疑物品或替换成其他无害物品后加以严密监控，使其按照犯罪嫌疑人的意愿继续流转，以期查明案情，找到犯罪嫌疑人，收集证据，最终侦破案件的特殊侦查措施。《刑事诉讼法》第 153 条规定，对涉及给付毒品等违禁品或者财物的犯罪活动，公安机关根据侦查犯罪的需要，可以依照规定实施控制下交付。这是我国实施控制交付侦查措施的法律依据。

---

① 樊崇义主编：《2012 刑事诉讼法：解读与适用》，法律出版社 2012 年版，第 207 页。

（1）控制交付侦查措施的制度价值体现在：

其一，风险管控。控制交付侦查措施的实施，意味着案件已在侦查机关控制之下，根据案件的发展情况，侦查机关可以实时评估风险，采取适当措施应对，极大降低不可控风险的发生。

其二，取得证据。侦查机关实施控制交付，使得案件全程在侦查机关监控之下，侦查机关可以适时采取一般侦查行为或者技术手段，取得各类证据，如实反映犯罪的过程，为未来可能的诉讼做好准备。

其三，犯罪预防。控制交付侦查措施的实施，使得犯罪行为的全貌完全暴露在侦查机关的视线之下，进而使得侦查机关对于此类犯罪可以总结其特点，进行有针对性的宣传，防止新案发生。

（2）控制交付侦查措施的风险主要体现在：

其一，权力滥用风险。控制交付主要针对的是毒品、走私、枪支等犯罪行为，这些犯罪行为都具有集团性、组织严密性、暴力性等特点，对于侦查行为的秘密性具有较高要求。针对这些犯罪，实施控制交付一般都是秘密进行，其行为可能会侵害犯罪嫌疑人、被告人，甚至是第三人的权利。与一般的侦查活动不同，为避免行动失败，就要确保控制交付措施实施的隐秘性，侦查行为不可能公开录音、录像。秘密录音、录像，在防止侦查暴露的风险面前，也会被侦查人员轻易地放弃、废止，侦查人员甚至有可能夸大侦查行为失败的风险，从而规避正常的侦查监督活动。这样一来对侦查机关的行为进行监督就会变得无比困难，更有甚者会出现犯罪嫌疑人都不知道自己的权利被侵犯的情形。

其二，侦查活动失败风险。控制交付侦查措施应对的是毒品、走私、枪支等类型犯罪，一旦监控不力，毒品、走私物、枪支流入社会，会带来巨大的危害。控制交付侦查措施为了实现对犯罪的监控，一般都由侦查人员潜入犯罪集团，也会带来巨大的人身安全风险。

2. 卧底侦查

卧底侦查，是指在必要的情况下，由侦查机关任命法定侦查人员，以打击犯罪和阻止犯罪为目的，通过伪造的身份潜入犯罪集团内部暗中进行调查，协助侦查机关侦破案件、打击犯罪、保障社会稳定的一种特殊侦查手段。

《刑事诉讼法》规定，公安机关有权决定隐匿身份实施侦查。所谓"隐匿身份实施侦查"明显包括非常具有代表性的卧底侦查这一手段，在这一观点上，学术界和理论界的认识是统一的。虽然《刑事诉讼法》中有了卧底侦查的相关规定，但是我们必须承认，该法中并没有明确提及卧底侦查的字眼，却用隐匿身份实施侦查这样一个比较宽泛的范围将卧底侦查涵盖在内。通过对隐匿身份实施侦查的具体法条进行分析能够看出，卧底侦查的目的是查明案情，适用条件为在必要时候，审批人员是公安机关负责人，实施人员为有关人员。显然这些规定是十分模糊和粗略的。

卧底侦查有着深厚的社会基础，它是对抗重大有组织犯罪的有力武器，能有效弥补常规侦查手段的不足。有组织犯罪给民众、社会和国家带来前所未有的威胁，常规的侦查手段对有组织犯罪的侦查效率不高。导致这种情况的原因是犯罪集团在经过不断打击和不断摸索之后，犯罪手法更加高级，犯罪过程更加隐秘，往往使侦查机关难以准确掌握犯罪分子的踪迹和犯罪证据，使有组织犯罪的高发性和高危险性与低破案率的现实之间形成强烈的冲突。因此，只要能保证公民权利不受侵害和社会安定，能实现打击犯罪的目的，尽管有负面作用，卧底侦查也不会被舍弃。

第五章　中国司法行政制度

第一节　司法行政制度概述

司法行政制度是国家司法制度的重要组成部分，是伴随着司法行政与司法业务的分离，以为司法提供服务和保障为目的的制度产物。改革开放以来，随着社会主义民主法治建设的深入，我国司法行政制度不断发展完善，目前已成为保障国家司法权力有效行使和规范国家司法行为的一项重要制度。

一、司法行政制度的概念界定

（一）司法行政

关于司法行政的概念，法学界还没有达成统一的认识。"司法行政"，其字面意思是司法与行政的统一。有学者将其定义为"司法中的行政或者与司法有关的行政。司法中的行政是指为司法机关正常运转提供基本保障的行政，一般是指司法机关人、财、物等管理；与司法有关的行政是指为司法机关开展司法活动提供各类法律或技术保障的行政，主要包括律师、司法鉴定、裁判执行等管理"[1]，即从行政的角度从事或涉及司法活动，是相对于审判、检察等其他司法活动的概念。有学者指出，"所谓司法行政通常是指与司法有关的，以司法管理活动为核心，以司法保障和法治服务为主旨，为司法活动的正常运行提供保障和支持，为政府和社会提供法治服务的活动"[2]。

一般来讲，司法行政是与司法有关的行政管理和法律服务，是关于司法行政机构的组织体系、活动原则、工作内容和活动程序的总称。司法行政的基本内涵是为司法活动提供辅助、服务和保障。当然，司法行政与司法活动有着根本的区别，司法行政既有司法的目的，又有行政的内容，兼具司法与行政双重属性。

诚然，司法是司法行政存在的前提和基础，司法行政是以司法权运行为基本范畴，以司法活动为核心的。换句话说，司法行政存在的价值，主要是通过司法活动体现的，脱离了司法，司法行政也就失去了存在的价值。司法行政制度本身是司法机关分工与配合的产物，也是司法行政与司法业务分离的产物。提供司法保障是司法行政的第一要务。司法行政存在的基本价值就是为司法活

---

[1] 董开军：《构建和谐社会视野下司法行政的几个问题》，载《中国司法》2005年第10期。

[2] 刘武俊：《司法行政基本概念新论》，载《中国司法》2007年第12期。

动正常进行提供各种法律和技术保障。可以说，没有司法行政的服务，司法活动将寸步难行。司法活动的顺利进行，离不开司法行政的人、财、物等方面的保障，以及裁判执行、律师辩护和诉讼代理、司法鉴定等技术性保障。①

而从行政属性上来看，司法行政具有政府管理和服务社会的重要职能。司法行政机关属于政府的行政机构序列，承担司法行政事务的行政管理和行政指导职能。② 司法行政工作属于政府的行政管理工作范畴，履行指导、组织、协调和执行等管理职能。因此，其具有浓厚的行政管理性。在我国，司法行政机关依法承担监狱、社区矫正、强制隔离戒毒、法治宣传、律师、公证、法律援助、基层法律服务、法律职业资格考试、司法鉴定、司法协助等诸多司法行政事务的管理职能。

此外，司法行政工作具有鲜明的服务性，提供司法服务也是司法行政机关的重要使命。这主要体现在为司法机关的司法活动提供专门服务，这种法治服务主要面向社会、政府以及特定的群体。向政府或其他社会主体提供法律服务的方式主要包括立法事务、法律咨询、律师业务、公证业务、法律援助、司法鉴定、调解、仲裁等。不少司法行政工作本身就具有浓厚的服务色彩，如律师工作、公证工作、法律援助和法治宣传等均属于法律服务的范畴。当然，对于现代政府而言，管理就是服务，现代意义上的政府就是服务型政府。有力提升服务能力和服务水平，本身就是改革和完善司法行政制度的重要价值取向。

（二）司法行政制度

司法行政制度是国家关于司法行政机构的组成、体制、权限、活动方式等规范的综合。如前所述，司法行政制度既是国家行政制度的组成部分，也是国家司法制度的组成部分。由于世界各国社会制度的不同，在司法行政制度的性质、内容、职能和形式等方面都存在较大差异。即使社会制度相同的国家，也存在差异，没有也不可能有一种放之四海而皆准的司法行政制度。而且，同一个国家的司法行政制度也并非一成不变，而是随着时代的发展不断调整变化的。

---

① 刘武俊：《司法行政基本概念新论》，载《中国司法》2007 年第 12 期。

② 我国《宪法》第 89 条第 8 项规定，国务院行使"领导和管理民政、公安、司法行政等工作"的职权；第 107 条第 1 款规定，县级以上地方各级人民政府依照法律规定的权限，管理本行政区域内的经济、教育、科学、文化、卫生、体育事业、城乡建设事业和财政、民政、公安、民族事务、司法行政、计划生育等行政工作，发布决定和命令，任免、培训、考核和奖惩行政工作人员。

司法行政制度是司法行政的制度载体，也是司法行政权运作的制度产物。司法行政制度的作用不像法院行使司法审判权那样直接裁判案件纠纷，而是为司法权的正常运转和行使提供必不可少的保障与支持，组织协调并管理相关的行政工作，以推动司法的正常活动。

二、司法行政权

司法行政权是国家政权的重要组成部分，其本质上是一种体现司法行政属性的行政权，即国家权力系统中以制约、维护、补强司法而在司法之外提供行政管理和服务的权力，是司法行政的权力形态和司法行政制度的基石。有学者指出，"司法行政权就是源于、服务于、或辅助于法院裁判权的行政权力，是对司法领域的行政事务和法律事务的管理权或执法权"①。有学者认为，"司法行政权是司法行政机关依法拥有和行使的司法行政管理权以及其他职权，是随着司法权的分工细化从司法权中分离出来的一种职权，介于司法权与行政权之间的一种国家权力"②。上述观点都有一定合理性，都从某一角度对司法行政权进行了描述，但都不够全面，仅着重强调司法行政权的传统职能，不符合当代司法行政的实际发展情况。尤其要注意厘清的是，司法行政权并非专门司法行政机关所独享，不能仅以权力主体来界定司法行政权。所谓司法行政权，是指司法行政机关在法定范围内行使的司法管理权及相关职权，是司法活动中的和与司法活动有关的一种行政管理权，它兼具部分司法权性质，以管理司法行政事务为主，具有兼容性、多样性、执行性、保障性、服务性、管理性、社会性和政策性的特点。

司法行政权是国家权力中不可替代的一项公共权力，其主要任务是为司法职能的正常运行提供服务与保障。党的十八届四中全会通过的《中共中央关于全面推进依法治国若干重大问题的决定》提出，"探索实行法院、检察院司法行政事务管理权和审判权、检察权相分离"。科学合理配置司法行政权，是我国司法改革的必然趋势。有关司法行政权的内容，我们以河北省司法行政机关的机构职能为例分析，具体包括：（1）承担全面依法治省重大问题的政策研究，

---

① 孙业群：《论司法行政权（上）》，载《中国司法》2005年第10期。
② 范愉、彭小龙、黄娟编著：《司法制度概论》（第3版），中国人民大学出版社2016年版，第220页。

组织协调有关方面提出全面依法治省中长期规划建议，负责有关重大决策部署督察工作。（2）承担统筹规划地方立法工作的责任。负责面向社会征集政府规章草案制定项目的建议。（3）负责起草或组织起草有关地方性法规和政府规章草案。负责省政府规章立法解释草案的起草、立法后评估工作。负责立法协调。组织开展政府规章清理工作。（4）负责各设区市政府规章的备案审查工作，负责省政府各部门、各市（含定州、辛集市）政府规范性文件的备案审查工作。（5）承担统筹推进河北法治政府建设的责任。依法承办行政复议案件；受省政府委托，代理行政诉讼案件的应诉；受省政府委托，代理由国务院审理的行政复议裁决案件；指导、监督全省行政复议和行政应诉工作。（6）承担统筹规划全省法治社会建设的责任。负责拟订全省法治宣传教育规划，组织实施普法宣传工作。推动全省人民参与和促进法治建设。指导全省依法治理和法治创建工作。指导全省调解工作，负责和指导全省人民陪审员、人民监督员选任管理工作。负责全省司法所建设。（7）管理河北省监狱管理局。（8）负责全省司法行政戒毒场所管理工作。（9）负责制定全省公共法律服务体系建设规划并指导实施，统筹和布局城乡、区域法律服务资源。负责全省律师、公证、法律援助、司法鉴定、仲裁和基层法律服务管理工作。（10）负责全省国家统一法律职业资格考试的组织实施工作。（11）负责本系统枪支、弹药、服装和警车等物资装备管理工作；指导、监督本系统财务、装备、设施、场所等保障工作。（12）规划、协调、指导全省法治人才队伍建设相关工作。指导、监督本系统队伍建设；负责本系统警务管理和警务督察工作。协助各市（含定州、辛集市）管理司法局领导干部。管理河北司法警官职业学院。（13）完成省委、省政府交办的其他任务。①

第二节　中国司法行政制度的历史沿革

一、中国古代的司法行政制度

在中国古代社会，国家的一切活动基本都是皇帝一人把持，皇帝统领国家

---

① 参见河北省司法厅官方网站，http://sft.hebei.gov.cn/zzjg/jgzn/，最后访问日期：2023 年 10 月 15 日。

的一切权力，立法、司法、行政大权集于一身。在封建专制体制下，县令、知府、州长等地方行政长官往往也是地方司法官员。政府部门虽有内部分工，如隋唐时期在中央形成的以大理寺、刑部、御史台为核心的三法司，但始终不存在西方自古至今意义上的司法机构，只有相对而言以审判并制裁犯罪为主要职责的国家机构。由于没有独立的自成体系的司法制度和行政制度，自然也就没有严格意义上的司法行政制度。

二、中国近代的司法行政制度

司法行政是一个近代的概念，是在近代以来国家权力分化基础上产生和发展的。在 19 世纪下半叶，随着西方列强的侵略，中国在国门洞开和急剧动荡的社会环境中，不但在经济、政治、思想文化方面发生了深刻的变革，而且在社会的其他领域也发生了深刻的变革。中国司法行政制度起源于清末变法的司法体制近代化。1906 年成立的专门负责司法行政工作的"法部"，实现了司法行政机构专门化，在地方各省也设立与中央司法行政机关相对应的机构——提法使司。[①] 这是中国历史上第一次司法权从行政权中分离出来，标志着中国司法行政制度孕育的开始。1910 年的《法院编制法》首次出现法院、检察署、司法部、内务部等具有现代意义的国家机构名称。1912 年孙中山在南京成立的临时政府设有司法部，负责全国司法行政工作，在我国司法行政制度史上具有里程碑式的意义。南京国民政府于 1928 年公布了《国民政府组织法》，该法规定，国民政府由行政院、立法院、司法院、考试院和监察院组成，原来独立的司法部改名为隶属于司法院的司法行政署，后更名为司法行政部。

近代以来，特别是中华民国时期的司法行政制度，已经基本具备了现代司法行政制度的形态，厘清了司法行政本质属性上的行政性，建立了专门的机构。解放战争后期，一些解放区的人民民主政权设立了专门的司法行政机关，统一管理辖区内的司法行政工作，为新中国司法行政工作创造和积累了丰富的经验。

三、新中国司法行政制度的历史沿革

新中国司法行政制度是伴随中华人民共和国的成立而诞生的，它的发展与我国民主法治建设的发展历程息息相关。事实表明，一旦法制建设受到漠视甚

---

① 孙业群著：《司法行政权的历史、现实与未来》，法律出版社 2004 年版，第 31 页。

至破坏，国家的司法行政制度的运行就必然受到重大不利影响。

新中国司法行政制度是在总结和提炼革命时期根据地司法制度的做法和经验基础上建立起来的。1954年新中国第一部《宪法》颁布实施后，中国共产党领导的人民代表大会制度下的"一府两院"政权结构形式正式形成，并确立了公、检、法、司分工负责、互相配合、互相制约、互相监督的机制。1954年9月21日，第一届全国人大第一次会议通过的《人民法院组织法》第14条第3款规定："各级人民法院的司法行政工作由司法行政机构管理。"

1978年召开的党的十一届三中全会提出了"加强社会主义民主，健全社会主义法制"的方针，拉开了社会主义法制建设的序幕，也开启了中国特色社会主义司法行政制度发展的新篇章。1979年，司法部恢复重建。随后的1979年《人民法院组织法》《关于迅速建立地方司法行政机关的通知》等文件，都进一步确认了司法行政机关主管各级人民法院司法行政工作的制度。

在这样的背景下，1982年《宪法》确定了政府管理司法行政工作的原则。1982年《宪法》明确规定，国务院"领导和管理民政、公安、司法行政和监察等工作"，确立了司法行政机关的宪法地位。1982年国务院机构改革，司法行政机关的职能发生了第一次较大的调整，恢复了司法行政机关执行刑罚和行政处罚的职能，把原由公安部管理的监狱、劳改、劳教工作划归司法部管理；同时，司法部原来管理法院行政事务的职能被划归最高法院。这次调整基本确定了此后一个时期司法行政制度设计的基本框架。

随着我国经济社会发展和民主法治建设的推进，特别是司法体制改革的不断深化，司法行政机关的职能也不断调整充实。

党的十八大，特别是党的十八届三中全会进一步部署推进法治中国建设，废除劳动教养制度，就健全社会普法教育机制、人权司法保障制度、强化司法监督制度等问题进行了安排部署，明确"建设法治中国，必须坚持依法治国、依法执政、依法行政共同推进，坚持法治国家、法治政府、法治社会一体建设。深化司法体制改革，加快建设公正高效权威的社会主义司法制度，维护人民权益，让人民群众在每一个司法案件中都感受到公平正义"。

2018年3月17日，十三届全国人大一次会议经过表决，批准了国务院机构改革方案。为贯彻落实全面依法治国基本方略，《国务院机构改革方案》决定将司法部和国务院法制办公室的职责整合，重新组建司法部，作为国务院组成部门，不再保留国务院法制办公室。统筹行政立法、行政执法、法律事务管理和普法宣传。而改革之后重新组建的司法部将承担以下主要职责：负责有关法律和行政法规草案起草，负责立法协调和备案审查、解释，综合协调行政执法，指导行政复议应诉，负责普法宣传，负责监狱、戒毒、社区矫正管理，负责律师公证和司法鉴定仲裁管理，承担国家司法协助等。

此外，根据《深化党和国家机构改革方案》，组建中央全面依法治国委员会。全面依法治国是中国特色社会主义的本质要求和重要保障。为加强党中央对法治中国建设的集中统一领导，健全党领导全面依法治国的制度和工作机制，更好落实全面依法治国基本方略，组建中央全面依法治国委员会，负责全面依法治国的顶层设计、总体布局、统筹协调、整体推进、督促落实，作为党中央决策议事协调机构。其主要职责是，统筹协调全面依法治国工作，坚持依法治国、依法执政、依法行政共同推进，坚持法治国家、法治政府、法治社会一体建设，研究全面依法治国重大事项、重大问题，统筹推进科学立法、严格执法、公正司法、全民守法，协调推进中国特色社会主义法治体系和社会主义法治国家建设等。中央全面依法治国委员会办公室设在司法部。

第三节　中国司法行政机关

一、司法行政机关的性质与地位

（一）司法行政机关的性质

我国司法行政机关是国家机构的重要组成部分，是人民政府的职能部门之一。它负责管理司法行政工作和法律规定的司法工作，是国家的执法机关。司法行政机关的工作对司法职能的实施有着十分重要的作用，其任务与职责是随着国家经济建设、民主法治建设、改革开放的情况和社会需要而不断演变的。

司法行政机关的性质，首先是行政性，司法行政机关归属于行政系统，行使的是一种行政管理权，在国家授权的权限范围内依法行政。其次，司法行政机关又具有一定的司法性，由于其具体职能和权限涉及大量司法活动，因而本身也具有一定的司法性或准司法性。根据当代社会司法功能分化的原理，司法行政机关实际上分担了许多原由司法机关承担的工作，随着社会的发展、司法功能的调整，这部分司法功能还会继续扩大，但方式将会更加多元化。除直接行使司法职能外，司法行政机关还承担着对律师以及从事纠纷解决、法律服务等活动的民间社会机构的监管职能。[①]

（二）司法行政机关的地位

我国司法行政机关作为国家行政管理体系和司法体系的重要组成部分，对于国家政治、经济和社会生活的各个方面都发挥着重要作用。司法行政机关法律地位的确立，来源于国家政权和法律法规的赋予，来源于国家民主政治建设的需要，也来源于司法行政职能作用的发挥。近年来，我国司法行政机关在党中央、国务院领导下，在保障和促进经济社会发展、维护社会稳定、维护人民权益、推进依法治国基本方略实施方面作出了积极贡献。

第一，司法行政机关在服务经济发展、服务人民群众中的重要作用。"市场经济就是法治经济"，在发展社会主义市场经济中，随着改革开放和经济建设的不断深入，经济领域不可避免地会出现大量且复杂的法律问题，经济领域对法律服务的需求越来越多，范围亦越来越广。由于司法行政机关具有多种法律服务手段、全方位的法律服务功能，自然就取得了为社会主义市场经济提供法律服务的主导地位。多年来，我国司法行政机关牢固树立为改革发展稳定服务的观念，积极主动地为改革开放和经济建设提供多功能、全方位、优质高效的法律服务，社会影响不断扩大，在国家经济建设中的地位也越来越高，已经成为保障我国社会主义市场经济发展的重要力量。

第二，司法行政机关在维护司法公正、促进社会公平正义中的重要作用。公平正义是现代社会的重要价值。我国司法行政机关负责的监督管理刑罚执行、罪犯改造和社区矫正工作，是刑事司法的重要和最后环节，体现了刑事司法权配置中的分工负责、互相配合、互相制约原则，对于防止刑事司法权的滥用和专横具有重要作用。同时，司法行政机关指导管理的律师、法律援助、司法鉴

---

① 范愉、彭小龙、黄娟编著：《司法制度概论》（第3版），中国人民大学出版社2016年版，第231页。

定工作，对于维护被告人、犯罪嫌疑人和刑事被害人的合法权益，维护司法公正具有重要意义。可以说，没有上述法律服务工作，刑事诉讼活动就不可能顺利进行，也不可能到达公正的彼岸。

第三，司法行政机关在加强社会治理、维护社会稳定中的重要作用。加强和创新社会治理是新形势下中央作出的重大决策，是维护社会和谐稳定和长治久安的战略性举措。司法行政机关作为政府组成部门，承担了重要的社会管理职责，在监狱工作、社区矫正和安置帮教、人民调解、法学教育、司法鉴定等方面发挥重要作用，展现了司法行政机关在社会治理中的职能优势，是国家治理体系的重要组成部分。

第四，司法行政机关在推进实施依法治国基本方略中的重要作用。在党的领导下，由政府组织主导，自上而下开展普法工作，这是人类法治史上的创举，而承担组织实施普法日常工作的就是各级司法行政机关。这是我国司法行政机关与国外相比的一项独特职能，也是一大特色。从 1986 年开始，在各级司法行政机关的直接组织指导下，我国已经持续不断地成功实施了七个五年普法规划，正在进行第八个五年普法规划，取得了举世瞩目的巨大成就，传播了法治精神，使全民法律素质大大提高，为贯彻实施依法治国基本方略、建设社会主义法治国家奠定了深刻的社会心理基础。

第五，司法行政机关在政法人才队伍建设中的重要作用。我国从 2001 年开始实施统一司法考试制度，由司法行政机关负责具体组织。2002 年 3 月举行首次国家统一司法考试。通过国家司法考试（2018 年更名为国家统一法律职业资格考试）的人员，由司法部统一颁发相关证书，并可以从事执业律师、法官、检察官、公证员等岗位的工作。同时，司法行政机关通过考试大纲的制定、考卷考题以及考试方式的设计，对我国的法学教育产生了直接的影响，使法学教育更加注重培养国家法治建设所需要的应用型人才。

第六，司法行政机关在对外司法交流合作中的重要作用。随着我国对外开放的不断扩大和深化，我国政府、企业和民间对外联系和交往日益频繁。在这种对外交流中，司法和法律领域的交往与合作占有重要分量，无论是国家间双边或多边条约的签订，还是不同国家或地区间企业和公民个人的交往，大多涉及法律层面。特别为保障不同法域之间民事司法活动的顺利进行，以及打击日益猖獗的跨国犯罪的需要，司法协助越来越成为对外法律合作的重要形式。根据国际惯例和对外法律交流的需要，我国司法部行使司法协助中央机关职能，在实施我国互利共赢的对外开放战略中发挥了重要作用。①

二、司法行政机关的机构设置

（一）中央司法行政机关——司法部

司法部是国务院主管司法行政机关的职能部门，是全国司法行政工作的最高管理机关。为更好履行职责，司法部设置以下机关厅局：中央依法治国办秘书局、办公厅、政治部、法治调研局、法治督察局、立法一局、立法二局、立法三局、立法四局、监狱管理局、社区矫正管理局、戒毒管理局、行政复议与应诉局、行政执法协调监督局、普法与依法治理局、人民参与和促进法治局、公共法律服务管理局、律师工作局、法律职业资格管理局、国际合作局、装备财务保障局、机关党委、离退休干部局。②

除上述业务司局外，司法部还直接领导、管理和指导以下机构的工作：法治宣传中心、全国依法治国研究中心、信息中心、机关服务中心、燕城监狱、法律援助中心、预防犯罪研究所、法治日报社、法律出版社有限公司、中国法制出版社有限公司、中华全国律师协会、中国公证协会、中国监狱工作协会、中国司法行政戒毒工作协会、中央司法警官学院、司法行政学院、国家司法考试中心、中国法律援助基金会、司法协助交流中心、司法鉴定科学研究院、中国法律服务（香港）有限公司、中国法律服务（澳门）公司、司法部港澳台法律培训交流中心、中华全国人民调解员协会。③

（二）省级司法行政机关——省、自治区、直辖市司法厅（局）

省、自治区、直辖市司法厅（局）为本级人民政府主管司法行政工作的职能部门。总体来看，由于省一级的司法行政机关担负的任务比较繁重，因而设置的机构较多。以河北省司法厅为例，其设置以下机关处室：省委依法治省办秘书处、办公室、法治调研处、法治督察与合法性审查处、立法一处、立法二处、社区矫正管理局、戒毒管理局、行政复议与应诉一处、行政复议与应诉二

---

① 郝赤勇：《我国司法行政制度及其改革发展》，载《中国司法》2011 年第 9 期。

② 参见司法部官方网站，http：//www.moj.gov.cn/pub/sfbgw/jgsz/jgszjgtj/，最后访问日期：2023 年 10 月 15 日。

③ 参见司法部官方网站，http：//www.moj.gov.cn/pub/sfbgw/jgsz/jgszzsdw/，最后访问日期：2023 年 10 月 15 日。

处、行政执法协调监督处、普法与依法治理处、人民参与和促进法治处、律师工作管理处、公证工作管理处、仲裁工作管理处、司法鉴定管理处、法律职业资格管理处、装备财务保障处、审计处、政治部（警务部）、机关党委（机关纪委）、党委巡察办、离退休干部处。①

（三）基层司法行政机关——市（地）、县（区）司法局和乡镇司法所

市（地）、县（区）司法局为本级人民政府主管司法行政工作的职能部门，是我国司法行政工作的基层管理机关。省辖市人民政府和地区行政公署普遍设立了司法局（处）。除极少数市（地）设有监狱、政法干部培训机构外，绝大多数市（地）级司法行政机关仅管理律师、公证、法治宣传、人民调解等司法行政业务。因此，其内设机构比较简单，通常仅设置办公室（人秘科）、法制宣传科、公证管理科、律师管理科、基层工作科等机构；县（县级市、市辖区）人民政府普遍设立了司法局。县级司法局一般设办公室（人秘股）、法制宣传科（股）、基层工作科（股）等机构，同时下设法律援助中心和若干律师事务所、公证处。

乡镇人民政府和街道办事处设立司法所，作为同级政府具体承办司法行政事务的职能机构，同时也是上级司法行政机关的派出机构，承担乡镇人民政府（街道办事处）管理司法行政工作的职能部门。司法所是司法行政系统最基层单位，是全面依法治国的基础平台。近年来，特别是党的十八大以来，司法所在维护社会和谐稳定、推进基层法治建设和为基层群众提供公共法律服务方面发挥了重要作用。"截至 2018 年 9 月，全国共有司法所 40417 个，基本实现了对乡镇、街道的覆盖，共有工作人员 12.6 万人。近年来，全国司法所每年摸排纠纷线索 270 万余条，指导和直接参与化解矛盾纠纷 730 多万件，约占全国矛盾纠纷总量的 84%。"②

---

① 参见河北省司法厅官方网站，http://sft.hebei.gov.cn/zzjg/jgsz/，最后访问日期：2023 年 10 月 15 日。

② 靳昊、李晓东、周洪双：《全国司法所年均化解矛盾纠纷七百多万件》，载《光明日报》2018 年 9 月 17 日，第 4 版。

三、司法行政机关的主要职责

（一）司法部的主要职责

司法行政机关是司法行政权能的重要承担者，司法行政机关担负的职能，最能体现一国司法行政制度的性质和特点。根据党的十九届三中全会审议通过的《中共中央关于深化党和国家机构改革的决定》和第十三届全国人民代表大会第一次会议批准的《国务院机构改革方案》，司法部负责贯彻落实党中央关于全面依法治国的方针政策和决策部署，在履行职责过程中坚持和加强党对全面依法治国的集中统一领导。其主要职责是：（1）承担全面依法治国重大问题的政策研究，协调有关方面提出全面依法治国中长期规划建议，负责有关重大决策部署督察工作。（2）承担统筹规划立法工作的责任。负责面向社会征集法律法规制定项目建议。（3）负责起草或者组织起草有关法律、行政法规草案。负责立法协调。（4）承办行政法规的解释、立法后评估工作。负责地方性法规、规章的备案审查工作。组织开展规章清理工作。（5）承担统筹推进法治政府建设的责任。承办申请国务院裁决的行政复议案件工作。指导、监督全国行政复议和行政应诉工作，负责行政复议和应诉案件办理工作。（6）承担统筹规划法治社会建设的责任。负责拟订法治宣传教育规划，组织实施普法宣传工作，组织对外法治宣传。推动人民参与和促进法治建设。指导依法治理和法治创建工作。指导调解工作和人民陪审员、人民监督员选任管理工作，推进司法所建设。（7）负责全国监狱管理工作，监督管理刑罚执行、罪犯改造的工作。指导、管理社区矫正工作。指导刑满释放人员帮教安置工作。（8）负责司法行政戒毒场所管理工作。（9）负责拟订公共法律服务体系建设规划并指导实施，统筹和布局城乡、区域法律服务资源。指导、监督律师、法律援助、司法鉴定、公证、仲裁和基层法律服务管理工作。负责香港、澳门的律师担任委托公证人的委托和管理工作。（10）负责国家统一法律职业资格考试的组织实施工作。（11）负责国家法治对外合作工作。履行国际司法协助条约确定的对外联系机关（中央机关）职责，参与有关国际司法协助条约谈判。承担报送国务院审核的我国缔结或者参加的国际条约法律审查工作。组织开展法治对外合作交流。承办涉港澳台的法律事务。（12）负责本系统枪支、弹药、服装和警车管理工作，指导、监督本系统财务、装备、设施、场所等保障工作。（13）规划、协调、指导法治人才队伍建设相关工作，指导、监督本系统队伍建设。负责本系统警务管理和警务督察工作。协助省、自治区、直辖市管理司法厅（局）领导干部。（14）完成党中央、国务院交办的其他任务。①

（二）地方各级司法行政机关的职责

地方各级人民政府的司法行政机关称为司法厅或司法局，承担立法、司法、行政执法、普法等多方面工作。以山东省青岛市司法局为例，其主要职责包括：（1）承担市委依法治市委员会办公室的日常工作。统筹推进法治政府建设。（2）向社会征集地方立法建议，编制行政立法规划和计划。起草或者组织起草、审查地方性法规草案、政府规章草案，负责立法协调工作。承办市政府规章的立法解释工作。（3）负责区（市）政府、市政府部门规范性文件备案审查工作。（4）负责市政府文件和重大行政决策合法性审查工作。（5）承担市政府法律顾问工作。（6）负责市政府行政复议、行政应诉工作。指导监督全市行政复议、行政赔偿、行政应诉、行政裁决工作。（7）负责行政执法监督工作。（8）承担统筹规划全市法治社会建设的具体工作。组织普法宣传，推动人民参与和促进法治建设。指导人民调解、行政调解和行业性专业性调解工作。指导人民陪审员选任工作，负责人民监督员选任工作。指导、监督司法所、社区司法行政工作室建设和基层法律服务、安置帮教工作。（9）负责全市公共法律服务体系建设，指导、监督律师、法律援助、司法鉴定、公证工作。（10）负责全市国家统一法律职业资格考试的组织实施工作。负责法律职业人员入职前培训工作。（11）负责全市监狱管理工作。（12）负责并指导监督全市社区矫正工作。（13）负责全市司法行政系统强制隔离戒毒管理工作。（14）负责规划、协调、指导全市法治人才队伍建设工作，推进招才引智相关工作。（15）完成市委、市政府交办的其他任务。②

（三）基层乡镇（街道）司法所的职能

基层乡镇（街道）司法所的主要职能有：指导管理人民调解工作，参与调解疑难、复杂民间纠纷；负责社区矫正工作，组织开展对社区矫正人员的监督管理、教育矫正和社会适应性帮扶；协调有关部门和单位开展对刑释人员的安

---

① 参见司法部官方网站，http：//www.moj.gov.cn/pub/sfbgw/jgsz/jgszjgzn/，最后访问日期：2023年10月15日。

② 参见山东省青岛市司法局官方网站，http：//qdsf.qingdao.gov.cn/jgsz/znjj/202111/t20211112_3803955.shtml，最后访问日期：2023年10月15日。

置帮教工作；指导管理基层法律服务工作；组织开展法治宣传教育工作；组织开展基层依法治理工作，为乡镇人民政府（街道办事处）依法行政、依法管理提供法律意见和建议；协助基层政府处理社会矛盾纠纷；参与社会治安综合治理工作；完成上级司法行政机关和乡镇人民政府（街道办事处）交办的维护社会稳定的有关工作。

第六章　中国律师制度

第一节 律师制度概述

律师制度是国家与社会发展到一定阶段才出现的，是司法制度的重要组成部分，也是政治制度和社会经济制度的组成部分，对法治文明意义重大。作为中国特色社会主义法律服务制度体系框架下不可或缺的重要一环，律师制度在深化司法体制改革、建立公正高效的司法体系、促进国家经济平稳较快发展、保障和改善民生等方面都起着重要作用。

一、律师的概念和特征

"律师"一词具有多种含义。作为一种职业，律师是社会分工的产物。作为一种身份，它是社会公众对从事律师工作的人的泛称。此外，"律师"还是一种称谓，是人们对某个职业人士的称呼，如"张律师""李律师"。[①] 依据我国《律师法》第 2 条规定，律师是指依法取得律师执业证书，接受委托或指定，为当事人提供法律服务的执业人员。律师是"法律职业共同体"的重要组成部分。按照工作性质划分，律师可分为专职律师与兼职律师。按照业务范围划分，律师可分为民事律师、刑事律师和行政律师。按照服务对象和工作身份划分，律师可分为社会律师、公司律师和公职律师。律师业务主要分为诉讼业务和非诉讼业务。

作为一种法律职业，律师有以下几个基本特征。

第一，律师具有法律专业知识，获得国家认可的资质，又可称为"专业性"。[②] 律师职业的专业性极强，主要体现在两个方面。一方面，律师经过法律职业教育、法律专业训练，具有法律知识。律师是掌握、运用法律规则和法律程序的人员。另一方面，律师需要获得国家认可的资质。这要求打算成为律师的人要通过"入门"考试。除通过法律职业资格考试外，还需要具备实习经历才能成为执业律师。律师以法学知识和执业实务经验相统一为特点。各国的法律法规通常对律师资格的获得和执业条件作出明确规定，只有在具有一定的专业教育背景、掌握必要的专业知识技能、通过特定的资格考试以及经过法定程

[①] 谭世贵主编：《律师法学》（第 4 版），法律出版社 2013 年版，第 1 页。
[②] 田文昌主编：《律师制度》，中国政法大学出版社 2007 年版，第 3 页。

序之后才能被授予律师资格。

第二,律师具有服务性与有偿性。律师以提供法律服务为职能。律师是接受国家或当事人委托,为社会提供法律服务的法律工作者。在世界各国,绝大部分国家的律师都不是国家工作人员,不享有公权力,而是依靠自己的知识和技能,为当事人提供法律服务,获得报酬。

第三,律师受国家保护和管理,实行行业自治。律师是经过法律职业资格考试并取得职业资格和执业资格的人,律师承担着许多重要的司法辅助职能,其行为属于司法程序的一个重要环节,能够产生相应的法律效力。因此,其职业活动受到法律的保护和国家的规制。此外,律师行业具有悠久的自治和自律传统,律师协会作为律师行业组织,负责制定律师的职业道德规范,监督实施行业自律,维护律师的合法权益。

二、律师的性质和职能

(一)性质

律师的性质决定着一个国家律师的社会地位、权利和义务、职业道德以及律师的管理体制。世界上多数国家都通过法律明确规定律师的性质和法律地位。

西方一些国家认为,作为一种职业,律师具有司法职业和自由职业的双重性。[1] 例如,《德意志联邦共和国律师法》第 1 条规定:"律师是独立的司法人员。"第 2 条规定,"律师职业属于自由独立职业"。一方面,就职业属性而言,律师属于司法活动的组成部分,是法律职业共同体的重要部分,是司法程序运作中不可缺少的一环,也是现代法治的要素之一。其职业行为应在国家法律规范下进行,其活动具有司法性和公益性。另一方面,就社会属性而言,律师在司法活动中的角色与法官、检察官存在根本区别。律师不是国家司法工作人员,不是保持中立立场,而是向自己的委托人负责,提供法律服务。律师作为一种市场主体或中介,具有获取报酬并营利的动机、需求和权利,其执业方式具有经营性和营利性。各国对律师性质的界定,也体现了这两个方面的作用。例如,日本称律师为"在野法曹",既将其区别于法官、检察官等"官",又强调其作为"法曹"及法律家的职业特点。

在我国,律师性质的界定经历了国家法律工作者、社会法律服务者、法律

---

① 谭世贵主编:《律师法学》(第 4 版),法律出版社 2013 年版,第 4 页。

职业服务者到中国特色社会主义法律工作者的变化过程。1980 年《律师暂行条例》第 1 条明确规定，"律师是国家的法律工作者"，强调律师的"公职人员"身份。根据这一规定，律师属于国家的司法工作人员。这是由当时的国情决定的。这样的规定对于提高律师的法律地位，保障律师的法定权利，推动律师制度的发展起到了促进作用。1993 年开始，司法部按照国务院批复的《关于深化律师工作改革的方案》的规定，对律师制度进行有计划的改革。1996 年通过的《律师法》第 2 条规定："本法所称的律师，是指依法取得律师执业证书，为社会提供法律服务的执业人员。"这一规定明确了律师的非公务人员身份，强调了其"社会性"。据此，律师不再是公职人员，转而成为向社会提供中介服务的人员。这是社会经济体制和法律服务市场发展的结果，旨在调动律师的积极性，扩大律师队伍，满足法律服务市场日益增长的需求。

2007 年修订后的《律师法》第 2 条将律师界定为：依法取得律师执业证书，接受委托或者指定，为当事人提供法律服务的执业人员。该条款与修订前相比，突出了律师职业的专业性、技术性以及当事人与律师之间的关系。2016 年，中共中央办公厅、国务院办公厅印发的《关于深化律师制度改革的意见》明确指出，律师制度是中国特色社会主义司法制度的重要组成部分，是国家法治文明进步的重要标志。律师队伍是落实依法治国基本方略、建设社会主义法治国家的重要力量，是社会主义法治工作队伍的重要组成部分。

综上所述，律师的性质具有多元性。律师具有司法职业性、服务性、公益性。在我国，律师既是法律工作者，又属于一种社会性的法律服务行业。律师的执业方式具有自由职业的特征。

（二）职能

律师的职能，即律师的任务和主要职责。律师所承担的法律事务，一般由法律加以明确规定。世界各国律师的职能大同小异，包括：（1）提供法律咨询；（2）为当事人担任辩护人或代理人，参加诉讼；（3）代理当事人参加谈判、协商、调解、仲裁等非诉讼纠纷解决活动；（4）作为中立第三方独立主持调解、仲裁；（5）代写法律文书，提供证明、见证和其他法律服务等。

其中，作为辩护人和代理人参与诉讼是律师最重要的职能，一般分为两种情况。第一，强制律师代理（辩护），即法律明确规定在诉讼中必须有律师作代理人或辩护人。一些国家明确规定，一切刑事案件（即使是轻罪案件）的被告人都有权获得辩护，如果当事人没有能力聘请律师，国家应该为其提供法律援助。我国尚未实现为所有刑事被告人提供强制代理或强制辩护，但根据《刑事诉讼法》和《法律援助法》的规定，包括重罪和青少年犯罪在内的几类刑事被告人必须有辩护人。在民事诉讼方面，一些国家规定，适用普通诉讼程序审理的民事案件必须聘请律师作为代理人（简易法院和简易程序除外）。

第二，任意代理，是指是否聘请律师代理由当事人自行决定。多数国家在民事诉讼中采用任意代理制度。但很多国家由于普通诉讼程序高度复杂，有无律师代理直接关系到诉讼的胜负。因此，尽管采用任意代理制度，实际上，多数普通程序都有律师代理。不过，为节约诉讼成本，当代各国民事简易程序，一般均鼓励当事人本人诉讼；在小额诉讼中甚至限制或禁止律师代理。

我国《律师法》第 28 条对律师的职能作出了明确的规定，具体包括：（1）接受自然人、法人或者其他组织的委托，担任法律顾问；（2）接受民事案件、行政案件当事人的委托，担任代理人，参加诉讼；（3）接受刑事案件犯罪嫌疑人、被告人的委托或者依法接受法律援助机构的指派，担任辩护人，接受自诉案件自诉人、公诉案件被害人或者其近亲属的委托，担任代理人，参加诉讼；（4）接受委托，代理各类诉讼案件的申诉；（5）接受委托，参加调解、仲裁活动；（6）接受委托，提供非诉讼法律服务；（7）解答有关法律的询问、代写诉讼文书和有关法律事务的其他文书。尽管对律师作为中立第三方直接主持调解、仲裁的职能未作明确规定，但实践中，律师已经从事这方面的工作，并发挥了重要作用。

三、律师制度的价值

律师制度，是国家法律规定的有关律师的制度的总和，包括律师资格、执业方式、权利义务、责任、组织方式、活动方式等方面的法律规范。在现代社会，通常一个国家通过宪法、律师法和司法程序法对律师制度加以确认和规范。综观世界各国律师制度的主要内容，普遍包括律师执业的条件、律师执业的限制、律师事务所、律师的权利和义务、律师协会、法律责任等。就我国而言，现行《律师法》共七章，分别是总则，律师执业许可，律师事务所，律师的业务和权利、义务，律师协会，法律责任和附则，对律师提供法律服务过程中的各个环节进行了规定，是我国律师制度的法律体现。

作为一项重要的法律制度，律师制度的产生并非与国家和法律的出现同步，而是在国家和法律出现之后，经历相当长一段时期才逐渐形成和发展起来的，与经济制度、民主政治及社会文化密切相关。律师制度的真正出现是伴随着近代经济与社会的发展、民主法治和人权保障的进步而出现的。[①]

律师制度是国家司法制度的重要组成部分，是满足政府及社会公众法律服务需求的重要保障性制度之一。律师制度在现代法治社会中的价值主要有以下几个方面。

第一，律师制度是民主与法治的重要保障。律师通过向社会提供法律服务，成为连接国家法律与普通社会民众生活之间的桥梁。律师制度，旨在保障法律得以实施和实现，保证社会主体实现利用司法程序的权利，保障社会秩序和法律秩序的有序运行。当前，律师已经成为现代法治社会的重要社会力量，活跃在立法、司法、行政和社会生活的各个领域，并被视为法治的标志之一。

第二，律师制度是司法程序公正、高效运行的重要条件。法律程序具有规范性、专业性和复杂性的特点，普通公民由于不具备法律职业的专业知识、经验以及必要的技术手段，在取证、调查、书写法律文书、举证、质证和法庭辩论等方面都存在能力不足的问题，很难自行参与并实现诉讼目的，这也会给法官的审理带来极大的困难，影响诉讼程序的正常高效运行，甚至可能导致诉讼结果的不公正。因此，现代司法诉讼程序，一般都需要借助律师的辅助才能完成。在刑事诉讼中，国家有义务保证被告人获得律师辩护的权利；在民事诉讼中，律师的参与有助于缩小当事人之间在诉讼能力上的差距，保证诉讼的公正和效率。

第三，律师制度是市场经济运行和社会自治不可缺少的中介。现代社会的法律调整主要是依靠社会主体自主地依据法律规定的行为规范建立各种法律关系，进行各种经济和社会交往活动。但由于当事人对法律的理解和运用存在许多障碍，因而律师提供的法律服务的作用和范围不断扩大，包括：通过提供法律咨询帮助当事人进行决策，避免违法行为和纠纷的发生；参与订立合同、协商谈判；协助当事人依法纳税、制定各种法律文件、自治性规章和公约；建立自治性组织；提供律师见证等。目前，不仅企业普遍聘请法律顾问或专职律师，

---

① 刘武俊等：《中国特色社会主义司法行政制度论纲（下）》，载《中国司法》2014 年第 1 期。

许多公民个人生活中也开始越来越多地寻求律师的服务。可以预计，律师行业将可能发展为一种具有巨大市场和潜力的产业。

第四，律师制度是现代社会纠纷解决机制中的重要组成部分。传统的律师主要是为当事人进行诉讼活动提供法律服务，但现代律师的主要业务领域已向非诉讼事务和诉讼外纠纷解决扩展。除代理当事人参与谈判协商、调解和解、仲裁外，也可以作为中立第三方担任调解人、仲裁员。律师的纠纷解决专业化程度高，能够对纠纷解决的法律标准、结果、成本、效益作出相对理性的预测和判断，既能满足当事人的特定需要，也能节约解纷成本和司法资源。

第五，律师制度是现代人权保障事业的重要力量。当代社会律师在人权保障中具有重要的作用，包括：代表被害人参与追究违法犯罪；保障刑事被告人切实获得辩护的权利；对司法活动进行有效监督；通过法律援助帮助弱势群体和当事人利用司法诉讼程序解决纠纷，维护合法权益，实现平等的诉讼权利；推动公益诉讼和集团诉讼；通过质询、启动听证程序推动和监督政府依法行政等。

第六，各国律师制度、律师数量对法治的运行具有重要影响。一个国家的律师人数、组织结构和执业方式影响了该国的法律运行模式。律师人数多、作用大，说明一个国家对法律的依赖程度高，既能促进经济和市场的竞争力、保护社会成员权利，也可能产生刺激诉讼、降低当事人参与的负面作用。

四、中国律师制度的历史发展

中国律师制度的发展大致可以分为三个阶段。

（一）中国古代的法律职业

我国古代没有关于律师的记载，也没有律师的称谓。但存在提供法律服务的职业。在春秋时期的文献中，有以法律知识和辩论技巧为人代理诉讼的记载。元、明、清时期，国家允许为没有诉讼能力的当事人提供诉讼代理。在我国古代历史上，提供法律服务的职业称为"讼师"。"讼师"为当事人代写诉讼文书、提供法律咨询、打点官府等，提供"法律服务"。但由于讼师的行为和声誉不佳，成为诱发滥讼和恶意诉讼的要因，国家曾对其进行禁止和打压。讼师虽然起到了律师的某些作用，但其并不具备律师的社会地位。因此，可以说，我国古代历史上未真正承认过律师的作用，也未形成正式的律师制度。

（二）中国近代律师制度的产生和存续

1840年后，我国社会发生了巨大变化，逐渐成为半殖民地半封建社会。同时，变法图强的呼声也出现了。近代中国律师制度萌芽于清末变法，当时拟定的许多法律中都确认了律师的作用。辛亥革命后，南京临时政府起草了《律师法草案》。1912 年，北洋政府公布的《律师暂行章程》，是我国第一部正式实施的律师法，标志着中国近代律师制度的建立。南京国民政府时期曾制定、公布了多部关于律师的法律法规，使律师制度更加规范。当时为数不多的律师都集中在少数几个大城市。在共产党领导的革命根据地时期，实行过律师代理制度和辩护制度。

（三）新中国律师制度的建立和发展

新中国的律师制度是在继承和发展革命根据地时期的辩护制度和代理制度的基础上，逐步建立和发展起来的。在中华人民共和国成立初期，新中国在废除旧律师制度的同时，着手建立人民律师制度。1954 年《宪法》规定，被告人有获得辩护的权利。1954 年到 1957 年，全国 19 个省、自治区、直辖市，先后成立了律师协会和筹备机构，法律顾问处发展到 800 多个，专职律师发展到 2500 多人，兼职律师发展到 300 多人。1978 年党的十一届三中全会之后，随着社会主义民主与法制建设的发展，律师制度也得到了恢复和重建。1980 年 8 月，第五届全国人大常委会第十五次会议讨论通过了《律师暂行条例》，律师制度得以恢复。此后，律师制度得到了迅速发展。1992 年党的十四大提出建立社会主义市场经济体制的目标后，为了适应社会主义市场经济的要求，国家进一步加快了律师制度改革和发展的步伐。1996 年《律师法》的颁布，是我国律师制度发展史上的里程碑，标志着我国律师制度进入法制化的发展轨道。从此以后，我国律师业获得了迅速的发展。

2001 年 12 月，第九届全国人大常委会第二十五次会议审议通过了对《律师法》的修改，于 2002 年 1 月 1 日起施行。这次修改进一步提高了取得律师资格的条件，有利于律师整体素质的提高。2007 年 10 月 28 日，第十届全国人大常委会第三十次会议又通过了对《律师法》的再次修订，并于 2008 年 6 月 1 日起施行。

2012 年 3 月 14 日，第十一届全国人大第五次会议通过的《关于修改〈中华人民共和国刑事诉讼法〉的决定》，对我国刑事诉讼制度与程序进行了重大修改。其中涉及律师制度的内容包括：允许犯罪嫌疑人在侦查阶段聘请律师担任辩护人，并规定了律师在侦查期间的权利；将提供法律援助的时间由审判阶段扩大到侦查、审查起诉阶段；完善了辩护律师的会见权、阅卷权和调查取证权，赋予律师保密权、申诉或者控告权、申请变更强制措施权，以及辩护人涉嫌犯罪的侦查管辖及侦查机关的通知义务等。

2012年10月26日，第十一届全国人大常委会第二十九次会议通过了《关于修改〈中华人民共和国律师法〉的决定》，对《律师法》的多个条文进行修改，内容涉及律师业务范围，辩护律师的责任，辩护律师的会见权、阅卷权和保密权，以及辩护律师涉嫌犯罪侦查机关的通知义务等，与修改后的《刑事诉讼法》相衔接。

2017年9月1日，第十二届全国人大常委会第二十九次会议通过《关于修改〈中华人民共和国法官法〉等八部法律的决定》，对《律师法》多个条文进行修改，内容涉及国家统一法律职业资格考试、吊销律师执业证书的人的从业限制等。

截至2021年底，全国共有执业律师57.48万人。律师人数超过1万人的省（区、市）有22个，其中超过3万人的省（市）有7个（分别是广东、北京、江苏、上海、山东、浙江、四川)。[①]

经过不断建设，新中国律师制度呈现三个特点。第一，我国律师是社会主义司法制度的一部分，具有鲜明的特色。律师执业机构从最初的法律顾问处到国办所，发展为目前的多元化格局，经历过转型和发展的过程，制度建构已基本完成。第二，我国律师制度的历史较短，发展快，律师素质参差不齐。第三，法律职业资格和律师执业资格相分离。公民取得法律职业资格后，如果以律师名义执行业务，还必须经过法定程序领取律师执业证书。

第二节　律师执业制度

一、律师执业资格

律师资格，是指按照法律规定的条件和程序所获得的国家认可的专业法律从业资格。获得律师资格是成为律师的必经程序和法定条件，只有取得律师资

[①] 《2021年度律师、基层法律服务工作统计分析》，载司法部官方网站，http://www.moj.gov.cn/pub/sfbgw/zwxxgk/fdzdgknr/fdzdgknrtjxx/202208/t20220815_461680.html，最后访问日期：2023年10月15日。

格的人，才能以律师身份执行律师职务。一般而言，取得律师资格有两种模式。第一种是法律职业培养一元化模式，即律师与法官、检察官采用同样的资格条件和培训途径，在取得资格后，分别就任不同的法律职业，如法官、律师等。这种模式下，律师与法官具有大致相同的任职条件。第二种模式是专门化律师培养及资格准入模式，这种模式将律师与其他法律职业分开培养，各法律职业的任职条件不同，要求不同。在有的国家，律师是法律职业的基础，从事法律职业必须首先从律师开始，法官、检察官资格高于律师。

在我国，律师资格与律师执业资格既有联系，又相互区别。原则上，律师资格是一种专业资格，是律师行业的准入条件之一；而律师执业资格是一种营业资格，即开业和执业的许可，是以律师资格为前提并以实际从事律师职业为条件的。在大多数国家，律师资格和律师执业证书是统一的，同时二者又可以分离。在取得律师资格之后即使不从事律师业务，仍然可以保留其资格。我国采取律师资格和律师执业资格分离制度。取得律师资格，并不必然意味着可以获取律师执业证书，只有经过学习，司法行政机关经审核认为其能力可以从事律师执业的，才可以获得律师执业证书。

（一）律师资格的取得

在我国，通过国家统一法律职业资格考试即可获得律师资格。参加该考试需要具备相应的学历条件。2018 年 4 月 28 日公布的《国家统一法律职业资格考试实施办法》第 9 条规定了允许参加法律职业资格考试的学历条件，即具备法学类本科学历及学位，或法学硕士学历及学位，或法律硕士学历及学位，或非法学类本科学历但从事法律工作满 3 年。[1] 同时，该办法第 22 条规定了"老人老办法，新人新办法"。[2]

---

[1] 《国家统一法律职业资格考试实施办法》第 9 条第 5 项规定，具备全日制普通高等学校法学类本科学历并获得学士及以上学位；全日制普通高等学校非法学类本科及以上学历，并获得法律硕士、法学硕士及以上学位；全日制普通高等学校非法学类本科及以上学历并获得相应学位且从事法律工作满三年。

[2] 《国家统一法律职业资格考试实施办法》第 22 条规定，本办法实施前已取得学籍（考籍）或者已取得相应学历的高等学校法学类专业本科及以上学历毕业生，或者高等学校非法学类专业本科及以上学历毕业生并具有法律专业知识的，可以报名参加国家统一法律职业资格考试。

（二）律师执业证书的取得

律师执业证书是律师执业的有效证件和法定标志，取得律师资格的人员必须依法获得律师执业证书才能执业。申请律师执业证书必须符合一定的条件。根据我国《律师法》的规定，申请律师执业许可的条件包括：

（1）品行条件。拥护中华人民共和国宪法，品行良好。①

（2）资质条件。通过了国家统一法律职业资格考试，并且在律师事务所实习满1年。根据《国家统一法律职业资格考试实施办法》的规定，国家实行法律职业资格全国统一考试制度。

值得注意的是，符合条件的公民，还可以依据《律师法》第8条的规定通过考核获得执业律师资格。②

（3）消极条件。申请律师执业证书者，下列情形不予颁发律师证：无民事行为能力或限制民事行为能力；受过刑事处罚的（过失犯罪除外）；被开除公职或被吊销律师、公证员执业证书的。③ 根据相关规定，下列人员不能兼任律师工作：国家机关、公检法及公证员、保卫干部的现职人员；各级纪委、政法委的现职人员；各级人大办事机构工作人员；所在单位不允许兼职的。

（4）形式条件。申请律师执业，应当向设区的市级或直辖市的区人民政府司法行政部门提出申请，并提交下列材料：国家统一法律职业资格证书；律师协会出具的申请人实习考核合格的材料；申请人的身份证明；律师事务所出具的同意接收申请人的证明。④

对于兼职律师，需要具备一定的条件。《律师法》第12条规定："高等院校、科研机构中从事法学教育、研究工作的人员，符合本法第五条规定条件的，经所在单位同意，依照本法第六条规定的程序，可以申请兼职律师执业。"根据《律师法》的规定，在法学院校系、法学研究的单位从事法律教学、研究的人员具备下列条件的可以兼职从事律师职业：（1）具有律师资格；（2）所在单位允许；（3）在事务所实习满1年；（4）品行良好；（5）符合律师执业的其他

---

① 《律师法》第5条。

② 《律师法》第8条规定，具有高等院校本科以上学历，在法律服务人员紧缺领域从事专业工作满15年，具有高级职称或同等专业水平并具有相应的专业法律知识的人员，申请专职律师执业的，经国务院司法行政部门考核合格，准予执业。具体办法由国务院规定。

③ 《律师法》第7条。

④ 《律师法》第6条。

规定。

（三）律师执业的限制

根据《律师法》和其他相关规定，律师执业限制主要包括：（1）律师只能在一个律师事务所执业；[①]（2）不能以个人名义独立执业；（3）各级人民代表大会常务委员会组成人员任职期间不得执业；[②]（4）曾任法官、检察官的律师，从司法机关离任后2年内，不得担任诉讼代理人或者辩护人。[③]

二、律师执业机构

（一）概念

律师执业机构，是律师开展业务活动的工作机构，包括工作组织和场所。世界各国的律师执业机构名称不相同，有律师事务所、法律事务所、律师办公室、法律顾问处等。其组织形式和经营方式也各不相同。我国《律师法》第14条规定，"律师事务所是律师的执业机构"。这表明，在我国，律师事务所是组织律师从事执业活动，对律师行为进行规范管理的基础单位。律师执业受律师事务所指派，以律师事务所的名义进行。司法行政机关对律师的行政管理和律师协会的行业管理，是通过对律师事务所的管理来实现和落实的。

（二）律师执业机构的组织形式

目前存在的律师执业机构主要有以下三种类型。

第一种类型是个体或个人律师事务所。即由执业律师单独投资建立的、以个人或家庭所有的财产承担无限责任的律师执业机构。在律师制度发展初期，个体事务所是基本执业形式。随着律师业的发展，为了节约成本、扩大影响、加强律师间的合作，律师行业开始出现了各种联合营业的形式。这些形式包括：（1）以雇佣关系结合的事务所，即个体开业律师以雇佣关系聘请其他律师在其事务所工作；（2）联合营业，即若干个体事务所共同使用同一场所（办公室），分担行政费用开支，但每个个体在业务上不发生联系与合作；或者在一个场所同时建立多个事务所，各自分立，仅仅共同使用物质设施。

第二种类型是合伙律师事务所。即由个体联合的事务所发展而来的、按照

---

① 《律师法》第10条。
② 《律师法》第11条。
③ 《律师法》第41条。

合伙法律关系组成的律师执业机构，合伙人对律师事务所的财产实行共有，共同负责事务所的经营，对事务所的债务共担风险、承担无限连带责任。合伙制是现代西方国家事务所的主要形式，内部一般由合伙人、聘任律师、业务人员和行政辅助人员构成。在业务上，各合伙人独立运作，但也合作承担较大的业务项目；共同承担事务所的日常运营费用，同时各自负担个人独立的业务费用，如雇用秘书等。合伙律师事务所均设立代表人或主任对外代表事务所。合伙人一般分为普通合伙人和高级合伙人，聘用律师在律师事务所工作一定年限后可升任为合伙人。合伙人可以对事务所的利润进行分配，一般依据合伙人当年的工作业绩、案件受益、客户量和在事务所工作的年限等因素。聘用律师一般通过工资和奖金获得报酬。合伙制律师事务所一般采用合伙人民主管理的方式经营，并聘用行政主管管理日常行政工作。

第三种类型是大型律师事务所。大型律师事务所是为了适应经济全球化和法律事务国际化的趋势和需求发展起来的新型律师执业机构。一般来说，它集合了大量具有专业知识的优秀律师，形成了专业的互补与合作的规模优势和竞争力，在承办国际投资、国际贸易、跨国公司组建、国际技术转让法律服务方面能够发挥重要作用。目前，一些发达国家，都出现了这种大型律师事务所，且一些大型律师事务所在不同国家设立了若干分支机构，形成了跨国法律服务的格局。大型律师事务所的经营方式有合伙制和法人性质的律师公司两种形式。后一种执业形式已经为一些国家的法律所认可。例如，法国允许开业律师组成民法上的非商业性律师公司。但在有些国家不被允许。

（三）我国律师执业机构

1. 律师事务所的性质

我国《律师法》第14条规定，律师事务所是律师的执业机构。律师、律师执业机构、律师行业，这是一个国家律师业发展过程中的三个基本环节。在这三者的关系中，律师事务所凝合律师人才、开拓律师业务、经营律师经济收入和分配关系、配置律师资源，是支撑整个行业的中心环节。律师执业机构对律师从事业务工作，交流律师工作经验，维护律师的合法权益，以及对律师职业道德和职业纪律意识的提高，反映律师的意见和建议，促进律师制度的发展，都有着十分重要的意义。

律师事务所就其本质而言应属人合公司。律师事务所的基本元素是律师，律师事务所的核心也是律师，这不同于以"资合"为成立基础和运行条件的公司。律师事务所的成立不需要"资合"，律师业务活动的开展和律师事务所的运作依靠的是律师个人的知识和技能以及他们在社会中的名望和客户占有率。律师通过向当事人提供法律服务而获取相应的报酬。律师事务所成立时需要一定的资金，但这种资金只是开办经费，用于律师事务所租房、购置办公用品等。

2. 律师事务所的组织形式

我国律师事务所的组织形式包括以下几种。

第一，国资律师事务所。《律师法》第 20 条规定："国家出资设立的律师事务所，依法自主开展律师业务，以该律师事务所的全部资产对其债务承担责任。"国家出资是国资律师事务所的法定内涵，也是其区别于其他类型的律师事务所的根本特征。

第二，合伙律师事务所。合伙律师事务所是最通行的律师执业形式。1993年，国务院批准了《司法部关于深化律师工作改革的方案》，在这之后，合伙律师事务所得到迅速发展，已成为我国律师事务所的主要形式之一。1996 年，司法部发布了《合伙律师事务所管理办法》（已废止），对合伙律师事务所的有关问题作了具体规定。2008 年，司法部颁布了《律师事务所管理办法》，其后，分别于 2012 年、2016 年和 2018 年对之进行了修改。该办法规定，合伙律师事务所须由 3 名以上符合规定条件的律师自愿组合构成；合伙人共同出资、共负盈亏，财产归合伙人共同所有，合伙人对律师事务所的债务承担无限连带责任；合伙协议是律师事务所成立、存在的前提和基础。

第三，个人律师事务所。2002 年，我国首次批准建立个人律师事务所。2007 年修改的《律师法》正式肯定了这种形式。个人律师事务所的设立人是该所的负责人，对律师事务所的债务负无限责任。

三、律师管理体制

（一）概念和模式

律师管理体制，是指一个国家对律师行业及其活动的管理制度，包括律师资格的获得、律师执业许可、律师执业机构的开设和管理、律师行为规范等各个方面的管理。

根据管理主体的不同，律师管理可分为行政监管与行业自治管理两种模式。行政监管是由国家的司法行政机关主管。但各国的管理体制各有不同。律师行业自治的成熟程度和司法行政机关的职权范围等因素相关。行政监管又可以分为两种方式。第一，宏观规划和监管，即有关律师的基本制度均由法律明确加以规定，司法行政机关仅对律师的人数、规模进行整体规划，通过考试、法律教育规模进行调节，统一掌握律师培训的机构、职业准入标准和程序等，并通过律师行业组织对律师及其执业机构进行间接的监管。司法行政机关不具体负责律师行为的惩戒、管理、监督等，而由律师行业自治组织进行具体的管理。第二，微观和具体管理。根据法律授权，一些国家的司法行政机关具体承担许多律师管理职能，如组织考试，负责录用和培训律师，审核批准律师执业机构，律师注册，组织管理律师行业协会，对律师执业机构和律师执业行为进行监督、管理并追究行政责任等。

行业自治是由行业协会制定执业规则和道德规范，负责律师的业务培训和教育、资格管理、纪律惩戒等事务，调解处理会员之间及会员与当事人之间的纠纷，维护律师待遇和权利，开展律师界的联络与交流等，并将促进法律的公正实施和立法的完善作为奋斗的目标之一。律师协会可以分为两种模式。第一种是自愿模式。加入律师协会是律师的权利和自由，完全根据律师本人的自愿选择决定，律师协会的运行及影响力依靠其成员自身的维护和自律实现。这种方式的优点是高度自由，个别律师即使不加入律协、不接受其管理，也有权以律师身份执业；缺点是部分律师得不到行业协会的监管，仍需行政监管作为后盾。第二种是强制模式。在这种模式下，律师加入律师协会是一种法定义务。律师必须接受律师协会的管理，律协本身带有一定的行政指导性，如日本的辩护士联合会和我国的律师协会。这种模式的优点是使每一个律师都置于律协的管理控制下，有利于保证律师的整体素质和管理，并可以通过收费保证协会的日常财政支出。

一般而言，当代世界各国律师管理中都同时存在行政管理和行业自治两种因素。尽管行业自治已逐渐成为现代社会律师管理的主流，但为了避免行业保护倾向、维护社会公共利益，行政管理或调控仍然是必不可少的，尤其在自律能力及社会公信力较弱的情况下。从历史传统的角度看，社会主义国家律师管理通常以行政监管为主；大陆法系国家律师管理中行政因素相对较强，同时授权律师行业自治组织行使部分准行政功能；英美法系国家的律师自治历史悠久、影响大，是律师行业管理的主导因素，但律师也需要接受执业注册登记等行政监管。

（二）我国津师管理体制

20世纪80年代初我国实行单一司法行政管理体制，90年代初期律师机构改革实行司法行政机关管理为主，律师协会行业管理为辅的双轨制律师管理体制。双轨制的管理体制被1996年颁布的《律师法》确定了下来。1996年《律师法》第4条规定，"国务院司法行政部门依照本法对律师、律师事务所和律师协会进行监督、指导"，并分别规定了各级司法行政机关对律师行业的行政管理职权。第37条规定，"律师协会是社会团体法人，是律师的自律性组织"，并规定了律师协会的有关职责。据此，确立了一种以行政管理为主、以行业自治为辅的律师管理体制。

根据我国现行《律师法》和司法部规章的规定，司法行政机关对律师工作实行宏观管理，这主要包括制定发展规划、批准律师事务所的设立、授予律师资格、撤销律师资格、对律师机构进行组织建设和加强思想政治建设。

司法行政机关对律师机构的管理职能主要体现在以下几个方面：（1）核发律师事务所执业证书；（2）审批律师事务所的变更和解散；（3）审查律师事务所的年检报告；（4）对律师事务所进行处罚。

司法行政机关对律师管理体现在以下几个方面：（1）授予法律职业资格；（2）颁发律师执业证书；（3）评审律师专业职称；（4）负责律师执业证书的注册工作；（5）对律师进行惩戒等。

《律师法》第43条第2款规定："全国设立中华全国律师协会，省、自治区、直辖市设立地方律师协会，设区的市根据需要可以设立地方律师协会。"律师协会是律师的行业组织，是由律师和律师事务所组成的群众性社会团体。律师协会制定行业准则，维护律师合法权益。此外，律师协会还对律师进行培训，包括专业培训、职业道德、执业纪律等方面的培训，以确保行业的规范性。①

---

① 根据《律师法》第46条规定，律师协会应当履行下列职责：（1）保障律师依法执业，维护律师的合法权益；（2）总结、交流律师工作经验；（3）制定行业规范和惩戒规则；（4）组织律师业务培训和职业道德、执业纪律教育，对律师的执业活动进行考核；（5）组织管理申请律师执业人员的实习活动，对实习人员进行考核；（6）对律师、律师事务所实施奖励和惩戒；（7）受理对律师的投诉或举报，调解律师执业活动中发生的纠纷，受理律师的申诉；（8）法律、行政法规、规章以及律师协会章程规定的其他职责。律师协会制定的行业规范和惩戒规则，不得与有关法律、行政法规、规章相抵触。

四、律师收费制度

（一）概念

律师收费制度是指律师为其服务收取报酬的制度。律师收费制度是由律师的性质与职能决定的。作为提供法律服务的自由职业，律师本质上属于一种受法律服务市场调节的行业。律师有权为其提供的法律服务收取报酬，并可依案件的难度、工作量以及所提供服务的质量、水准收取不同的费用。

律师收费制度构成现代律师制度中的一个重要环节，发挥着调节律师职能、保证公民诉权平等和控制诉讼成本等作用。律师收费的意义在于可合理调节法律服务需要与诉讼成本的关系。律师收费一般受市场规律和供求规律调节。律师收费是诉讼成本的组成部分，具有限制滥诉、保证当事人理性解决纠纷的积极意义。但当事人是否聘请律师、聘请什么等级的律师取决于其需求和经济能力。经济实力的不同会导致公民在诉讼能力上的不平等。有鉴于此，国家通常需要对律师收费进行适当的调控，并通过法律援助或公职律师等方式进行弥补，保证当事人获得平等的诉讼权利。

（二）律师收费制度的主要方式

世界各国现有的律师收费方式可分为以下几种。

1. 计时收费制。即律师以小时为单位收费，每小时的收费标准，根据律师的资历、声望，以及案件的复杂程度、胜诉的可能性等确定。

2. 固定收费制，也称定价收费。即根据法律规定的收费标准，按照案件的类型、诉讼的不同阶段、工作量等收费。德国的律师诉讼费用采用固定收费制，由法律明文规定收费标准，分阶段收费，如果当事人在诉讼中达成和解，律师可以获得全部费用，以鼓励律师提高效率、促进和解。

3. 胜诉酬金制，也称风险代理，当事人不用先行支付律师费，在胜诉后律师按约定的比例从胜诉后获得的赔偿金中收取律师费；若败诉，则不收取任何费用。此种方式的有益之处在于，当事人不承担诉讼成本，有利于保护弱势当事人的利益。但是也存在一些弊端，律师获得的利润过高，成为利益主体，会产生律师唆讼的现象。因此，首先采用胜诉酬金制的美国，近年来也限制其适用范围，以避免其弊端。

4. 协商收费制，即当事人与律师协商确定费用。这种收费方式一般综合了多种因素，如律师水准、案件情况等。但是，协商往往在很大程度上受供求关系制约，存在一定的随意性，一般仍需要行业制定的收费标准作为基准。

5. 比例收费制。即按诉讼标的额确定收费标准，一般是在财产纠纷案件中采用，这种方式比较简单明了。但这一收费制度的缺点在于，诉讼的劳动投入并不是必然与标的额成正比。在有些案子里，这样的收费未必合理。

（三）我国现行律师收费标准

2006 年，国家发展和改革委员会、司法部印发了《律师服务收费管理办法》，规定律师服务收费实行政府指导价和市场调节价相结合的制度。据此，我国律师收费的方式主要有以下四种。（1）计件收费，一般适用于不涉及财产关系的法律事务，如法律咨询、制作法律文书、刑事案件和非财产民事案件等。（2）计时收费，可适用于全部法律关系。（3）按照标的额比例收费，主要适用于涉及财产关系的法律事务。（4）风险代理。办理涉及财产的民事案件时，委托人被告知政府指导价后，仍要求实行风险代理的，可以实行风险代理收费。但下列情形除外：婚姻、继承；请求给予社会保险待遇或者最低生活保障待遇的；请求给付赡养费、抚养费、扶养费、抚恤金、救济金、工伤赔偿的；请求支付劳动报酬的案件。禁止刑事诉讼案件、行政诉讼案件、国家赔偿案件以及群体性诉讼案件实行风险代理收费。这是因为，此类诉讼涉及当事人的基本权利，风险代理缺乏正当性。曾有律师以风险代理方式代理农民工工伤赔偿案件，胜诉后当事人拒付高额代理费，律师向代理人提起诉讼后未获法院支持。此外，实行风险代理收费，最高不得高于收费合同约定标的额的 30%。

五、律师职业道德

（一）律师职业道德的概念和特征

律师职业道德，是指从事律师职业的人所遵守的道德准则，以及在执行律师职务过程中应遵守的道德规范。这一概念包含以下两个方面的含义：一方面，律师职业道德约束的主体是律师。在我国，无论是专职律师还是兼职律师，都应遵守律师职业道德。另一方面，律师职业道德是有约束力的行为规范。若律师违反律师职业道德，律师协会可能依照会员处置办法进行处分；情节严重的，司法行政机关将予以处罚。

律师职业道德与其他各行各业的道德一样，受整个社会道德意识的影响，并具有律师职业的特点。总体来说，律师职业道德的特征如下。

第一，律师职业道德与一国的法律、政治联系密切。律师制度是国家法律制度的组成部分，受到一国政治经济制度的制约。律师的法律地位，对确定律师职业道德的性质和内容有重要的作用。国家的文化、习俗对律师职业道德也有一定的影响。

第二，律师职业道德与其他道德相比，具有强制性。道德主要是依靠内心信念、社会舆论、传统习惯来维系的，但律师职业道德不仅仅是靠这些维系。律师是法律工作者，律师职业道德关系着国家、集体和公民个人的利益，关系着律师的信誉。因此，律师职业道德通常在律师法中规定，并且有的国家还制定全国统一的律师职业守则、律师道德准则。律师法或律师道德准则中规定了所有律师应该遵守的职业道德，同时还规定了违反这些规则的惩戒条款。

第三，律师职业道德是提高律师素质、维护律师声誉的必要手段。律师职业道德不但在一定条件下影响着业务素质，而且它向律师提出了更高的标准和要求，倡导律师为人民服务和敬业奉献精神，强调律师的社会责任。这有利于律师自我约束，从而维护律师的职业声誉和良好的社会形象。

（二）我国律师职业道德的内容

我国律师道德规范、伦理规范主要包括：（1）法律，如《律师法》；（2）行政法规、规章，如最高人民法院和司法部共同制定的《关于规范法官和律师相互关系维护司法公正的若干规定》（2004 年）、《律师和律师事务所违法行为处罚办法》（2010 年）等；（3）律师协会规则，如《律师职业道德基本准则》（2014 年）、《律师职业道德和执业纪律规范》（2001 年修订）、《律师协会会员处分规则》（1999 年）、《律师执业行为规范（试行）》（2018 年）等。

在上述法律和文件里，包括大量与世界通行的律师职业伦理规则相同的规则（如规范律师的代理行为、与委托人的关系，律师的社会责任，律师收费制度等），也有一些根据中国特有的问题提出的行为规范。概括而言，我国律师职业道德主要包括以下内容。

第一，诚实守信、勤勉尽责，依据事实和法律，维护当事人合法权益，维护法律正确实施，维护社会公平正义。诚实守信、勤勉尽责是律师执业取得成功的基本要求。律师在执业中维护当事人利益，不偏离轨道和方向，维护法律尊严，才能使得国家利益、公共利益或当事人的合法权益不受到损害，实现维护社会公平、正义的目的。

第二，保守在执业活动中知悉的国家秘密、商业秘密，不得泄露当事人的隐私。国家秘密、商业秘密和个人隐私涉及国家或当事人的根本利益。律师应严格遵守国家保密法律和相关规定，无论在执业过程中，还是在执业之外获悉的国家秘密，律师都有义务严格保密。

第三，尊重同行，公平竞争，同业互助。律师和律师事务所不得阻挠或者拒绝委托人再委托其他律师和律师事务所参与同一事由的法律服务。律师不得在公众场合及媒体上发表贬低、诋毁、损害同行声誉的言论。在庭审中律师应相互尊重，不得使用侮辱性语言。在执业中，不得不正当竞争。例如，不得无正当理由，以同行业收费水平以下收费为条件吸引客户，或采用承诺给予客户、中介人、推荐人回扣、馈赠金钱财物等方式争揽业务。

第四，积极参与社会公益事业。律师应自觉履行社会责任，主动参与公益法律服务。律师应当积极参与党委和政府、司法行政机关和律师协会组织的公益法律服务活动。参与公益事业，能使律师职业获得社会公众的支持，同时也有利于提升律师自身的社会形象。

第三节　律师的权利、义务和责任

一、律师的权利

律师的权利，是指律师在执行职务时依法享有的权利。根据《律师法》和三大诉讼法等法律、法规的有关规定，我国律师在执业中主要有以下权利。

（一）阅卷权

《律师法》第34条规定："律师担任辩护人的，自人民检察院对案件审查起诉之日起，有权查阅、摘抄、复制本案的案卷材料。"《刑事诉讼法》第40条也作了相同的规定。据此，律师执行职务活动享有阅卷权，即有权在人民检察院、人民法院查阅、摘抄和复制与本案有关的全部诉讼文书和全部证据材料。查阅案卷是律师顺利开展刑事诉讼辩护、代理和民事、行政诉讼代理活动的必要手段。通过查阅案卷，可以达到掌握事实和证据、熟悉和了解案情的目的。

律师在查阅案卷时，应对本案的所有案卷材料进行认真仔细地查看和阅读，注意研究各种证据之间有无矛盾，所控事实是否存在，案件性质和危害结果是否严重。律师在查阅案卷时，一般首先查阅对方当事人提供的材料和证据，如辩护律师首先要查阅起诉书，了解起诉书的内容；民事原告的代理律师则可以通过阅卷了解被告答辩状的要点及主要依据。对于发现的疑点、矛盾和重点问题，律师可以进行摘录。摘录时要注意做到客观、全面，对被告人或当事人有利和不利的两个方面情况都应摘录，防止主观片面；要注意摘录原话，防止断章取义。

(二) 同犯罪嫌疑人、被告人会见和通信权

《律师法》第33条规定，律师担任辩护人的，有权持律师执业证书、律师事务所证明和委托书或者法律援助公函，依照刑事诉讼法的规定会见在押或者被监视居住的犯罪嫌疑人、被告人；辩护律师会见犯罪嫌疑人、被告人时不被监听。《刑事诉讼法》第39条规定，辩护律师可以同在押的犯罪嫌疑人、被告人会见和通信；辩护律师会见犯罪嫌疑人、被告人时不被监听。上述法律从实体和程序两个方面对律师同犯罪嫌疑人、被告人会见和通信的权利作了具体和明确的规定。

现行《律师法》《刑事诉讼法》关于"律师会见权"的规定有两大突破：一是律师会见犯罪嫌疑人、被告人不需要经过公安司法机关批准，只需持有"三证"（律师执业证书、律师事务所证明、委托书或者法律援助公函）即可，而且没有会见次数的限制；二是律师会见犯罪嫌疑人、被告人，不被监听。根据这样的规定，律师可以直接、充分、不受任何限制地行使自己依法享有的"会见权"，既有利于律师方便快捷地了解案情，顺利地开展辩护工作，又体现了对犯罪嫌疑人、被告人人权的尊重和保障，以及对无罪推定原则的贯彻执行，同时也是我国法律与国际刑事司法准则接轨的重要表现。

律师会见在押犯罪嫌疑人、被告人时，应遵守看管场所的有关规定，严防犯罪嫌疑人、被告人逃跑、行凶、自杀等事件的发生。会见结束后，要按看管场所规定的手续，将犯罪嫌疑人、被告人交看管人员收押。

律师会见犯罪嫌疑人、被告人以及与其通信，是做好辩护工作的前提条件。律师通过行使这一权利，可以发现有利于犯罪嫌疑人、被告人的线索和证据，揭露违法侦查的行为，从而为他们进行有效的辩护。

（三）调查取证权

调查取证权，是指律师办理法律事务，有权向有关单位、个人进行调查，收集有关证据材料。《律师法》第 35 条规定，受委托的律师根据案情的需要，可以申请人民检察院、人民法院收集、调取证据或者申请人民法院通知证人出庭作证；律师自行调查取证的，凭律师执业证书和律师事务所证明，可以向有关单位或者个人调查与承办法律事务有关的情况。《刑事诉讼法》第 41 条规定，辩护人认为在侦查、审查起诉期间公安机关、人民检察院收集的证明犯罪嫌疑人、被告人无罪或者罪轻的证据材料未提交的，有权申请人民检察院、人民法院调取。第 43 条规定，辩护律师经证人或其他有关单位和个人同意，可以向他们收集与本案有关的材料，也可以申请人民检察院、人民法院收集、调取证据，或者申请人民法院通知证人出庭作证；辩护律师经人民检察院或者人民法院许可，并且经被害人或者其近亲属、被害人提供的证人同意，可以向他们收集与本案有关的材料。而《律师法》则规定律师凭"两证"（律师执业证书和律师事务所证明）就可以直接行使调查取证的权利，这无疑既有利于律师全面收集与案件有关的证据，为实现实体公正奠定基础，也有利于保障控辩平衡，体现程序公正，实现有效辩护，切实维护犯罪嫌疑人、被告人的合法权益。

为保证律师自行调查取证的合法性和所获证据的可靠性，进行调查时应有 2 名以上律师；律师对当事人、证人进行询问的，应当制作询问笔录，并由询问人和被询问人签名或盖章；律师提取物证、书证的，可以要求持有人在律师开列的清单上签名或盖章。律师在调查过程中所做的记录不具有诉讼笔录的性质，所获得的证据材料只有经过法庭质证和调查核实后，才能作为合法的证据加以运用。

（四）拒绝辩护或代理权

律师在特定情况下，依法享有拒绝担任犯罪嫌疑人、被告人的辩护人或者诉讼案件以及其他法律事务的代理人的权利。《律师法》第 32 条第 2 款规定，律师接受委托后，无正当理由的，不得拒绝辩护或者代理。但是，委托事项违法、委托人利用律师提供的服务从事违法活动或者委托人故意隐瞒与案件有关的重要事实的，律师有权拒绝辩护或者代理。

有权拒绝辩护或代理不等于必须拒绝辩护或代理。律师行使拒绝辩护或代理权时要分清情况，区别对待，不应轻率行事。律师拒绝辩护或者代理的，须经律师事务所主任批准，因为委托人与律师事务所有委托合同关系。属于依法接受法律援助机构指派的辩护人拒绝辩护的，须经法律援助机构同意。

（五）有得到人民法院适当的开庭通知的权利

律师出庭参加诉讼，应有较充裕的时间做好出庭前的准备工作，以保证律师辩护或代理的质量，有效地维护当事人的合法权益。《刑事诉讼法》第 187 条第 3 款规定，人民法院确定开庭日期后，应通知辩护人、诉讼代理人，通知书至迟在开庭 3 日以前送达。《民事诉讼法》第 139 条规定，人民法院审理民事案件，应当在开庭 3 日前通知当事人和其他诉讼参与人。

（六）在法庭审理阶段享有的权利

法庭审理阶段是律师维护当事人合法权益，发挥律师职能作用的重要阶段，因此，律师在法庭审理阶段依法享有的权利也应当予以保障。《律师法》第 36 条规定，律师担任诉讼代理人或者辩护人的，其辩论或辩护的权利依法受到保障。根据《刑事诉讼法》《民事诉讼法》《行政诉讼法》的有关规定，在法庭审理中，律师为了履行职务，享有广泛的权利。概括起来，有以下几点。

（1）对法庭的不当询问拒绝回答权。人民法院审理案件，对于代理律师或辩护律师，不得询问其姓名、年龄、籍贯、住址和职业等。否则，律师有权拒绝回答。

（2）发问权。在法庭审理过程中，律师可以申请审判长对证人、鉴定人、勘验人和被告人发问，也可以经审判长许可，直接向以上人员发问。

（3）提出新证据的权利。在法庭审理过程中，律师有权提出新的证据，有权申请通知新的证人到庭，调取新的物证，申请重新鉴定或勘验。是否准许，由人民法院决定。

（4）质证权。在法庭调查阶段，律师对法庭或者对方当事人出示的物证和宣读的未到庭的证人的证言、鉴定人的鉴定意见、勘验笔录和其他作为证据的文书，有权提出自己的意见；对到庭的证人，有权进行质证。

（5）参加法庭辩论的权利。在法庭辩论中，控辩双方或原被告双方处于同等法律地位，辩论机会均等；律师有权发表辩护词或代理词，阐述自己对案件的看法，并与公诉人或对方当事人及其代理人或辩护人相互辩论。审判人员应当尊重和保障律师依法进行辩论的权利，不得随意限制律师辩论发言的时间，更不得违法责令律师退出法庭。

（6）申请对以非法方法收集的证据依法予以排除的权利。在法庭审理过程中，辩护律师有权申请人民法院对以非法方法收集的证据依法予以排除，并应当提供相关线索或者材料。

（七）在法庭上发表的代理、辩护意见不受法律追究的权利

我国是联合国《关于律师作用的基本原则》的签署国。《关于律师作用的基本原则》第20条规定："律师对于其书面或口头辩护时所发表的有关言论或作为职责任务出现于某一法院、法庭或其他法律或行政当局之前所发表的有关言论，应享有民事和刑事豁免权。"为履行国际公约，我国《律师法》第37条第2款第1句明确规定："律师在法庭上发表的代理、辩护意见不受法律追究。"这实际上是对律师在法庭上的代理或辩护的免责规定（亦称辩论/辩护豁免权），对于解除律师的后顾之忧，使其充分发挥职能作用具有十分重要的意义。为了防止律师滥用这一权利，该条第2款第2句规定："但是，发表危害国家安全、恶意诽谤他人、严重扰乱法庭秩序的言论除外。"

（八）代为上诉的权利

《刑事诉讼法》第227条规定，被告人的辩护人经被告人同意，可以提出上诉。《民事诉讼法》第62条规定，诉讼代理人提起上诉，必须有委托人的特别授权。因此，律师参加诉讼活动，在认为地方各级人民法院的一审判决、裁定有错误时，经当事人同意或授权，可以代其向上一级人民法院提起上诉，要求对案件进行重新审理。司法实践中，有些当事人明知裁判有误也不上诉，或担心上诉加刑而不敢上诉。在这种情况下，律师应当向当事人讲明道理，提出建议，如果当事人仍然坚持不上诉的，律师应尊重当事人的意愿，不能强迫当事人上诉。

（九）代理申诉或控告权

《律师法》第28条第4项规定，律师可以"接受委托，代理各类诉讼案件的申诉"。《刑事诉讼法》第14条第2款规定，诉讼参与人对于审判人员、检察人员和侦查人员侵犯公民诉讼权利和人身侮辱的行为，有权提出控告。第38条规定，辩护律师在侦查期间可以代理申诉、控告。据此，律师可以接受当事人的委托，代理其对业已生效但确有错误的刑事、民事和行政诉讼裁判，向人民法院或者人民检察院提出申诉，要求按照审判监督程序进行重新审理；也可

以在刑事诉讼过程中，接受犯罪嫌疑人、被告人的委托，对审判人员、检察人员和侦查人员侵犯公民诉讼权利和人身侮辱的行为，向有关主管机关提出申诉或控告，以维护犯罪嫌疑人、被告人的合法权益。

二、律师的义务

律师的义务是指律师在执业活动中应当履行的职责和应当遵守法定行为规范的责任。根据《律师法》和相关行政法规、规章的规定，律师的义务主要包括以下几个方面。

第一，维护当事人合法权益的义务。这是律师全部义务的核心和律师全部业务活动的宗旨。律师的其他一切义务都是从这一义务延伸而来的。维护当事人的合法权益，既是律师的基本使命，也是律师的根本职责和执业的基本原则。

第二，律师应当在一个律师事务所执业，律师有不得同时在两个以上律师事务所执业的义务。我国法律规定，律师事务所是律师的基本执业组织，每个律师必须加入而且只能加入一个律师事务所执业。《律师法》第 10 条第 1 款规定："律师只能在一个律师事务所执业。律师变更执业机构的，应当申请换发律师执业证书。"

第三，公平竞争义务。《律师法》第 26 条规定："律师事务所和律师不得以诋毁其他律师事务所、律师或者支付介绍费等不正当手段争揽业务。"律师的不正当竞争是危害律师业健康发展的主要因素之一。常见的不正当竞争手段主要有贬损同行、压价收费、支付回扣等手段。世界各国为了保护律师业的健康发展，均制定了保护律师业公平竞争的规则。为了加强律师业的反不正当竞争，司法部在 1995 年 2 月 20 日发布了《关于反对律师行业不正当竞争行为的若干规定》（以下简称《规定》）。该规定明确宣示，制定《规定》的目的就是鼓励和保护律师、律师事务所之间的公平竞争，维护律师行为的正常执业秩序。《规定》要求，律师以及律师事务所的执业行为必须遵循公平、平等、诚实、信用的原则，遵守律师职业道德和执业纪律，遵守律师行业公认的执业准则，并鼓励和保护一切组织和个人对律师执业不正当竞争行为进行监督。

第四，保密义务。《律师法》第 38 条第 1 款规定："律师应当保守在执业活动中知悉的国家秘密、商业秘密，不得泄露当事人的隐私。"据此规定，律师的保密义务是指律师负有的不得泄露在执业活动中知悉的国家秘密、商业秘密以及当事人的隐私的法律责任。保密义务是律师在执业活动中必须遵循的最基本的法律义务。律师遵循保密义务是取得当事人信任的基本前提。律师与当事人之间的关系是委托与被委托的关系，而这种关系的基础和前提就是相互信任。律师在执业活动中不可避免地要接触和知悉当事人的商业秘密和其他隐私秘密。如果律师不保守秘密就会失去当事人的信任。律师保守当事人的秘密也是维护当事人合法权益的需要。律师的天职就是维护当事人的合法权益。律师只有能够保守当事人的秘密才能够履行保护当事人合法权益的职责。此外，律师在执业活动中，还有接触到国家秘密的可能，律师必须保守在执业活动中接触到的国家秘密，否则将损害国家利益。

第五，不得在同一案件中担任双方代理人的义务，不得代理与本人或者其近亲属有利益冲突的法律事务。《律师法》第 39 条规定："律师不得在同一案件中为双方当事人担任代理人，不得代理与本人或者其近亲属有利益冲突的法律事务。"在同一案件中双方当事人的利益是相互冲突的，律师如果在同一案件中担任双方代理人，就使律师失去了维护当事人合法权益的基本条件，很容易形成恶意代理，从而损害当事人的合法权益。同时，律师代理与本人或者其近亲属有利益冲突的法律事务，也必然产生利益和角色的冲突。

第六，律师在执业过程中的其他义务。《律师法》第 40 条规定："律师在执业活动中不得有下列行为：（一）私自接受委托、收取费用，接受委托人的财物或者其他利益；（二）利用提供法律服务的便利牟取当事人争议的权益；（三）接受对方当事人的财物或者其他利益，与对方当事人或者第三人恶意串通，侵害委托人的权益；（四）违反规定会见法官、检察官、仲裁员以及其他有关工作人员；（五）向法官、检察官、仲裁员以及其他有关工作人员行贿，介绍贿赂或者指使、诱导当事人行贿，或者以其他不正当方式影响法官、检察官、仲裁员以及其他有关工作人员依法办理案件；（六）故意提供虚假证据或者威胁、利诱他人提供虚假证据，妨碍对方当事人合法取得证据；（七）煽动、教唆当事人采取扰乱公共秩序、危害公共安全等非法手段解决争议；（八）扰乱法庭、仲裁庭秩序，干扰诉讼、仲裁活动的正常进行。"这些法律义务是为了保证律师在执业活动中保持清正廉洁、保证司法公正而必需的。在市场经济条件下，律师行业内部存在腐败现象。律师业要健康发展，必须要求律师在执业活动中，一方面要保持自身廉洁，另一方面要为遏制司法腐败作出自身的努力，承担相应的法律义务。

第七，律师在接受国家和行业监督管理上的义务。根据《律师法》的有关规定，律师在接受管理方面的义务主要包括依法纳税义务和加入律师协会的义务。就依法纳税义务而言，这是所有公民的义务。对于行业收入水平相对较高的律师而言，强调依法纳税义务尤其重要。对于不依法纳税的律师和律师事务所，要按照国家税法的有关规定，追究行政责任，甚至刑事责任。此外，律师协会是律师的行业自律性自治组织。为了有效对律师进行行业管理，《律师法》第45条规定："律师、律师事务所应当加入所在地的地方律师协会，加入地方律师协会的律师、律师事务所，同时是全国律师协会的会员。律师协会会员享有律师协会章程规定的权利，履行律师协会章程规定的义务。"

第八，法律援助义务。为了保证司法公正，保证所有人均能得到法律的保护，我国已经建立了法律援助制度。律师作为法律服务市场的主力军，也是向社会提供法律援助的主力军。《律师法》第42条规定："律师、律师事务所应当按照国家规定履行法律援助义务，为受援人提供符合标准的法律服务，维护受援人的合法权益。"

三、律师的责任

为了规范律师业的发展，应当建立和完善律师执业法律责任制度。法律责任是指法律关系主体违反法律规定而应当承担的否定性法律后果。根据法律关系主体违反法律规定的性质不同，法律责任可以分为刑事责任、民事责任和行政责任。律师在执业活动中，由于违反法律规定或者违反与当事人之间的约定，要承担相应的法律责任。

（一）律师的刑事责任

律师作为特殊主体，在执业活动中的刑事责任集中反映在《刑法》第306条中。《刑法》第306条第1款规定："在刑事诉讼中，辩护人、诉讼代理人毁灭、伪造证据，帮助当事人毁灭、伪造证据，威胁、引诱证人违背事实改变证言或者作伪证的，处三年以下有期徒刑或者拘役；情节严重的，处三年以上七年以下有期徒刑。"

虽然近几年，法学界和律师界有观点认为应废除《刑法》第306条，但是，应当看到，我国《刑法》第306条规定是有刑法理论依据的。任何一种行为是否在《刑法》规定中入罪，主要是由这种行为的社会危害性所决定的。我们不能否认，极少数素质极差的执业律师，在刑事诉讼中确实存在"毁灭、伪造证据，帮助当事人毁灭、伪造证据，威胁、引诱证人违背事实改变证言或者作伪证"的情况。如果出现这种情况，将对国家的司法活动造成极大危害，使应当受到刑事追究的人逃避法律的制裁。这种行为与司法人员在办理案件过程中的刑讯逼供、枉法裁判等行为的社会危害性是一样的，都侵犯了刑法所保护的社会秩序，应当受到刑事制裁。

（二）律师的民事责任

律师事务所与委托人之间存在委托合同法律关系。根据《民法典》的基本原则，律师事务所与委托人之间的地位是平等的，律师事务所及其律师应当按照诚信的原则，尽职尽责地履行委托合同约定的义务，为委托人提供有效的法律服务，维护委托人的合法权益。如果律师在履行职务的过程中，违反了合同约定的义务，侵犯委托人或者第三人的合法权益，就应当按照民法以及有关法律的规定，承担相应的民事责任。对于律师执业活动中的民事赔偿责任，《律师法》第54条已经有十分明确的规定。律师违法执业或者因过错给当事人造成损失的，由其所在的律师事务所承担赔偿责任。律师事务所赔偿后，可以向有故意或者重大过失行为的律师追偿。

关于律师在执业活动中的民事赔偿责任，在性质上属于侵权责任还是违约责任，在理论界认识上还有争议。确定法律责任的性质，在于承担法律责任的事实基础，不同的民事法律事实产生的民事法律责任的性质是不同的。律师提供法律服务的范围和方式是非常广泛且复杂的，既有诉讼业务，也有非诉讼业务，既有普通的委托事项，也有复杂的委托事项，律师在执业活动中的民事赔偿责任产生的前提条件，虽然都有委托合同作为基础，但是律师的执业行为却不是单一的。律师执业行为中产生的不同法律事实，决定着不同性质的民事责任。根据不同的民事法律事实，律师在执业活动中的民事赔偿责任可以划分为违约责任和侵权责任。违约责任与侵权责任的区别就在于，产生民事责任的律师执业行为是否属于委托协议中所约定处理法律事务的范围。如果律师事务所及律师没有履行合同约定的为委托人提供法律服务的义务，则属于违约责任的范畴。如果律师事务所及律师所实施的行为已经超出委托协议约定的范围，并给委托人和第三人造成损害的，则构成侵权，应当承担侵权责任。

（三）律师的行政责任

如同律师的民事责任的责任主体包括律师和律师事务所一样，律师的行政责任中的责任主体也包括律师和律师事务所。律师的行政责任，是指律师和律师事务所违反法律法规、律师职业道德与执业纪律而应当承担的行政法律后果。为了规范律师执业行为，建立良好的律师执业秩序，我国历来重视对律师执业的管理和规范，不断完善律师行政责任制度。目前针对律师和律师事务所的行政处罚，主要体现在《律师法》和 2010 年 4 月 8 日司法部颁布的《律师和律师事务所违法行为处罚办法》中，该办法自 2010 年 6 月 1 日起施行。

《律师法》第 47 条规定，律师有下列行为之一的，由设区的市级或者直辖市的区人民政府司法行政部门给予警告，可处 5000 元以下的罚款；有违法所得的，没收违法所得；情节严重的，给予停止执业 3 个月以下的处罚：（1）同时在 2 个以上律师事务所执业的；（2）以不正当手段承揽业务的；（3）在同一案件中为双方当事人担任代理人，或者代理与本人及其近亲属有利益冲突的法律事务的；（4）从人民法院、人民检察院离任后 2 年内担任诉讼代理人或者辩护人的；（5）拒绝履行法律援助义务的。第 48 条规定，律师有下列行为之一的，由设区的市级或者直辖市的区人民政府司法行政部门给予警告，可以处 1 万元以下罚款；有违法所得的，没收违法所得；情节严重的，给予停止执业 3 个月以上 6 个月以下的处罚：（1）私自接受委托、收取费用，接受委托人财物或者其他利益的；（2）接受委托后，无正当理由，拒绝辩护或者代理，不按时出庭参加诉讼或者仲裁的；（3）利用提供法律服务的便利牟取当事人争议的权益的；（4）泄露商业秘密或者个人隐私的。第 49 条规定，律师有下列行为之一的，由设区的市级或者直辖市的区人民政府司法行政部门给予停止执业 6 个月以上 1 年以下的处罚，可以处 5 万元以下的罚款；有违法所得的，没收违法所得；情节严重的，由省、自治区、直辖市人民政府司法行政部门吊销其律师执业证书；构成犯罪的，依法追究刑事责任：（1）违反规定会见法官、检察官、仲裁员以及其他有关工作人员，或者以其他不正当方式影响依法办理案件的；（2）向法官、检察官、仲裁员以及其他有关工作人员行贿，介绍贿赂或者指使、诱导当事人行贿的；（3）向司法行政部门提供虚假材料或者有其他弄虚作假行为的；（4）故意提供虚假证据或者威胁、利诱他人提供虚假证据，妨碍对方当事人合法取得证据的；（5）接受对方当事人财物或者其他利益，与对方当事人或者第三人恶意串通，侵害委托人权益的；（6）扰乱法庭、仲裁庭秩序，干扰诉讼、仲裁活动的正常进行的；（7）煽动、教唆当事人采取扰乱公共秩序、危害公共安全等非法手段解决争议的；（8）发表危害国家安全、恶意诽谤他人、严重扰乱法庭秩序的言论的；（9）泄露国家秘密的。律师因故意犯罪受到刑事处罚的，由省、自治区、直辖市人民政府司法行政部门吊销其律师执业证书。

四、小结

律师是指依法取得律师资格，为社会提供法律服务的执业人员，属于法律职业群体的重要组成部分。律师职业具有司法职业和自由职业的双重性质。律师的业务范围一般由法律加以明确规定，作为辩护人和代理人参与诉讼是律师最重要的职能。

律师制度在现代法治社会中的意义主要有以下几个方面：律师制度是民主与法治的重要保障；律师制度是司法程序公正、高效运行的重要条件；律师制度是市场经济运行和社会自治不可缺少的中介；律师制度是现代社会纠纷解决机制中的重要组成部分；律师制度是现代人权保障事业的重要力量；各国律师制度、律师数量对法治的运行具有重要影响。

我国采取律师资格和律师执业资格分离制度。律师资格的取得包括品行条件、学历条件、资质条件。我国律师事务所的组织形式包括以下几种类型：国资律师事务所、合伙律师事务所、个人律师事务所。

根据我国《律师法》的规定，我国执业律师享有阅卷权，同犯罪嫌疑人、被告人会见和通信权，调查取证权，拒绝辩护或代理权，有得到人民法院适当的开庭通知的权利等。同时，律师应当履行一定的义务，包括维护当事人合法权益的义务、公平竞争义务、保密义务等。

第七章　中国公证制度

第一节　公证制度概述

一、公证制度的概念与特征

公证制度起源于古罗马。在罗马共和国末期，由于罗马法的繁杂及其明显的社会效果，再加上形式主义诉讼程序观念的不断强化，社会上出现了大量"Berufsschreiber"（职业代书人），他们是为有需要的人提供法律服务的代书人，这类代书人不仅能够代书不同形式的法律文书，同时也可以作为证人在文书上署名作证。这种代书人制度就是古代公证制度的雏形，也是现代公证人制度的真正源头。

公证，是指公证机构依据自然人、法人或其他组织的申请，依照法定程序对民事行为、有法律意义的事实和文书的真实性与合法性进行证明的活动。可见，公证是一项特殊的证明活动，其目的就是预防纠纷，在自然人、法人或者其他组织的权益尚未受到损害的时候，通过证明的方法来预防和减少纠纷。公证的主体主要包括公证机构和公证当事人，还可能涉及利害关系人、见证人、鉴定人等。公证机构，是指依法设立，不以营利为目的，依法独立行使公证职能、承担民事责任的证明机构。公证当事人，是指与公证事项有法律上的利害关系并以自己的名义向公证机构提出公证申请，在公证活动中享有权利和承担义务的自然人、法人和其他组织。

公证制度是我国社会主义司法制度的重要组成部分，是一项以预防为理念的司法证明制度。公证制度，是指有立法权的国家机关为规范公证活动，保障公证机构和公证员依法履行职责，预防纠纷，保障自然人、法人或者其他组织的合法权益，通过立法对公证活动进行调整和规制所形成的一项法律制度。作为国家法律制度的有机组成部分，公证制度具有以下几个特点。

第一，公证制度是一项非诉讼的司法制度。公证活动体现国家意志，是一个国家或地区司法制度的重要组成部分，许多国家的公证机构归属于司法机关，如英国归"特许法院"，法国归检察机关。因此，公证制度具有某些司法性的特点。但公证行为本身并不是一项诉讼活动，其与诉讼活动有着明显区别，公证机关出具的公证文书只是在诉讼等活动中具有特定的法律效力或证据效力。

经过公证的民事法律行为、有法律意义的事实和文书，司法机关、仲裁机构、行政机关及其登记部门应将其作为认定案件事实的根据。

第二，公证制度是一项事前预防性的司法证明制度。通常的司法制度都是以事后处理为主要的规范内容，而公证是当事人的权益未受到损害或者未与他人发生争议之前，经当事人申请，由公证机构对相关事项进行证明，从而达到预防纠纷发生、维护当事人合法权益的目的，这对于预防违法行为的发生和降低交易的风险、保障交易安全有着十分重要的现实意义。可见，公证制度具有预防纠纷、减少诉讼的社会功能。当然，公证制度在某种程度上也具有解决纠纷的功能，如公证调解、赋予债权文书强制执行力的公证等，但预防性仍是公证制度的主要特性。

第三，公证制度是一项程序性法律制度。公证是一项公信力极高的证明活动，经公证的事项在纠纷解决机制中属于免证的事项，即没有相反的证据足以推翻的，就认定该事项为真。公证制度的目的在于规范公证活动，也就是对公证活动参加人的行为予以规范。正因如此，必须认真对待公证过程，为其设定严格的程序性规范。如果公证没有按照法律规定的程序进行，即程序存在瑕疵，则其结果也就失去相应的法律效力。我国《公证法》《公证程序规则》等法律法规详细规定了办理公证的原则、当事人的权利、公证申请与受理、公证效力、公证救济程序等，这些内容充分体现了公证制度的程序性特点。

二、中国公证制度的历史沿革

公证是一项古老的法律制度，是商品经济发展的产物。在我国，公证是由"私证"演变而来的。公证活动的萌芽可以追溯到西周，这是我国古代奴隶制经济发展最为繁盛的时期，也是古典商品经济的活跃时期，它自发地存在中国古代早期的财产流转和商品交易行为。在当时的社会经济活动中，也出现了所谓的"质人、质剂、质工商"。比如，井田交易必须接受官方监管，对地界的勘查，只有在官员现场公证监督的情况下，土地交易才被认为是合法有效的。最早充当公证人的是诸如司马、司徒、司空等司法行政官员。除此之外，金文法还规定了"书于丹图""铭于宝器""执左藏官"的公证档案保管制度。①

我国引进西方公证制度始于民国初年。1912 年，北洋政府颁布的《登记条

---

① 肖文、邹建华、毕宜才：《中国古代公证》，载《中国公证》2003 年第 2 期。

例》中第一次使用了"公证"一词。1920 年，东三省特区法院率先推行公证制度，沿用俄国旧制。1922 年，北洋政府颁行的《登记通则》规定："经过登记的民商事法律行为或其他事实、不动产权利、法人或其他民商事团体以及其他依法令应予登记者，经登记后受法律保护，具有完全的公证力。"① 1935 年，南京国民政府司法院颁布了《公证暂行规则》，这是我国历史上第一个公证法规，也是我国建立现代公证制度的起点，该规则基本上移植了日本的公证制度。1936 年，南京国民政府司法行政部公布《公证暂行规则施行细则》。1943 年，南京国民政府公布了《公证法》，南京国民政府司法行政部随后公布了《公证法施行细则》，较为完备的公证制度在我国建立起来。此后，公证法规有过几次修正，但变化都不大。

新中国的公证制度最早可以追溯到 1949 年之前。早在 1946 年，在成立哈尔滨市人民法院时，就开始办理公证事务。此后，一些先行解放的城市，如天津、上海、南昌等，也陆续在人民法院中设置公证处或指定审判员负责公证事务。新中国成立后，公证制度伴随着中国的法制进程也是一波三折，其发展大致可以分为以下四个阶段。

第一阶段，新中国公证制度的创建阶段。新中国成立后，我们废除了国民政府一系列的司法制度，其中就包括民国时期建立的公证制度。1951 年，中央人民政府司法部指示各大行政区司法部积极领导所属的人民法院开办公证业务。② 同年 9 月，中央人民政府委员会颁布的《人民法院暂行组织条例》明确规定，县、市、市辖区人民法院管辖"公证及其他法令所定非讼事件"。这是中华人民共和国第一个有关公证制度的法律文件。这时的公证组织主要建在人民法院内部。1953 年 4 月，司法部等有关部门起草了《关于建立与加强公证工作的意见》，随后陆续出现独立的公证处。1955 年，第一次全国性的公证工作会议召开，就公证制度的建立和完善进行了较为充分的探讨。1956 年，司法部提出《关于开展公证工作的请示报告》，并经国务院批准，在全国各地设立不同级别的国家公证机关。至此，新中国的公证制度初具规模。

第二阶段，公证制度发展停滞和削弱时期。1959 年，随着司法行政机关被取消，各地公证机关也先后被撤销，公证业务几乎停滞。除因国际惯例由少数

---

① 谭世贵主编：《中国司法制度》（第 4 版），法律出版社 2016 年版，第 345 页。
② 任永安、卢显洋著：《中国特色司法行政制度新论》，中国政法大学出版社 2014 年版，第 352 页。

几个大中城市和沿海侨乡的县人民法院兼办少量发往域外适用的公证书外，全国停止受理公证事务。

第三阶段，公证制度的重建和发展时期。1978 年召开的党的十一届三中全会强调加强社会主义法制建设，司法部得以恢复，公证制度也迎来了新的春天。1980 年 2 月，司法部发出了《关于逐步恢复国内公证业务的通知》，随后于 3 月又发出了《关于公证处的设置和管理体制问题的通知》，明确规定："在直辖市、省辖市、县设公证处；暂不设公证处的市、县，由所在地的基层人民法院设公证员（或由审判员兼）办理公证业务。"1982 年 4 月，国务院颁布《公证暂行条例》，对公证的性质、业务范围、公证组织机构、公证员条件、公证管辖、公证程序等都作了明确规定。这是新中国第一部关于公证的正式法规，在我国公证制度史上具有划时代的意义，标志着公证制度建设成为我国法制建设的重要组成部分，也标志着我国公证制度由此进入了一个全新的发展阶段。此后，为配合条例的实施，同时也为了解决公证实践中不断出现的新问题，进一步规范公证活动，司法部颁发了《公证书格式》《公证程序规则（试行）》等配套文件。

随着我国改革开放的不断深入以及法治建设的不断推进，特别是 1999 年将"依法治国，建设社会主义法治国家"写入宪法，对公证业务也提出了新的要求。20 世纪 90 年代中期开始，我国推行有中国特色的市场经济体制，社会结构发生了巨大变化，社会主体之间的利益关系日趋复杂，利益冲突变得更加尖锐。在这样的大背景下，为了适应社会发展，进一步推进我国公证制度的发展与完善，2000 年 8 月，经国务院批准，司法部印发了《关于深化公证工作改革的方案》，该方案明确提出，要积极、稳妥地推进公证工作改革，并确定到 2010 年初步建成与社会主义市场经济体制相适应的中国特色社会主义公证制度的目标。2005 年 8 月 28 日，第十届全国人大常委会第十七次会议审议通过了《公证法》，对我国的公证制度从公证机构的性质、公证机构的执业区域、公证员的任职、公证机构和公证员的法律责任等方面作了系统的规定。该法的颁布施行，进一步奠定了我国公证工作的法律基础，在我国公证制度和公证事业发展史上具有里程碑意义。

第四阶段，公证制度的新发展。党的十八大以来，全国公证行业深入贯彻实施《公证法》，努力开拓公证法律服务领域，大力加强公证工作法治化、规范化和信息化建设，积极依法推进各项公证改革发展任务，在服务国家经济社会持续健康发展、增强公证公信力以及公证队伍建设等方面取得了显著成绩，中国公证事业进入了稳步发展的新时期。公证工作主要取得以下成绩①：

一是公证职能作用日益彰显，公证公信力不断增强。公证法律服务呈现出全方位、多层次拓展的态势，多年来年均办证量保持在 1000 多万件，公证书发往全球 180 多个国家和地区使用，为服务国家经济社会发展，服务保障和改善民生，促进社会公平正义，维护社会和谐稳定以及促进对外开放作出了积极贡献。通过进一步完善公证公信评价机制、监督机制、失信惩戒机制，发挥公证工作在促进严格执法、公正司法、全民守法等方面的重要作用。

二是公证法治保障更加完备，公证行业规范制定工作不断强化。以《公证法》为核心的法律法规、配套规章和行业规范体系初步形成并得到深入贯彻实施，中国特色社会主义公证制度日益健全，公证工作的法制化、规范化程度明显提高。

三是公证队伍综合素质不断提升，公证工作管理水平不断提高。公证员队伍规模稳步增长，队伍结构进一步优化，思想政治素质、业务能力素质和职业道德素质不断提升。公证管理监督手段更加多样丰富，公证行风建设得到加强，执业秩序持续好转，公证社会形象不断改善。

三、公证的基本原则

公证的基本原则，是指公证主体在进行公证活动时必须遵循的根本准则，它不仅是公证机构办理公证业务时应遵循的准则，也是公证当事人和其他参与人进行公证活动时必须遵守的行为规则，其效力渗透在公证立法之中，贯穿于公证程序的各个环节。与具体制度和程序相比，公证的基本原则具有概括性、指导性、基本性等特征，它集中体现了《公证法》的根本内容和精神实质，是克服法律局限性的武器，是整个公证工作顺利开展的支撑和根本保障。②

公证的基本原则具体包括哪些，学者之间有着不同的见解，观点纷呈。根据《公证法》《公证程序规则》等规定，我们认为，公证有以下几项基本原则。

---

① 周斌：《努力推动中国公证事业向前发展——访第八届中国公证协会会长郝赤勇》，载《中国公证》2017 年第 3 期。

② 谭世贵主编：《中国司法制度》（第 4 版），法律出版社 2016 年版，第 358 页。

（一）真实合法原则

真实合法原则是公证工作必须遵循的首要原则，具体包括真实原则和合法原则。《公证法》第2条明确规定："公证是公证机构根据自然人、法人或者其他组织的申请，依照法定程序对民事法律行为、有法律意义的事实和文书的真实性、合法性予以证明的活动。"

真实原则又称客观原则，是指公证机构和公证员在办理公证业务时必须以客观存在的、真实的材料为依据，不得主观臆断，也要求证明对象是能被人们认识并能揭示出本质的事物。真实原则是公证活动的灵魂，只有真实的公证文书才能发生应有的法律效力。对于真实原则，《公证法》第3条明确规定："公证机构办理公证……坚持客观、公正的原则。"真实原则包含两层含义：一是公证证明的内容，是以客观存在的事实，并为公证机关查证属实的事实为基础；二是公证员办理公证时，必须以客观、真实的证明材料为依据，要对当事人申请公证的事项和提供的材料从法律和事实两个方面进行调查核实，不得在缺乏证明材料的情况下任意公证。

合法原则，是指公证机关必须按照法律、法规、规章的要求办理公证，不得有违法公证的情形。《公证法》第3条明确规定："公证机构办理公证，应当遵守法律……"公证的合法原则，不仅要求证明对象是合法的，也要求作为公证法律关系主体之一的公证机构及其公证行为是合法的。此外，还要求公证程序必须是合法的，即公证的办理必须严格按照法律规定的程序进行。严重违反法定程序作出的公证文书不具有法定的效力，不产生预期的公证效果。

（二）直接原则

直接原则，是指公证机构办理公证事务时，必须由公证员亲自接待当事人，听取当事人和相关人员的陈述，亲自审查公证事项的内容和其他有关的全部材料，依据事实、法律、感受和经验，确认申请公证的事项是否真实、合法，是否符合公证的要求，最后作出出具公证书或拒绝公证、终止公证的决定，并对由此引发的法律后果承担责任。《公证程序规则》第5条规定："公证员受公证机构指派，依照《公证法》和本规则规定的程序办理公证业务，并在出具的公证书上署名。依照《公证法》和本规则的规定，在办理公证过程中须公证员亲自办理的事务，不得指派公证机构的其他工作人员办理。"这一原则要求公证员应当亲自接待公证当事人、利害关系人和其他参与人，当面听取他们的陈述；

亲自阅读案件的相关材料；需要调查核实的，也应由公证员自己来完成。当然，这一原则并不是要求公证员对承办的所有公证事项都事必躬亲，在法律允许的范围内，公证员可以授权或委托其他人员办理与该公证事项有关的具体工作，但承办公证员必须对其授权或委托行为承担法律责任。

（三）保密原则

保密原则，是指公证人员及相关人员就办理公证过程中所接触到的国家秘密、商业秘密、个人隐私，负有保守秘密、不向他人和外界泄露的义务。保密原则是由公证业务的性质和内容所决定的。为保证公证活动的正常进行，国家允许公证机关查阅当事人有关档案资料，如果公证人员不保守秘密，就完全有可能导致严重危害当事人合法权益的严重后果。《公证法》第 13 条规定，公证机构不得有"泄露在执业活动中知悉的国家秘密、商业秘密或者个人隐私"的行为；第 23 条规定，公证员不得有"泄露在执业活动中知悉的国家秘密、商业秘密或者个人隐私"的行为。《公证程序规则》第 6 条规定："公证机构和公证员办理公证，不得有《公证法》第十三条、第二十三条禁止的行为。公证机构的其他工作人员以及依据本规则接触到公证业务的相关人员，不得泄露在参与公证业务活动中知悉的国家秘密、商业秘密或者个人隐私。"贯彻保密原则能够保护国家利益和当事人的合法权益，同时也能增强当事人对公证机构的信任感，提升公证的社会公信力。

（四）回避原则

为了维护公证活动的公正性，保障公证活动健康有序进行，公证活动要坚持回避原则。所谓回避原则，是指公证人员因与公证事务或公证事务的当事人具有某种利害关系，可能影响公证事务的依法公正办理，而不得参加公证活动。回避是正当程序原则的基本要求，是保障公证人员客观公正地办理公证事务的重要举措。《公证法》第 23 条明确规定，公证员不得为本人及近亲属办理公证或者办理与本人及近亲属有利害关系的公证。《公证程序规则》第 20 条规定："公证机构受理公证申请后，应当指派承办公证员，并通知当事人。当事人要求该公证员回避，经查属于《公证法》第二十三条第三项规定应当回避情形的，公证机构应当改派其他公证员承办。"

第二节　公证机构与公证员

一、公证机构

（一）公证机构的概念和性质

根据《公证法》第 6 条的规定，我国的公证机构是依法设立，不以营利为目的，依法独立行使公证职能、承担民事责任的证明机构。可见，我国的公证机构是国家设定的专门证明机构，是按照公证法的规定设立，具有履行国家公共职权和向社会提供法律服务双重职能的证明机构。对公证机构的概念及性质，可以从以下几个方面理解。

1. 公证机构是办理公证的唯一合法机构，独立行使公证职能。只有依法设立的公证机构才能办理公证业务，其他任何组织和个人都不得开展公证业务。公证机构既独立于司法机关又独立于行政机关。公证机构和公证员在办理公证业务时，依据事实和法律独立办理公证事务，对当事人负责，对法律负责，不受其他任何机关、组织和个人的干涉。

2. 公证机构必须依法设立。《公证法》和《公证机构执业管理办法》对公证机构设立的条件和程序作了明确规定。只有符合法定条件，并依法定程序获得批准后，才具有开展公证业务的资格。

3. 公证机构不以营利为目的。公证制度是一项以预防为理念的司法证明制度，其功能和目的在于预防纠纷的发生，为此而设立的公证机构，如同法院、检察院等司法机构一样，也不应以营利为目的。当然，不以营利为目的，并不表明公证机构在办理公证业务时不得收取任何费用。公证费用的收取应限定在必要的办证成本范围内，公证机构必须按照政府部门制定的收费标准收取费用，不得擅自提高收费标准，更不得自行定价。

4. 公证机构是独立承担民事责任的证明机构。公证机构是独立的法人，独立行使公证职能。公证机构及其公证员因过错给当事人、公证事项的利害关系人造成损失的，由公证机构承担相应的赔偿责任。

（二）公证机构的设立

关于公证机构的设立，《公证法》第 7 条规定："公证机构按照统筹规划、合理布局的原则，可以在县、不设区的市、设区的市、直辖市或者市辖区设立；在设区的市、直辖市可以设立一个或者若干个公证机构。公证机构不按行政区划层层设立。"司法部印发的《关于贯彻实施〈中华人民共和国公证法〉的若干意见》明确提出，司法部、省、自治区司法厅不再设立公证处。设区的市、直辖市市区范围内只能在一个层级设立公证处。这一改革符合中国公证工作的实际需要，有利于克服公证行业的不正当竞争行为，有利于平等自主地开展公证业务，同时也有利于加强对公证的管理。

依据《公证法》和《公证机构执业管理办法》的规定，我国公证机构的设立应具备以下条件。

1. 有自己的名称。《公证法》实施之前的公证机构都是采用"行政区划名+公证处"的称谓方式。《公证法》实施之后，公证机构的名称由省、自治区、直辖市司法行政机关在办理公证设立或者变更审批时核定，可以在行政区划名后加字号，以示区分。公证机构对于核定的名称享有专用权，其他任何单位和个人不得侵犯。

2. 有固定的场所。拥有固定的办公场所是公证活动开展的基础条件，也是公证机构独立享有民事权利和承担民事责任的物质保障。公证机构应当拥有相对稳定的办公场所，便于当事人办理公证事务。

3. 有2名以上公证员。公证是一种专业性极强的法律服务，公证机构有2名以上公证员，才能够保障其正常开展公证工作。公证机构的负责人一般称为主任，应从具有3年以上执业经历的公证员中产生，可以由公证机构中的公证员推选产生，由所在地的司法行政部门核准，报省、自治区、直辖市人民政府司法行政部门备案。

4. 有开展公证业务所必需的资金。这是公证机构正常运转的物质保障，也是公证机构承担民事责任的物质基础。

根据《公证法》和《公证机构执业管理办法》的规定，公证机构由所在地司法行政机关组建，逐级上报省、自治区、直辖市司法行政机关审批。省级司法行政机关经审核批准后，应颁发公证执业证书，并在省级报刊上予以公告。

截至2021年5月，全国共有公证机构2942家，公证员13620人，每年办理的公证案件是1300多万件，2018年是1337万余件，2019年是1374万余件，2020年办理公证1173万余件。这些年，公证机构办理了大量涉及赠与、继承、合同履行、融资担保等民商事活动以及环境保护、知识产权、国际贸易等方面公证事项，公证书发往180多个国家和地区使用。①

二、公证员

公证员，是指具备法定任职条件，依法取得执业资格证，在公证机构从事公证业务的执业人员。《公证法》和《公证员执业管理办法》对公证员的任职条件、权利义务、任免程序等作了明确规定，目的就在于加强对公证员队伍的管理，提高其业务素质。

担任公证员应当同时具备以下条件：（1）具有中华人民共和国国籍；（2）年龄在25周岁以上65周岁以下；（3）公道正派，遵纪守法，品行良好；（4）通过国家统一法律职业资格考试取得法律职业资格；（5）在公证机构实习2年以上或者具有3年以上其他法律职业经历并在公证机构实习1年以上，经考核合格。

同时，为了吸引更多优秀法律人才加入公证员队伍，提高公证人员的整体素质，《公证法》第19条规定："从事法学教学、研究工作，具有高级职称的人员，或者具有本科以上学历，从事审判、检察、法制工作、法律服务满十年的公务员、律师，已经离开原工作岗位，经考核合格的，可以担任公证员。"

《公证法》第20条规定了公证员任职的限制性规定，对于无民事行为能力或者限制民事行为能力的、因故意犯罪或者职务过失犯罪受过刑事处罚的、被开除公职的、被吊销公证员或律师执业证书的人员，不得担任公证员。

选任公证员，应当由符合公证员条件的人员提出申请，经公证机构推荐，由所在地的司法行政部门报省、自治区、直辖市人民政府司法行政部门审核同意后，报请国务院司法行政部门任命，并由省、自治区、直辖市人民政府司法行政部门颁发公证员执业证书。

公证员在任职期间，享有法律规定的权利，同时也承担法律所规定的义务。根据《公证法》的规定，公证员有权获得劳动报酬，享受保险和福利待遇；有权提出辞职、申诉或者控告；非因法定事由和非经法定程序，不被免职或者处罚。同时，公证员应当履行遵纪守法、恪守职业道德、依法履行公证职责、保

---

① 参见中华人民共和国中央人民政府官方网站，http://www.gov.cn/xinwen/2021zccfh/19/wzsl.htm，最后访问日期：2023年10月15日。

守执业秘密等义务。

公证员存在下列情形之一的，由所在地司法行政机关报告省、自治区、直辖市司法行政机关，由省级司法行政机关提请司法部予以免职：（1）丧失中华人民共和国国籍的；（2）年满65周岁或者因健康原因不能继续履行职务的；（3）自愿辞去公证员职务的；（4）被吊销公证员执业证书的。

三、公证协会

《公证法》第4条规定："全国设立中国公证协会，省、自治区、直辖市设立地方公证协会。中国公证协会和地方公证协会是社会团体法人。中国公证协会章程由会员代表大会制定，报国务院司法行政部门备案。公证协会是公证业的自律性组织，依据章程开展活动，对公证机构、公证员的执业活动进行监督。"

（一）公证协会的性质

中国公证协会（CHINA NOTARY ASSOCIATION）成立于1990年3月27日，是依法设立的，由公证机构、公证员、地方公证协会及其他与公证事业有关的专业人员、机构组成的全国性公证行业自律组织，是非营利性的社会团体法人。目前，全国各省、自治区、直辖市均已成立公证协会，一些大中城市的公证协会也陆续成立。公证协会接受司法部、民政部的监督和指导。

根据《中国公证协会章程》规定，中国公证协会的宗旨是：坚持中国共产党的领导，团结和带领会员高举中国特色社会主义伟大旗帜，以邓小平理论、"三个代表"重要思想、科学发展观为指导，深入贯彻落实习近平总书记系列重要讲话精神和治国理政新理念新思想新战略，忠实履行职责使命，坚决贯彻执行党的基本路线、方针、政策，严格遵守国家宪法和法律，恪守职业道德和执业纪律，始终维护和不断增强公证公信力，加强公证队伍建设和行业自律，维护会员合法权益，促进公证事业改革和发展，为全面建成小康社会，实现中华民族伟大复兴的中国梦提供优质高效的法律服务。

（二）公证协会的机构设置

中国公证协会会员分为团体会员和个人会员。[1]取得公证机构执业证书的

---

[1] 需要注意的是，公证协会不是有关公民自愿组织的，而是法定组织。公证协会与《社会团体登记管理条例》所称的社会团体有所不同，公证机构、公证员必须加入公证协会，接受行业自律管理。

公证机构和取得社会团体法人登记证书的地方公证协会为团体会员。其他与公证业务有关的机构，经协会同意，可以成为团体会员。取得公证员执业证书的公证员为协会个人会员。公证管理人员、从事公证法学教学、科研以及对公证制度有研究的人员，经协会同意，可以成为公证协会个人会员。中国委托（香港）公证人、中国委托（澳门）公证人，经协会同意，并报业务主管单位审核批准，可以成为协会个人会员。

根据《中国公证协会章程》规定，协会设立会员代表大会、理事会和常务理事会，分别履行各自职能。

会员代表大会是协会的最高权力机关，每4年举行一次。会员代表大会的职权是：（1）制定、修改本会章程；（2）讨论决定本会的工作方针和任务；（3）选举和罢免理事会理事；（4）审议、通过理事会工作报告和财务报告；（5）会员代表大会认为依法应由它行使的职权。

理事会由会员代表大会选举组成，是会员代表大会闭会期间的执行机构，对会员代表大会负责。理事会会议每年举行一次，根据需要可以提前或推后。理事会的职权是：（1）执行会员代表大会决议；（2）向会员代表大会报告工作；（3）选举常务理事并从中选举会长、副会长；（4）根据需要，增补或罢免个别常务理事；（5）决定设置或撤销本会专业委员会、工作委员会；（6）制定会员奖励、行业处分规则；（7）制定本会的办事规则和年度工作计划。

常务理事会是会员代表大会闭会期间的常设机构，常务理事会会议每年至少举行两次。常务理事会听取并审议会长、副会长、秘书长及秘书处工作报告，研究决定重要事宜。

此外，中国公证协会秘书处主要负责协会日常工作，由办公室、研究室、会员部、业务部、宣传部、外联部组成。协会设秘书长一人，副秘书长若干人。秘书长由常务理事会聘任，副秘书长由秘书长提名，常务理事会决定。

（三）公证协会的职责

根据《中国公证协会章程》第6条规定，公证协会的职责是：协助司法部管理、指导全国公证工作，依照本章程对公证机构和公证员的执业活动进行监督；指导地方公证协会工作；制定行业规范；维护会员的合法权益，保障会员依法履行职责；依法举办会员福利事业；对会员进行职业道德、执业纪律教育，对会员的违纪行为实施行业处分，协助司法行政机关查处会员的违法行为；负责会员的培训，组织会员开展学术研讨和工作经验交流，根据有关规定对公证机构、公证员实施奖励；组织开展公证行业信息化建设；负责全国公证赔偿基金的使用管理工作，对地方公证协会管理使用的公证赔偿基金进行指导和监督；负责公证宣传工作，主办公证刊物，对外提供公证法律咨询等服务；负责与国外和港、澳、台地区开展有关公证事宜的研讨、交流与合作活动；负责海峡两岸公证书的查证和公证书副本的寄送工作；负责公证专用纸的联系生产、调配，协助司法部做好管理工作；履行法律法规规定的其他职责，完成司法部委托的事务。

四、公证管理体制

公证管理体制，是国家对公证机构、公证人员和公证协会进行监督管理的权力配置。1982 年的《公证暂行条例》规定，"公证处是国家公证机关"；"直辖市、县（自治县，下同）、市设立公证处。经省、自治区、直辖市司法行政机关批准，市辖区也可设立公证处"；"公证处受司法行政机关领导"。各级人民政府通过它的职能部门——司法行政机关对其所属的公证处的机构设置、人员配备和任免、思想和业务工作、经费管理等方面，实行直接的领导和管理。长期以来，各级司法行政机关对所属公证处的机构设置、经费、业务、人事安排、编制、工资福利、任免、奖惩、培训等事务进行行政化的管理。① 这种行政化的管理体制已暴露出严重缺陷，影响了公证处的独立性、公证人员的积极性和公证业务的开展。随着公证体制改革的推进，司法行政机关对公证机构的"领导"职能逐渐转变为"监督管理"职能。

根据司法部《关于深化公证工作改革的方案》（国务院 2000 年 7 月 31 日批准；司法部 2000 年 8 月 10 日印发）规定："现有行政体制的公证处要尽快改为事业体制。改制的公证处应成为执行国家公证职能、自主开展业务、独立承担责任、按市场规律和自律机制运行的公益性、非营利的事业法人。""实行司法行政机关行政管理与公证员协会行业管理相结合的公证管理体制。司法行政机关的行政管理主要侧重于组织建设、队伍建设、政策指导、执业监督处罚等宏观管理。公证员协会主要负责具体事务管理。"

2005 年 8 月颁布的《公证法》，以法律的形式明确规定了公证机构管理体

---

① 谭世贵主编：《中国司法制度》（第 4 版），法律出版社 2016 年版，第 352 页。

制，司法行政部门依法对公证机构、公证员和公证协会进行监督、指导。这是司法行政机关开展公证行政管理的法律依据。目前我国实行的是司法行政机关行政管理和公证员协会行业管理相结合的公证管理体制。

依据 2006 年通过的《公证机构执业管理办法》，司法行政机关依法对公证机构的组织建设、队伍建设、执业活动、质量控制、内部管理等情况进行监督。具体来说，省、自治区、直辖市司法行政机关对公证机构的下列事项实施监督：（1）公证机构保持法定设立条件的情况；（2）公证机构执行应当报批或者备案事项的情况；（3）公证机构和公证员的执业情况；（4）公证质量的监控情况；（5）法律、法规和司法部规定的其他监督检查事项。而设区的市和公证机构所在地司法行政机关对本地公证机构的下列事项实施监督：（1）组织建设情况；（2）执业活动情况；（3）公证质量情况；（4）公证员执业年度考核情况；（5）档案管理情况；（6）财务制度执行情况；（7）内部管理制度建设情况；（8）司法部和省、自治区、直辖市司法行政机关要求进行监督检查的其他事项。

有关公证协会的行业管理，《公证法》第 4 条第 2 款规定："公证协会是公证业的自律性组织，依据章程开展活动，对公证机构、公证员的执业活动进行监督。"这是公证协会开展公证行业管理的法律依据。

2016 年 12 月，司法部会同中央编办、财政部印发《关于推进公证机构改革发展有关问题的通知》，就推进公证机构改革发展有关问题作出部署，要求科学合理划分事业体制公证机构类别，坚持公证机构公益性、非营利性事业法人的属性。继续按照 2000 年国务院批准的《关于深化公证工作改革的方案》，抓紧将行政体制的公证机构转为事业体制，推进公证工作改革，健全完善事业体制公证机构岗位目标责任制、分配机制、社会保障机制和法人财产制度、预算管理制度、公证赔偿制度等工作制度机制。2017 年 7 月，司法部、中央编办、财政部、人力资源社会保障部联合印发《关于推进公证体制改革机制创新工作的意见》，明确规定到 2017 年年底前，现有行政体制公证机构全部改为事业体制。

2021 年 6 月 29 日，司法部印发《关于深化公证体制机制改革　促进公证事业健康发展的意见》，提出的主要目标是：到 2022 年，事业体制公证机构、合作制公证机构普遍建立比较完善的管理体制和运行机制，规范执业、充满活力，领域广泛拓展、服务高质高效。到 2025 年，公证服务供给能力明显增强，公证服务质量和公信力显著提升，人民群众获得公证服务的可及性、便捷化程度显著提高，公证服务经济社会发展的功能作用得到有效发挥。

五、法律责任

公证机构或者公证员存在违反法律、公证法规、职业道德、执业纪律时，应当承担相应的法律责任。根据《公证法》的规定，公证机构或者公证员的法律责任分为行政责任、刑事责任和民事责任。

根据《公证法》的规定，公证机构及其公证员有下列行为之一的，由省、自治区、直辖市或者设区的市人民政府司法行政部门给予警告；情节严重的，对公证机构处1万元以上5万元以下罚款，对公证员处1000元以上5000元以下罚款，并可以给予3个月以上6个月以下停止执业的处罚；有违法所得的，没收违法所得：（1）以诋毁其他公证机构、公证员或者支付回扣、佣金等不正当手段争揽公证业务的；（2）违反规定的收费标准收取公证费的；（3）同时在2个以上公证机构执业的；（4）从事有报酬的其他职业的；（5）为本人及近亲属办理公证或者办理与本人及近亲属有利害关系的公证的；（6）依照法律、行政法规的规定，应当给予处罚的其他行为。

公证机构及其公证员有下列行为之一的，由省、自治区、直辖市或者设区的市人民政府司法行政部门对公证机构给予警告，并处2万元以上10万元以下罚款，并可以给予1个月以上3个月以下停业整顿的处罚；对公证员给予警告，并处2000元以上1万元以下罚款，并可以给予3个月以上12个月以下停止执业的处罚；有违法所得的，没收违法所得；情节严重的，由省、自治区、直辖市人民政府司法行政部门吊销公证员执业证书；构成犯罪的，依法追究刑事责任：（1）私自出具公证书的；（2）为不真实、不合法的事项出具公证书的；（3）侵占、挪用公证费或者侵占、盗窃公证专用物品的；（4）毁损、篡改公证文书或者公证档案的；（5）泄露在执业活动中知悉的国家秘密、商业秘密或者个人隐私的；（6）依照法律、行政法规的规定，应当给予处罚的其他行为。

因故意犯罪或者职务过失犯罪受刑事处罚的，应当吊销公证员执业证书。被吊销公证员执业证书的，不得担任辩护人、诉讼代理人，但系刑事诉讼、民事诉讼、行政诉讼当事人的监护人、近亲属的除外。

当公证机构及其公证员因过错给当事人、公证事项的利害关系人造成损失的，应当由公证机构承担相应的民事赔偿责任。公证机构赔偿后，可以向有故意或者重大过失的公证员进行追偿。

第三节　公证机构的业务范围

公证机构的业务范围，是指公证机关根据当事人的申请，依据法律规定，所能够办理的公证事项和其他相关法律事务。公证机构的业务范围所解决的是公证机构可以对哪些事项进行公证的问题，它是我国公证法律制度的重要组成部分。

以上海市浦东公证处为例，其业务范围包括：（1）出生、生存、身份、死亡、居住、学历、学位、经历、婚姻状况、亲属关系、有无犯罪记录等；（2）不动产、公司股权、有价证券、车辆、存款等财产的继承；（3）财产的赠与、分割、转让；（4）委托、声明、赠与、遗嘱（遗赠）；（5）证据保全，如展会、商场、建筑物等现场取证；网站、平台、软件、通信工具等网络取证；对可能灭失的证物保全，对虚拟环境下证据的固化，对权属待定财产的清点（开启银行保险箱）等；（6）拍卖、招标、投标、开奖、评奖；（7）电子存证，如电子数据上传及保管；日常文档、侵权证据等自主固定及保管；（8）各种合同、协议，如不动产租赁、买卖、赠与合同，商标转让合同，公派留学协议，夫妻财产约定协议，金融借贷担保合同，信托合同，对符合条件的债权文书赋予强制执行效力；（9）各类具有法律意义的文书，如营业执照、公司章程、资信证明、商标注册证书、存款证明、各类专业技术资格证书、毕业证书、学位证书、成绩单、结婚证书、离婚证书等；（10）证明文书签名、印鉴等属实；复印件与原件文本相符、译文与原文内容相符；（11）其他与公证相关的如法律咨询、代书法律文书等业务。①

根据《公证法》《公证程序规则》等法律法规对公证机构业务范围的相关规定，公证机构的业务范围可以分为公证事项和公证事务。

---

① 参见上海市浦东公证处官方网站，https：//www. pdnotary. com/channels/1690/，最后访问日期：2023年10月15日。

一、公证事项

（一）自愿公证事项

自愿公证事项，是指自然人、法人或者其他组织可以根据实际情况，自行决定是否向公证机构申请办理公证的事项。根据《公证法》第 11 条第 1 款规定，根据自然人、法人或者其他组织的申请，公证机构办理下列公证事项：（1）合同；（2）继承；（3）委托、声明、赠与、遗嘱；（4）财产分割；（5）招标投标、拍卖；（6）婚姻状况、亲属关系、收养关系；（7）出生、生存、死亡、身份、经历、学历、学位、职务、职称、有无违法犯罪记录；（8）公司章程；（9）保全证据；（10）文书上的签名、印鉴、日期，文书的副本、影印本与原本相符；（11）自然人、法人或者其他组织自愿申请办理的其他公证事项。这些业务可以概括为以下四个方面[①]。

1. 证明民事法律行为

民事法律行为，是指自然人、法人或其他组织实施的，能引起民事法律关系发生、变更和消灭的行为。经过公证证明的民事法律行为，在事实上是真实的，在法律上是有效的。对民事法律行为的公证，是公证机关办理的最大量、最常见的一项公证业务。根据公证实践，公证机构可以证明的法律行为主要包括：合同（协议）的设立、变更或者终止；委托赠与及遗嘱的设立、变更或者撤销；财产分割、转让或者放弃财产权、继承权的声明；夫妻财产约定（协议）；婚前财产约定；收养关系的成立、解除、亲自认领；有价证券的发行、上市，与股票权益有关的委托；票据的拒绝付款、承兑；拍卖、招标、投标、开奖、评奖；债务的担保；债权的追索或者债务的承认；其他法律行为的设立、变更或者终止；等等。

2. 证明具有法律意义的事实

有法律意义的事实，是指客观存在的能引起民事法律关系发生、变更和消灭的事实。根据是否以当事人意志为转移，法律事实分为行为和事件两类。具有法律意义的事实，具体包括法律事件和非争议性事实。在公证实践中，有法律意义事实的公证包括两个方面：（1）证明法律事件。法律事件是指不以人的意志为转移的，能够引起法律关系产生、变更和消灭的客观事实。公证证明的

---

① 谭世贵主编：《中国司法制度》（第 4 版），法律出版社 2016 年版，第 353 页。

法律事件有：出生、死亡、海难、空难、不可抗力事件、意外事件等。（2）证明非争议性事实。这主要是指当事人之间目前没有争议，但将来可能发生争议或出现有关法律后果的事实。例如，证明婚姻状况、亲属关系、学历、经历、身份、国籍、有无犯罪记录公证等。

3. 证明有法律意义的文书

有法律意义的文书，是指在法律上具有特定意义或作用的各种文件、证书、文字材料的总称。有法律意义的文书也是公证的重要事项，《公证法》第 11 条第 10 项规定的证明"文书上的签名、印鉴、日期，文书的副本、影印本与原本相符"就属于此类内容。证明有法律意义的文书，只是从文书形式上确认其真实性，而不是证明文书内容属实。

4. 保全证据

保全证据，是指公证机关根据当事人的申请，对可能灭失或以后难以取得的证据，依法采取措施，对证据先行收集和固定，以保持其客观真实性和证明力的活动。当事人申请保全证据的内容，须关系到本人的合法权益。根据规定，公证机关保全证据应在诉讼之前进行，诉讼发生后的保全证据由人民法院负责①。公证机关办理保全证据业务，对于预防纠纷、息讼止争具有重要意义。

（二）法定公证事项

法定公证事项，是指法律、行政法规规定应当公证的事项，有关自然人、法人或其他组织应当申请办理公证，公证机构应当依法给予公证，经过公证，该事项才能发生法定效力的一项制度。《公证法》第 11 条第 2 款规定："法律、行政法规规定应当公证的事项，有关自然人、法人或者其他组织应当向公证机构申请办理公证。"例如，《民事诉讼法》第 275 条规定："在中华人民共和国领域内没有住所的外国人、无国籍人、外国企业和组织委托中华人民共和国律师或者其他人代理诉讼，从中华人民共和国领域外寄交或者托交的授权委托书，应当经所在国公证机关证明，并经中华人民共和国驻该国使领馆认证，或者履行中华人民共和国与该所在国订立的有关条约中规定的证明手续后，才具有效

---

① 《民事诉讼法》第 84 条规定："在证据可能灭失或者以后难以取得的情况下，当事人可以在诉讼过程中向人民法院申请保全证据，人民法院也可以主动采取保全措施。因情况紧急，在证据可能灭失或者以后难以取得的情况下，利害关系人可以在提起诉讼或者申请仲裁前向证据所在地、被申请人住所地或者对案件有管辖权的人民法院申请保全证据。证据保全的其他程序，参照适用本法第九章保全的有关规定。"

力。"此外，《公证法》第38条规定："法律、行政法规规定未经公证的事项不具有法律效力的，依照其规定。"即法律、行政法规规定应当公证的事项，当事人必须依法向公证机构申请办理公证，否则该事项不发生法律效力。

二、公证事务

根据《公证法》第12条规定，公证机构可以办理下列事务：法律、行政法规规定由公证机构登记的事务；提存；保管遗嘱、遗产或者其他与公证事项有关的财产、物品、文书；代写与公证事项有关的法律事务文书；提供公证法律咨询。具体来说：

1. 法律、行政法规规定由公证机构登记的事务。对于法定公证事项，经过公证，该事项才能发生法律效力。

2. 提存。提存公证是指债务已到清偿期限，而因债权人的原因致使债务无法给付债之标的物时，由债务人将该标的物提交于公证机关，由公证机关转交债权人，从提存之日起，视为债务人履行了给付义务，提存物及风险责任转归债权人，提存之债即告清偿。提存是清偿债务的重要方式。公证处是我国法定的提存机关。

3. 保管遗嘱或其他文书。保管遗嘱、文书公证，是指国家公证机关根据申请人的申请，依法对申请人提交的遗嘱、具有法律意义的文书予以保管并出具保管证明的活动。办理保管遗嘱、文书公证，应遵循为当事人保密的原则。

4. 代写与公证事项有关的法律事务文书。当事人办理公证时填写某些文书有困难的，公证员可以根据当事人口述代为草拟申请公证的文书或与公证业务有关的其他文书，如委托书、合同、遗嘱、声明书、通知书等。

5. 提供公证法律咨询。对当事人就有关公证法律事务提出的咨询，公证机构应当依法提供专业的法律咨询意见，供其在处理相关事务时参考。

第四节　公证执业区域和公证管辖

公证执业区域和公证管辖，是两个并存的问题。公证执业区域解决的是公证机构在哪个地方执业的问题；而公证管辖解决的是公证机构对哪些公证事项有受理权的问题，即公证机构受理公证事务上的分工。

一、公证执业区域

公证执业区域是指各公证机构之间受理公证业务的地域范围。它一方面明确了公证机构受理公证的地域范围；另一方面明确了公证当事人应向哪一公证机构提出公证申请。公证执业区域是在《公证法》颁布后，由《公证程序规则》提出的一个新概念，在此之前，一般用公证处辖区或者公证管辖的概念。但随着公证管理体制改革，公证机构的设置打破了行政区划的界线，变成了"依法设立、不以营利为目的、依法独立行使公证职能、承担民事责任的证明机构"，以执业区域取代先前的概念也是大势所趋。

《公证程序规则》第13条第1款规定："公证执业区域是指由省、自治区、直辖市司法行政机关，根据《公证法》第二十五条和《公证机构执业管理办法》第十条的规定以及当地公证机构设置方案，划定的公证机构受理公证业务的地域范围。"《公证机构执业管理办法》第10条规定："公证执业区域可以下列区域为单位划分：（一）县、不设区的市、市辖区的辖区；（二）设区的市、直辖市的辖区或者所辖城区的全部市辖区。公证机构的执业区域，由省、自治区、直辖市司法行政机关在办理该公证机构设立或者变更审批时予以核定。"由于我国各公证机构都是依法设立的独立的证明机构，相互之间不存在隶属关系，它们的法律地位都是平等的，因此，不存在公证业务受理权限的垂直分工，只存在一种横向的、平面的地域范围上的划分，这就形成了公证执业区域。公证机构与律师事务所不同，律师事务所可以不限地区地接受来自任何地区的当事人委托的法律服务；而公证机构需要在核定的公证执业区域内受理公证业务，不得超越执业区域受理公证事务。

根据《公证机构执业管理办法》第9条第1款规定，省、自治区、直辖市司法行政机关应当按照公证机构设立原则，综合考虑当地经济社会发展程度、人口数量、交通状况和对公证业务的实际需求等情况，拟定本行政区域公证机构设置方案，并可以根据当地情况和公证需求的变化对设置方案进行调整。即各公证机构具体的执业区域是由省级司法行政机关在办理公证机构设立或者变更审批时予以核定的，核定时应遵循以下原则。

1. 属地主义原则。这是指公证执业区域的划定应当以公证机构所在地为中心。以公证机构所在地为中心来划定其执业区域，有利于公证活动及时有效地开展。

2. "两便"原则。执业区域的划定还要遵循便于当事人就近申请原则和便于公证机构受理公证的原则。公证人员在开展业务时，如果执业区域范围过大，势必在客观上带来一定的困难。同时，执业区域范围过大，还会增加当事人的负担，不利于当事人办理公证。

3. 均衡原则。由于经济社会发展程度以及公证机构体制不同、规模不同，有的公证机构辖区内业务量较大但公证员力量缺乏，有的公证机构辖区内业务量少而公证员较多，形成了业务旱涝不均的状况，公证业务难以实现资源的合理配置，一定程度上制约了公证事业的发展。为避免或减少这种不利影响，在核定公证执业区域时，需要充分考虑各区域的均衡。

4. 公平竞争原则。有学者指出："公证制度的设立不是设置障碍使当事人享受不到公证服务，公证制度设立的最根本目的还是在于如何为当事人提供最便捷、高效、高质的公证服务。在维护公证有序竞争秩序和便民原则的价值之间发生冲突时，应尽量通过公证制度的改良予以衡平。"① 事实上，各地司法行政机关也在逐步进行公证执业区域改革，促进公证业务在良性竞争中发展提升。从当前来看，公证执业区域制度的设置在很大程度上是为了避免公证机构之间的恶意竞争，通过制度设计来构建合理的竞争秩序。公证作为一项社会法律服务活动，应当适当地引入竞争机制②，以促进公证业务整体水平的提高。

二、公证管辖

公证管辖是指公证事项应当由哪个公证机构办理的权限划分。其包括两个方面的含义：从申请人方面看，其欲申请办理公证应当向哪个公证机构提出；从公证机构方面看，就申请的公证事项，该公证机构是否有权受理。公证机构进行公证，首先以申请人的申请为前提，因此，在设计公证管辖制度时，应当考虑申请人与公证机构执业区域的关系，以便于申请人能就近办理公证。当然，

---

① 李全息：《群说中国公证执业区域及管辖制度》，载《中国公证》2013 年第 9 期。

② 以山东省为例，2016 年 12 月 28 日，山东省举行《山东公证执业区域调整情况》新闻发布会，推行以市辖区域内的县、市、区合并作为一个公证执业区域，打破业务垄断，扩大执业范围，符合司法体制改革发展的大方向，有利于解决制约公证发展的突出问题，更好地便民利民。参见《省政府新闻办举行新闻发布会，介绍我省公证执业区域调整情况》，载山东省人民政府官方网站，http://www.shandong.gov.cn/art/2016/12/28/art_ 98258_ 230408.html，最后访问日期：2023 年 10 月 15 日。

除了方便申请人之外，还应考虑是否便于公证机构受理公证、及时办理公证，等等。

《公证法》第25条规定："自然人、法人或者其他组织申请办理公证，可以向住所地、经常居住地、行为地或者事实发生地的公证机构提出。申请办理涉及不动产的公证，应当向不动产所在地的公证机构提出；申请办理涉及不动产的委托、声明、赠与、遗嘱的公证，可以适用前款规定。"从上述法律规定可以看出，确定公证管辖的标准，主要有住所地、经常居住地、行为地、事实发生地和不动产所在地。

《公证程序规则》在《公证法》规定的基础上，结合公证实际经验，对公证管辖作了进一步的完善。《公证程序规则》第15条规定："二个以上当事人共同申办同一公证事项的，可以共同到行为地、事实发生地或者其中一名当事人住所地、经常居住地的公证机构申办。"依据此条规定，申办同一公证事项的多个当事人住所地、经常居住地、涉及的行为地或者事实发生地不在同一公证执业区域内的，由当事人进行协商，共同向其中一个公证机构申请办理。《公证程序规则》第16条规定："当事人向二个以上可以受理该公证事项的公证机构提出申请的，由最先受理申请的公证机构办理。"公证机构受理当事人申请应当向当事人发送受理通知单，其中注明受理日期。当两个以上公证机构因受理发生冲突时，就以受理通知单上的受理日期来确定最终管辖的公证机构，即由受理日期在前的公证机构实际管辖。如果出现受理日期相同的，则由时间上最先立案的公证机构受理。①

第五节　公证程序

一、公证程序概述

（一）公证程序的概念

公证程序是公证机构、公证员与公证当事人进行公证活动时应遵循的基本

---

① 在实际公证工作中，在出现受理冲突时，首先以受理通知单上的日期作为解决的依据，但当多个受理通知单上的日期相同时，公证机构内部的立案行为亦可以作为解决问题的参考依据。

步骤和规则。明确、详细、科学的公证程序是公证质量的重要保证。只有严格遵守公证程序，才可以保障公证参加人依法行使权利，保证公证机关依法行使公证职权，正确执行国家法律，从而确保公证文书的真实性、合法性和有效性，充分维护当事人的合法权益。从程序上来保证公证活动的高质量，提高公证机构的信誉，履行公证机构的职责就具有很强的现实意义。①

基于此，公证程序一直以来都是我国公证立法的重点内容。现行《公证法》在第四章中以 11 个条文对公证程序作了规定，占全部条文的近 1/4。除此之外，鉴于《公证法》对公证程序制度仅有原则性规定，将其原则规定具体化，增强其可操作性有着现实的必要性。因此，需要充分吸收、提炼公证业务实践积累的成熟经验和制度措施，并紧密结合公证工作实践对旧有《公证程序规则》（司法部 2002 年 6 月 18 日发布，2006 年 7 月 1 日废止）进行补充完善。新《公证程序规则》（自 2006 年 7 月 1 日起施行，2020 年 10 月 20 日修正）在吸收公证业务实践积累形成的成熟经验和制度措施的基础上，进一步充实、细化了公证程序制度，详细规定了公证的申请与受理、审查、出具公证书、不予办理公证和终止公证、特别规定、公证登记和立卷归档、公证争议处理等具体程序。为确保公证执业活动有严格标准，司法部陆续出台了《提存公证规则》《遗嘱公证细则》《开奖公证细则（试行）》等一系列规范公证程序的规章及规范性文件。

（二）公证程序的特征

1. 公证程序的法定性。为了规范公证程序，保证公证质量，《公证法》设专章对公证程序进行了明确规定，司法部也专门制定了《公证程序规则》。

2. 公证程序适用的特殊性。基于公证活动的特殊性，公证程序与诉讼程序、行政复议程序等其他法律规定的程序有着显著区别，它们在适用对象上的不同是主要的区别之一。

3. 公证程序主体的特定性。公证活动的主体有公证机构、公证员、当事人，还可能涉及利害关系人、见证人、鉴定人等，他们都是根据法律规定参与公证程序的。公证程序规范的对象主要是公证机构在办理公证业务活动过程中

---

① 黄群：《公证活动程序正义与实体正义的若干思考——以国内民事公证实务为例》，载《法治论丛》2002 年第 6 期。

的行为；同时也规范公证当事人和其他参与人的行为。从另一方面来说，公证活动的主体也正是通过利用公证程序，完成公证活动，来达到预期的目的。

（三）公证程序的构成

根据《公证法》和《公证程序规则》的规定，我国现行的公证程序包括普通程序、特别程序和救济程序。普通程序是最为基础的程序，是办理公证事务时应遵循的基本操作规范，主要包括公证事务的申请与受理、对所申请事务的审查、出具公证书等三个阶段。特别程序是办理某几类公证事务中应当特别适用的程序规定，与普通程序相比较，它具有特别适用性和不完整性。救济程序是指出现公证争议时，当事人寻求处理解决的程序。《公证法》没有对救济程序作出专门规定，救济程序的规定主要体现在《公证程序规则》之中。

二、普通程序

（一）申请

申请是公民、法人或者其他组织向公证机构提出请求，要求办理公证的行为。当事人申请是公证活动开始的前提，无论是必需的还是任意的公证事项，都必须由当事人向公证机构提出办理公证的申请，公证活动才得以启动。

1. 申请人

根据《公证法》第2条的规定，自然人、法人或者其他组织都可以申请办理公证，成为申请人。申请人除了本人亲自到公证机构提出申请外，还可以委托他人代为申请，但要符合法律规定和履行相应的委托手续。《公证法》第26条规定："自然人、法人或者其他组织可以委托他人办理公证，但遗嘱、生存、收养关系等应当由本人办理公证的除外。"

2. 申请的方式

《公证程序规则》第17条规定，自然人、法人或者其他组织向公证机构申请办理公证，应当填写公证申请表。申请表是一种规范化的公证申请书，通常包括以下主要内容：（1）申请人及其代理人的姓名、性别、出生日期、身份证号码、工作单位、住址等自然状况；申请人为法人或其他组织的，应填写单位名称、住所、法定代表人或主要负责人姓名、职务等。（2）请求公证的事项及公证书的用途。（3）申请公证的文书的名称。（4）提交材料的名称、份数及有关证人的姓名、住址、联系方式。（5）申请的日期。（6）其他需要说明的情况。

对申请表上内容经确认无误后，由申请人或代理人在申请表上签名或盖章，不能签名、盖章的由本人捺指印。若申请人确有困难不能亲自到公证机构时，公证员可以到申请人所在地办理公证事务。

3. 申请时应提交的材料

公民、法人或者其他组织申请公证，应当提交相关的材料。《公证程序规则》第18条对此作了规定，主要有：（1）自然人的身份证明，法人的资格证明及其法定代表人的身份证明，其他组织的资格证明及其负责人的身份证明；（2）委托他人代为申请的，代理人须提交当事人的授权委托书，法定代理人或者其他代理人须提交有代理权的证明；（3）申请公证的文书；（4）申请公证的事项的证明材料，涉及财产关系的须提交有关财产权利证明；（5）与申请公证的事项有关的其他材料。

应注意的两个问题：（1）限制民事行为能力人不可以独立申请公证，即使其申请公证的事项与其年龄、智力相适应也是如此；无民事行为能力人不能委托代理申请公证。（2）在公证活动中申请人与当事人的概念是一致的，申请人就是当事人，当事人也是申请人，代理人不是申请人。这与诉讼活动中的情形不一样。

（二）受理

受理，是指公证机关依照有关条件正式接受公证申请人的申请的法律行为。受理是公证机构公证行为的开始，意味着公证法律关系的产生。受理后，申请人就成为公证当事人，与公证机构之间形成公证法律关系，各自享有和承担法律规定的权利和义务，按照法定程序进行公证活动。

对于当事人的申请，公证机构应该先进行审查，如果符合条件，公证机构应予以受理。凡符合下列条件的申请，公证机构可以受理：（1）申请人与申请公证的事项有利害关系；（2）申请人之间对申请公证的事项无争议；（3）申请公证的事项符合《公证法》第11条规定的范围；（4）申请公证的事项符合《公证法》第25条的规定和该公证机构在其执业区域内可以受理公证业务的范围。

对不符合受理条件的申请，公证机构应该作出不予受理的决定，并通知申请人。公证机构受理公证申请后，应制作受理通知单并及时发给申请人，还应当告知当事人申请公证事项的法律意义和可能产生的法律后果，告知其在办理公证过程中享有的权利、承担的义务。告知内容、告知方式和时间，应当记录归档。

（三）审查

所谓审查，是指公证机构在受理当事人的公证申请后，对当事人申请公证的事项及提供的相关证明材料进行调查核实，以确定其真实性及合法性的活动。

1. 审查的内容

审查的核心内容是公证事项是否真实、合法和有效，对于当事人申请公证的事项是否具备出证的条件。

根据《公证法》第28条和《公证程序规则》第23条的规定，公证机构受理公证申请后，应当根据不同公证事项的办证规则，分别审查下列事项：（1）当事人的人数、身份、申请办理该项公证的资格及相应的权利；（2）当事人的意思表示是否真实；（3）申请公证的文书的内容是否完备，含义是否清晰，签名、印鉴是否齐全；（4）提供的证明材料是否真实、合法、充分；（5）申请公证的事项是否真实、合法。

2. 审查的方式和途径

审查实质上是通过对公证事项相关的证据材料的收集和判断，从而确定公证对象是否真实、合法。公证人员办理公证事务时，一般主要通过以下方法对需要公证的事项进行审查：

（1）询问当事人、证人。公证人员向当事人和有关证人询问与公证有关的问题时，应告知其权利、义务、法律责任和注意事项，并制作谈话笔录。笔录内容应交被询问人核对并签名；确实不能签名者，可由本人盖章或按手印。笔录中修改处须由被询问人盖章或按手印。公证人员如果认为当事人提供的证据材料不完备或有疑义的，有权通知当事人作必要的补充或向有关单位、个人调查索取有关证明材料，并有权到现场作实地调查。

（2）调取书证、物证、视听资料。通过调取书证、物证、视听资料，查阅证据材料，可以验证当事人及证人的陈述是否真实可靠，发现材料之间有无相互矛盾之处，从而提高公证证明的质量。

（3）对专门问题进行鉴定。公证人员在公证过程中遇到专门性问题时，可以聘请或委托专业部门、有专业知识的人员进行鉴定、翻译。鉴定结论或翻译材料应有鉴定人、翻译人签名。

除此之外，为了核实公证材料的真实合法性，除以上方法外，公证人员还可以外出调查，除调取书证外，应由2名公证人员共同进行，特殊情况只能由1名公证人员进行调查的，应有1名见证人在场，见证人应在笔录上签名。公证机构委托外地公证机构调查的，必须提出明确的要求。受委托的公证机构根据办证需要，可以主动补充调查内容。受委托的公证机构收到委托调查函后，应在1个月内完成调查。因故不能完成的，应在上述期限内函告委托调查的公证机构。

经过审查，认为申请公证的事项符合相关法律法规的规定，应予以公证，按法定程序出具公证书。认为不符合规定的，不予办理公证。

（四）出具公证书

出具公证书，即通常所说的出证，是指公证机构根据审查的结果，对符合条件的事项，在法定期限内，依法制作和出具公证书的活动。出证是公证活动的最后一个环节，标志着公证程序的基本结束。

《公证法》第30条规定，"公证机构经审查，认为申请提供的证明材料真实、合法、充分，申请公证的事项真实、合法的，应当自受理公证申请之日起十五个工作日内向当事人出具公证书"。

1. 出具公证书的条件

（1）法律行为公证出证条件：①行为人具有相应的民事行为能力，即主体合格；②意思表示真实；③行为的内容和形式不违反法律、法规、规章或者社会公共利益。可见，法律行为公证的证明效力内容在于证明法律行为具备法律所规定的生效要件，也就是证明法律行为已发生法律效力，应受到法律保护。

（2）有法律意义的事实或文书公证的出证条件：①该事实或文书对公证当事人具有法律上的利害关系；②事实或文书真实无误；③事实或文书的内容不违反法律、法规、规章。这类公证的证明内容是证明事实的真实性，证明文书内容的真实性和合法性。事实本身不存在合法与不合法的问题，只存在真实性的问题，因为事实是一种客观存在。

（3）认证类公证事项的出证条件。根据《公证程序规则》第38条规定，对证明文书上的签名、印鉴、日期属实或者证明文书的文本相符的出证要具备以下条件：①文书上的签名、印鉴、日期属实；②文书的文本内容与原本相符。

（4）具有强制执行效力的债权文书公证的出证条件。根据《公证程序规则》第 39 条规定，具有强制执行效力的债权文书的公证，应当符合下列条件：①债权文书以给付为内容；②债权债务关系明确，债权人和债务人对债权文书有关给付内容无疑义；③债务履行方式、内容、时限明确；④债权文书中载明当债务人不履行或者不适当履行义务时，债务人愿意接受强制执行的承诺；⑤债权人和债务人愿意接受公证机构对债务履行情况进行核实；⑥《公证法》规定的其他条件。

2. 公证书的审批

为了保证公证的质量，防止因疏忽、失误而导致错误，出具公证书中增加了审批的环节。审批人应重点审核以下内容：（1）申请公证的事项及其文书是否真实、合法；（2）公证事项的证明材料是否真实、合法、充分；（3）办证程序是否符合《公证法》《公证程序规则》及有关办证规则的规定；（4）拟出具的公证书的内容、表述和格式是否符合相关规定。审批重大、复杂的公证事项，应当在审批前提交公证机构集体讨论。

3. 公证书的制作和发送

公证书是具有特殊证明效力的法律文书，是公证活动最终的结果，因此必须按照《公证法》和《公证程序规则》规定的法定程序进行制作和发送。

《公证程序规则》第 45 条规定："公证机构制作的公证书正本，由当事人各方各收执一份，并可以根据当事人的需要制作若干份副本。公证机构留存公证书原本（审批稿、签发稿）和一份正本归档。"公证书正本是公证机构依据公证书原本制作、发给公证当事人使用的正式公证书。正本与原本具有同等法律效力。公证书原本是最原始的公证书，必须附卷归档，不得涂改、遗失、销毁或发给当事人。公证书副本是公证机构根据原本或正本制作的供当事人或其他人员、组织参考的公证文书，一般需加盖副本章。副本也不得随意制作和发放。公证书不得涂改、挖补，必须修改的，应加盖公证处校对章。

4. 公证书的生效

与很多法律文书不同的是，公证书不以送达为生效的前提条件。《公证法》第 32 条规定，"公证书自出具之日起生效"。即公证书自出具之日起就对公证机构、申请人、利害关系人和相关国家机关产生约束力，未经法定程序不得擅自更改和撤销。《公证程序规则》第 44 条第 2 款规定："需要审批的公证事项，审批人的批准日期为公证书的出具日期；不需要审批的公证事项，承办公证员的签发日期为公证书的出具日期；现场监督类公证需要现场宣读公证证词的，宣读日期为公证书的出具日期。"

公证书出具后，可以由当事人或其代理人到公证机构领取，也可以应当事人的要求由公证机构发送。当事人或其代理人收到公证书应当在回执上签收。

（五）不予办理公证和终止公证

1. 不予办理公证

不予办理公证，是指在办理公证的过程中，发现当事人申请公证的事项不真实、不合法或者当事人之间存在争议等情况，而决定不予办理公证的行为。

根据《公证法》第31条和《公证程序规则》第48条规定，有下列情形之一的，公证机构不予办理公证：（1）无民事行为能力人或者限制民事行为能力人没有监护人代理申请办理公证的；（2）当事人与申请公证的事项没有利害关系的；（3）申请公证的事项属于专业技术鉴定、评估事项的；（4）当事人之间对申请公证的事项有争议的；（5）当事人虚构、隐瞒事实，或者提供虚假证明材料的；（6）当事人提供的证明材料不充分又无法补充，或者拒绝补充证明材料的；（7）申请公证的事项不真实、不合法的；（8）申请公证的事项违背社会公德的；（9）当事人拒绝按照规定支付公证费的。

不予办理公证的，由承办公证员写出书面报告，报公证机构负责人审批。不予办理公证的决定应当书面通知当事人或其代理人。不予办理公证的，公证机构应当根据不予办理的原因及责任，酌情退还部分或者全部收取的公证费。

2. 终止公证

终止公证，是指公证机构在办理公证过程中，在出具公证书以前，因出现法定事由致使公证没有必要或者没有可能继续进行，从而决定停止办理。

根据《公证程序规则》第50条规定，有下列情形之一的，公证机构应当终止公证：（1）因当事人的原因致使该公证事项在6个月内不能办结的；（2）公证书出具前当事人撤回公证申请的；（3）因申请公证的自然人死亡、法人或者其他组织终止，不能继续办理公证或者继续办理公证已无意义的；（4）当事人阻挠、妨碍公证机构及承办公证员按规定的程序、期限办理公证的；（5）其他应当终止的情形。

终止公证的，由承办公证员写出书面报告，报公证机构负责人审批。终止公证的决定应当书面通知当事人或其代理人。终止公证的，公证机构应当根据终止的原因及责任，酌情退还部分收取的公证费。

（六）公证登记和立卷归档

公证登记，是指公证机构在办理公证时，依据法律规定将相关事项以填写登记簿的方式予以记载的行为。公证机构办理公证，应当填写公证登记簿，建立分类登记制度。具体登记事项包括：公证事项类别、当事人姓名（名称）、代理人（代表人）姓名、受理日期、承办人、审批人（签发人）、结案方式、办结日期、公证书编号等。公证登记簿按年度建档，应当永久保存。

公证事项办结后，仅意味着公证机构与当事人之间在具体公证活动中证明与被证明权利和义务关系的结束，而公证机构在公证活动中负有的收集、整理、保管公证文书材料的义务并未结束。① 只有将公证案件移交档案室后，公证活动才算全部结束。一般来说，公证机构受理公证申请后，承办公证员即应当着手立卷的准备工作，开始收集有关的证明材料，整理询问笔录和核实情况的有关材料等。对不能附卷的证明原件或者实物证据，应当按照规定将其原件、复印件（复制件）、物证照片及文字描述记载留存附卷。

《公证程序规则》第58条规定："公证机构在出具公证书后或者作出不予办理公证、终止公证的决定后，应当依照司法部、国家档案局制定的有关公证文书立卷归档和公证档案管理的规定，由承办公证员将公证文书和相关材料，在三个月内完成汇总整理、分类立卷、移交归档。"

三、特别程序

特别程序，是指公证机构在办理特定公证事务时，应当遵循的有关程序上的特别规定。依据《公证法》和《公证程序规则》的规定，特别程序适用于现场监督类公证、遗嘱公证、保全证据公证、提存公证和出具执行证书。

（一）现场监督类公证

公证机构办理招标投标、拍卖、开奖等现场监督类公证，应当由2人共同办理。承办公证员应当依照有关规定，通过事前审查、现场监督，对其真实性、合法性予以证明，现场宣读公证证词，并在宣读后7日内将公证书发送当事人。

---

① 司法部、中国公证协会编：《公证程序规则释义》，法律出版社2006年版，第163页。

该公证书自宣读公证证词之日起生效。办理现场监督类公证，承办公证员发现当事人有弄虚作假、徇私舞弊、违反活动规则、违反国家法律和有关规定行为的，应当即时要求当事人改正；当事人拒不改正的，应当不予办理公证。

（二）遗嘱公证

公证机构办理遗嘱公证，应当由 2 人共同办理。承办公证员应当全程亲自办理，并对遗嘱人订立遗嘱的过程录音录像。特殊情况下只能由 1 名公证员办理时，应当请 1 名见证人在场，见证人应当在询问笔录上签名或者盖章。

（三）保全证据公证

公证机构派员外出办理保全证据公证的，由 2 人共同办理，承办公证员应当亲自外出办理。办理保全证据公证，承办公证员发现当事人是采用法律、法规禁止的方式取得证据的，应当不予办理公证。

（四）提存公证

根据《提存公证规则》规定，经过公证人员审查，对符合法定条件的公证事项，公证处应当从提存之日起 3 日内出具提存公证书。提存之债从提存之日即告清偿。标的物提存后，债务人应当及时通知债权人或者债权人的继承人、监护人。提存人通知有困难的，公证处应自提存之日起 7 日内，以书面形式通知提存受领人，告知其领取提存物的时间、期限、地点、方法。提存受领人不清或下落不明、地址不详无法送达通知的，公证处应自提存之日起 60 日内，以公告方式通知，公告应在 1 个月内在同一报刊刊登三次。公证处应当按照当事人约定或法定的条件给付提存标的。

（五）出具执行证书

债务人不履行或者不适当履行经公证的具有强制执行效力的债权文书的，公证机构应当对履约情况进行核实后，依照有关规定出具执行证书。债务人履约、公证机构核实、当事人就债权债务达成新的协议等涉及强制执行的情况，承办公证员应当制作工作记录附卷。执行证书应当载明申请人、被申请执行人、申请执行标的和申请执行的期限。债务人已经履行的部分，应当在申请执行标的中予以扣除。因债务人不履行或者不适当履行而发生的违约金、滞纳金、利息等，可以应债权人的要求列入申请执行标的。

四、救济程序

(一) 公证争议与公证救济程序

公证争议，是指当事人、公证事项的利害关系人认为公证书有错误，而与公证机构就错误是否存在、过错责任和公证赔偿数额所发生的争议。公证争议是一种特殊类型的社会纠纷，主要发生在公证当事人、公证事项的利害关系人和公证机构之间，争议的对象是公证机构出具的公证书是否存在错误、公证机构是否承担过错责任以及公证赔偿的数额应是多少。设置公证救济程序，可以将公证争议的解决纳入法定的渠道，通过法定途径解决公证争议。

《公证法》第39条规定，"当事人、公证事项的利害关系人认为公证书有错误的，可以向出具该公证书的公证机构提出复查"。第40条规定："当事人、公证事项的利害关系人对公证书的内容有争议的，可以就该争议向人民法院提起民事诉讼。"《公证程序规则》第67条第1款规定："当事人、公证事项的利害关系人对公证机构作出的撤销或者不予撤销公证书的决定有异议的，可以向地方公证协会投诉。"据此，我国公证救济程序有三种，即向公证机构提出复查、向公证协会投诉和向人民法院提起民事诉讼。

(二) 一般公证书的救济程序

根据《公证法》第39条和《公证程序规则》第61条、第67条的规定，对一般公证书的救济程序有向公证机构提出复查和向地方公证协会投诉两种途径，但具体的适用情形有所区别。

1. 公证书的复查

公证书的复查，是指公证当事人、公证事项利害关系人认为或公证机构自身发现公证书有错误，在一定期限内向公证机构申请对公证事项相关内容重新审查的程序。公证复查的终极目标是提升公证质量，将公证复查案件存在的瑕疵、纰漏、问题带来的教训转化成为经验，充分发挥公证复查张力的效果，使其成为公证办证的"校准器"。当事人、公证事项的利害关系人提出复查申请应具备以下条件：（1）申请复查的主体适格。有权提出复查申请的人仅限于待查公证事项的当事人或者利害关系人。（2）在法定的期限内提出复查申请。当事人认为公证书有错误的，应在收到公证书之日起1年内，向出具该公证书的公证机构提出复查。（3）以书面的方式提出复查申请。（4）向原公证机构提出。(5) 提交证明公证书错误的相关证明材料。具备上述条件的，公证机构应当进行复查。

公证机构收到复查申请后，应当指派原承办公证员之外的公证员进行复查。承办公证员对申请人提出的公证书的错误及其理由进行审查、核实后，应当提出复查意见即处理意见，报公证机构的负责人审批。公证机构进行复查，应当对申请人提出的公证书的错误及其理由进行审查、核实，区别不同情况，按照以下规定予以处理：(1) 公证书的内容合法、正确、办理程序无误的，作出维持公证书的处理决定。(2) 公证书的内容合法、正确，仅证词表述或者格式不当的，应当收回公证书，更正后重新发给当事人；不能收回的，另行出具补正公证书。(3) 公证书的基本内容违法或者与事实不符的，应当作出撤销公证书的处理决定。(4) 公证书的部分内容违法或者与事实不符的，可以出具补正公证书，撤销对违法或者与事实不符部分的证明内容；也可以收回公证书，对违法或者与事实不符的部分进行删除、更正后，重新发给当事人。(5) 公证书的内容合法、正确，但在办理过程中有违反程序规定、缺乏必要手续的情形，应当补办缺漏的程序和手续；无法补办或者严重违反公证程序的，应当撤销公证书。被撤销的公证书应当收回，并予以公告，该公证书自始无效。公证机构撤销公证书或出具补正公证书的，应当于撤销决定作出或补正公证书出具当日报地方公证协会备案，并录入全国公证管理系统。

公证机构应当自收到复查申请之日起 30 日内完成复查，作出复查处理决定，发给申请人。需要对公证书作撤销或者更正、补正处理的，应当在作出复查处理决定后 10 日内完成。复查处理决定及处理后的公证书，应当存入原公证案卷。公证机构办理复查，因不可抗力、补充证明材料或者需要核实有关情况的，所需时间不计算在前述规定的期限内，但补充证明材料或者需要核实有关情况的，最长不得超过 6 个月。

2. 投诉

投诉，是指当事人、公证事项的利害关系人对公证机构作出的撤销或者不予撤销公证书的决定有异议时，向地方公证协会反映并要求予以处理的行为。为了规范公证复查争议投诉处理工作，维护公证执业秩序和公证行业信誉，中国公证协会根据《公证法》《公证程序规则》《中国公证协会章程》的有关规定，制定《公证复查争议投诉处理办法（试行）》。

地方公证协会应当依照有关法律、法规和司法行政规章的规定，对公证复查争议投诉事项的有关情况以及证明材料进行核实。地方公证协会根据核实投诉事项有关情况的需要，可以要求被投诉人提供全部或者部分公证卷宗材料，也可以向有关单位或者个人进行调查。地方公证协会应当自受理之日起60日内提出处理意见。

（三）具有强制执行力的公证书的救济程序

就公证赋予强制执行力的债权文书，当事人发生争议，希望寻求相应救济的，主要发生在债权人向法院申请强制执行，法院裁定不予强制执行之时。

《民事诉讼法》第249条第2款规定："公证债权文书确有错误的，人民法院裁定不予执行，并将裁定书送达双方当事人和公证机关。"公证债权文书被法院裁定不予执行时，当事人可以通过什么样的途径予以救济，对此法律并没有明确规定。结合《公证法》和《民事诉讼法》的有关条文和相关理论，当事人可以通过向公证机构申请复查、由公证机构自行纠正错误和向人民法院提起诉讼三种方式寻求救济。

（四）对公证书内容发生争议的救济程序

在公证书作出后，对公证书涉及的实体权利义务关系的内容，当事人、公证事项的利害关系人之间往往发生争议。根据《公证法》《公证程序规则》的相关规定，针对当事人、公证事项的利害关系人之间的争议，救济的途径有公证调解、民事诉讼和申请仲裁等；针对当事人、公证事项的利害关系人与公证机构的争议，救济的途径是提请地方公证协会调解。

第六节 公证的效力

所谓公证的效力，是指公证机关出具的公证文书在法律上所具有的效果和约束力，有时又被直接称作公证书的效力。学界通说认为，公证书有三个方面的效力：诉讼证明上的效力、法律行为成立的效力和强制执行的效力。

一、诉讼证明上的效力

公证的诉讼证明上的效力，是指经公证机关出具的公证文书，在诉讼中具有的证明效力。《公证法》第36条规定："经公证的民事法律行为、有法律意义的事实和文书，应当作为认定事实的根据，但有相反证据足以推翻该项公证的除外。"《民事诉讼法》第72条规定："经过法定程序公证证明的法律事实和文书，人民法院应当作为认定事实的根据，但有相反证据足以推翻公证证明的除外。"公证的诉讼证明效力表现为以下几个方面。

首先，在作为法律行为成立要件的公证中，公证文书在随后的诉讼中作为证据，对某一法律行为成立起到证明作用。由于法律的规定或者当事人之间的约定，某些民事法律行为只有经过公证才能成立，发生法律效力，否则，就不能成立。在这种情况下，公证证明就成为该项法律行为成立的必要条件。当当事人就该项法律行为引起的纠纷诉诸法院，请求司法解决时，公证文书就可作为证据，直接证明某一法律行为成立，进而证明由该法律行为成立所产生的当事人之间的权利义务关系的存在。因此，在公证是法律行为成立要件的情况下，公证文书在诉讼中作为证明该法律行为成立的依据使用，发挥着证据效力。

其次，对于在一般公证中所形成的公证文书，当事人在诉讼中是作为一种证明手段来使用，而不是作为证明依据——证据来使用。最高人民法院《关于适用〈中华人民共和国民事诉讼法〉的解释》和《关于民事诉讼证据的若干规定》都明确规定，对于"已为有效公证文书所证明的事实"，当事人无须举证证明。可以看出，这里的公证文书并不是被用作证据来直接证明案件事实，而是由于法律上的规定，成为当事人的免予举证的一种证明手段。

二、法律行为成立的效力

公证的法律行为成立效力，是指某些民事法律行为，只有经过公证证明才成立生效，才具有法律约束力，才受到国家的保护。必须经过公证才能发生法律效力的民事法律行为，大体包括以下三种情况。

第一，由法律、法规和相关规章制度规定某些法律行为必须办理公证的。

例如，《婚姻登记条例》第5条第2款规定："办理结婚登记的香港居民、澳门居民、台湾居民应当出具下列证件和证明材料：（一）本人的有效通行证、身份证；（二）经居住地公证机构公证的本人无配偶以及与对方当事人没有直系血亲和三代以内旁系血亲关系的声明。"第4款规定："办理结婚登记的外国人应当出具下列证件和证明材料：（一）本人的有效护照或者其他有效的国际旅行证件；（二）所在国公证机构或者有权机关出具的、经中华人民共和国驻该国使（领）馆认证或者该国驻华使（领）馆认证的本人无配偶的证明，或者所在国驻华使（领）馆出具的本人无配偶的证明。"

第二，由当事人之间约定某种法律行为必须办理公证的。

某些民事法律行为，虽然法律没有规定必须公证，但当事人双方商定必须经过公证证明的，公证也就成为该项法律行为成立的必要条件。如果不办理公证，该项法律行为就不能成立，也就不发生相应的法律效力。

第三，由国际惯例形成或双边协定确定某些事项必须办理公证的。

例如，韩国法律规定，韩国公民或法人与中国签订的在中国投资的法律文件，须经公证机关公证，否则就不具有法律效力。

三、强制执行的效力

公证的强制执行效力，是指债务人不履行或不完全履行公证机构赋予强制执行效力的公证债权文书的，债权人可以持原公证书及公证机构签发的执行证书向有管辖权的人民法院申请执行。

公证机关赋予债权文书具有强制执行效力，仅限于公证法律规定的范围，一般的债权文书不能赋予强制执行效力。根据最高人民法院、司法部《关于公证机关赋予强制执行效力的债权文书执行有关问题的联合通知》规定，公证机关赋予强制执行效力的债权文书的范围包括：（1）借款合同、借用合同、无财产担保的租赁合同；（2）赊欠货物的债权文书；（3）各种借据、欠单；（4）还款（物）协议；（5）以给付赡养费、扶养费、抚育费、学费、赔（补）偿金为内容的协议；（6）符合赋予强制执行效力条件的其他债权文书。公证机关赋予强制执行效力的债权文书应当具备以下条件：（1）债权文书具有给付货币、物品、有价证券的内容；（2）债权债务关系明确，债权人和债务人对债权文书有关给付内容无疑义；（3）债权文书中载明债务人不履行义务或不完全履行义务时，债务人愿意接受依法强制执行的承诺。

《公证法》第37条规定："对经公证的以给付为内容并载明债务人愿意接受强制执行承诺的债权文书，债务人不履行或者履行不适当的，债权人可以依法向有管辖权的人民法院申请执行。前款规定的债权文书确有错误的，人民法院裁定不予执行，并将裁定书送达双方当事人和公证机构。"

《民事诉讼法》第249条规定："对公证机关依法赋予强制执行效力的债权

文书，一方当事人不履行的，对方当事人可以向有管辖权的人民法院申请执行，受申请的人民法院应当执行。公证债权文书确有错误的，人民法院裁定不予执行，并将裁定书送达双方当事人和公证机关。"由此可见，公证机构赋予强制执行效力的债权文书，与人民法院作出的生效判决书、裁定书、调解书具有同等的强制执行效力。

第八章　中国法律援助制度

第一节　法律援助制度概述

一、法律援助制度的概念

法律援助，又被称作"法律救助""法律扶助""司法援助"，是指为无力支付诉讼费用的公民或其他当事人提供法律帮助的法律制度。该制度的目的是维护相关人员的合法权益，实现法律面前人人平等。[①]

法律援助可以从两个方面来理解。一方面，它是公民享有的社会权利。这一权利已经在《公民权利和政治权利国际公约》《联合国少年司法最低限度标准规则》《欧洲人权公约》里得到了确认，并且在各国宪法里作出了规定。另一方面，法律援助制度是现代法治国家所承担的国家责任。它应当是由国家强制力保障实施的国家行为。尽管各国的法律援助主体、对象、方式等具体安排有差异，但是，其目的都是保障社会弱者获得法律救济的权利，以保障其合法权益实现的法律制度。

依据我国《法律援助法》第2条的相关规定，可以将法律援助界定为：国家建立的为经济困难公民和符合法定条件的其他当事人无偿提供法律咨询、代理、刑事辩护等法律服务的制度，是公共法律服务体系的组成部分。

二、法律援助制度的产生原因和功能

（一）产生原因

从根本上说，法律援助制度的产生、发展取决于社会的需求。法律程序和法律职业的专门化、诉讼成本较高等原因，都导致了法律援助的产生。

1. 法律程序和法律职业的专门化。作为一门专门知识，法律难以为一般人所掌握。普通公民在遇到法律问题时，需要求助于具备法律知识和技能的律师。有无法律职业人员的帮助成为能否利用司法资源的前提，也成为诉讼成败的原因之一。为保障当事人获得最低限度的法律帮助，就产生了法律援助制度。

2. 诉讼成本较高。国家司法资源的投入与当事人的纠纷解决需求之间可能

[①]　范愉、彭小龙、黄娟编著：《司法制度概论》（第3版），中国人民大学出版社2016年版，第276页。

存在一定程度供求失衡。法律援助的目标之一是提高弱势群体的诉讼能力，保证司法资源平等利用，实现社会正义。

（二）功能

法律援助制度的功能主要有如下三个方面。

1. 保障公民权利，实现司法平等。法律援助的目标之一是提高弱势群体的诉讼能力，保证司法资源平等利用，实现社会正义。

2. 有利于实现司法的实质公正和社会功能。法律援助首先追求的是一种程序公正。但法律援助制度的建立有利于通过个案实现实质正义、保护人权，维护弱者权益，这实际上也为追求司法的实质公正创造了条件，并有利于发挥司法在社会决策、公共利益和资源分配方面的作用。

3. 有利于提高司法效率。通过律师的参与，提高调查取证、证据交换、法庭调查和辩论等环节的规范性，有利于准确把握事实争点和法律问题所在，大大提高司法活动的效率。非诉讼法律援助在及时、快速解决纠纷，减少诉讼累积，节约司法资源方面具有更高的效益。

三、法律援助的主体和责任主体

法律援助的主体，是指具体实施法律援助的机构或个人。一般来说，法律援助的主体是具有法律技能的法律执业人员或专门的法律机构，特别是律师和法院。

最初的法律援助主要是建立在律师的道德义务和慈善事业基础上的，律师本身并无法定义务承担这一责任。后来，法律援助逐步发展为公益社会慈善组织或律师行业的责任范围。当代法律援助事业已经建立在更广泛的社会基础上，参与法律援助事业的包括国家行政机构和各种社会团体，如工会、福利机构、新闻媒体、银行以及其他非政府组织，它们都已成为法律援助的主体。

法律援助的责任主体，是指由谁来承担对需要援助的对象提供法律援助的义务和责任。在当代，主要是指国家或政府。随着法律援助事业在现代法治和人权保护中的意义不断提升，提供法律援助不再仅仅被认为是律师的一种道德义务，而逐渐被作为国家为公民提供的一种福利和保障，成为国家的责任。我国《法律援助法》第4条规定，"县级以上人民政府应当将法律援助工作纳入国民经济和社会发展规划、基本公共服务体系，保障法律援助事业与经济社会协调发展。县级以上人民政府应当健全法律援助保障体系，将法律援助相关经费列入本级政府预算，建立动态调整机制，保障法律援助工作需要，促进法律援助均衡发展"。可见，依据我国法律，法律援助被视为政府的责任。当代的法律援助事业已经逐步变成国家司法制度的组成部分，成为公民应该享有的一项基本社会权利。国家已成为现代法律援助的责任主体，通过立法和财政投入保障法律援助制度的运作，并与原有的志愿义务式的法律援助资源进行整合，构成一种多元化的法律援助网络和机制。

四、法律援助制度的历史沿革

法律援助在中国的建立和发展经历了四个阶段。

（一）萌芽、试点阶段

1992 年至 1996 年是我国法律援助制度的萌芽和试点阶段。1992 年，武汉大学社会弱者保护中心成立，是我国最早的法律援助机构。1994 年，中国首次公开提出了建立法律援助制度的设想。同年，中国第一个法律援助基金，北京律师法律援助基金设立。在这一阶段，由于建立和实施中国法律援助制度的口号刚刚提出，因此无论是初涉法律援助的人员，还是法学界的专家学者，他们对于法律援助的基本内容和各国法律援助制度的情况都知之甚少。对于在中国建立和实施法律援助制度，只能是边探索边实践。1994 年年初至 1996 年年初，司法部先后在广州、武汉、北京、郑州等大城市进行了法律援助的试点，其模式主要有三种。一是广州模式。广州市设立了专门的法律援助机构——广州市法律援助中心。该中心既有审查批准法律援助的管理人员，也有专职的办理法律援助案件的律师，同时还指派社会律师办理法律援助案件。二是北京、浦东模式。该模式的特点是设立专门的法律援助中心，分别为北京市法律援助中心和上海市浦东新区法律援助中心。其职能是专门从事法律援助的管理工作，负责安排社会律师到中心值班接待咨询；对申请法律援助并符合条件的公民，由值班律师给予法律援助。三是郑州模式。该模式的特点是专门设立法律援助机构（郑州市法律援助中心），配置若干具有律师资格或具有法律专长的人员。其主要职能是接待公民的咨询，并对符合法律援助条件的公民直接提供法律援助。这三种模式的共同特点是都设立了专门的法律援助机构，都或多或少配置了专门的工作人员。这三种模式的法律援助试点为后来法律援助模式的逐渐统一奠定了重要的实践基础。

(二) 初步建立阶段

1996 年年初至 1999 年上半年，是中国法律援助制度的初步建立阶段。经过两年多的试点和探索，三种法律援助模式利弊逐渐呈现，其中，广州模式在实践中被普遍认为比较合理和成熟。逐渐为越来越多的地方所效仿。1996 年 11 月，司法部在广州市召开首届全国法律援助工作会议，对法律援助两年多的试点工作进行总结，并且提出要用 5 年至 10 年的时间全面建立和完善法律援助制度。

1996 年 3 月修正的《刑事诉讼法》和同年 5 月颁布的《律师法》，对法律援助作了明确的规定。1996 年 12 月，司法部法律援助中心成立。与此同时，地方的法律援助机构也有了较快的发展。至 1997 年年底，全国法律援助机构发展到近 100 个，到 1998 年年底发展到 442 个。到 1999 年年底，发展到 1248 个，其中省级地方除江西和西藏外全部建立了法律援助机构，副省级和地区级地方法律援助机构占应建数的 74%，县级地方法律援助机构占应建数的 33.6%。

随着这一阶段法律援助机构的迅速建立和业务范围的不断扩大，学术界对我国法律援助制度的理论研究也不断深入，认识逐步深化，从而清晰地勾画出法律援助制度的蓝图。

(三) 全面发展阶段

从 1999 年 5 月至 2003 年 7 月，是中国法律援助制度的全面发展阶段。我国的《刑事诉讼法》和《律师法》虽然都有关于法律援助的某些规定，但是这些规定过于原则，不能成为实施法律援助的具体法律规范。1997 年，最高人民法院与司法部联合下发了《关于刑事法律援助工作的联合通知》，但这个通知仅解决了两部门关于刑事指定法律援助案件的工作衔接问题。1999 年 5 月，以最高人民法院与司法部下发的《关于民事法律援助工作若干问题的联合通知》和青岛市人大颁布的第一个地方性法律援助法规为标志，中国的法律援助制度开始步入规范化、制度化的轨道。此后，广东、浙江、山东等省的人大常委会先后颁布了地方性法律援助法规。2001 年 3 月，全国人大通过的《国民经济和社会发展第十个五年计划纲要》明确提出"建立法律援助体系"的目标，这是我国最高国家权力机关首次将法律援助事业纳入社会发展的范畴。2001 年 8 月 22 日，西藏自治区法律援助中心宣告成立，这标志着全国省级法律援助机构全部建成，中国法律援助制度的雏形基本形成。2003 年 7 月 21 日，国务院颁布《法律援助条例》，同年 9 月 1 日该条例生效施行。2005 年 9 月 28 日，最高人民法院、最高人民检察院、公安部、司法部联合印发《关于刑事诉讼法律援助工作的规定》。至此，经过十多年的探索和实践，中国的法律援助事业实现了历史性的飞跃，进入了全面发展阶段。

（四）完善阶段

自 2003 年 9 月 1 日起施行的《法律援助条例》规定了请求支付劳动报酬、赡养费、抚养费、扶养费等事项的范围。近年来，随着各地法律援助工作的开展，法律援助事项范围已经不再局限于此。各地密切关注转变经济发展方式、调整经济结构过程中出现的新情况新问题，主动及时地将工伤事故、交通事故、医疗事故、征地拆迁以及环境污染侵权等与民生问题紧密相关的权益保护事项纳入法律援助补充事项范围，越来越多的地方将经济困难标准调整至低保线的 1.5 倍至 2 倍，使法律援助惠及更多困难群众。与此同时，我国不断加大法律援助财政支持力度，中央和大部分省级地方设立了法律援助专项经费，支持贫困地区开展法律援助工作。

2012 年 3 月 14 日，第十一届全国人民代表大会第五次会议审议通过了《关于修改〈中华人民共和国刑事诉讼法〉的决定》，进一步完善了我国的法律援助制度。修改后的《刑事诉讼法》扩大了刑事法律援助的适用对象，提前了刑事法律援助的适用时间；明确了公安机关、人民检察院和人民法院一样，均有应当通知法律援助机构指派律师为法律援助对象提供辩护的义务和责任。

为推进法律援助工作规范化、标准化建设，确保为困难群众提供符合标准的法律服务，司法部于 2012 年 4 月 9 日印发了《办理法律援助案件程序规定》，对法律援助机构办理法律援助案件的程序作了具体明确的规定。

2013 年 2 月 4 日，最高人民法院、最高人民检察院、公安部、司法部经修订后重新印发《关于刑事诉讼法律援助工作的规定》，对我国刑事诉讼法律援助制度予以进一步完善。

2015 年 6 月 29 日，中共中央办公厅、国务院办公厅印发《关于完善法律援助制度的意见》，明确要求扩大法律援助范围、提高法律援助质量、提高法律援助保障能力、切实加强组织领导，保证人民群众在遇到法律问题或者权利受到侵害时获得及时有效的帮助。

2021 年 8 月 20 日，全国人大常委会通过《法律援助法》，自 2022 年 1 月 1 日起施行。自此，我国有专门法律对法律援助进行规定。该法规定了法律援助的机构、人员、形式、范围、程序、实施、保障和监督，并规定了法律援助的有关责任。该法标志着我国在保障公民合法权益，发展社会公益事业，健全完善社会保障体系，健全社会主义法治，保障人权方面的进步。

第二节　中国的法律援助制度

一、法律援助的对象

根据《法律援助法》《刑事诉讼法》等法律法规，我国法律援助对象的范围如下。

第一，因经济困难没有委托代理人的，可以向法律援助机构申请法律援助。

第二，刑事案件的犯罪嫌疑人、被告人因经济困难或者其他原因没有委托辩护人的，可以申请法律援助。刑事案件的犯罪嫌疑人、被告人属于未成年人，视力、听力、言语残疾人，不能完全辨认自己行为的成年人，可能被判处无期徒刑、死刑的人，申请法律援助的死刑复核案件被告人，缺席审判案件的被告人，没有委托辩护律师的，应当获得法律援助。其他适用普通程序审理的刑事案件，被告人没有委托辩护人的，人民法院可以通知法律援助机构指派律师担任辩护人。

第三，强制医疗案件的被申请人和被告人没有委托诉讼代理人的，人民法院应当通知法律援助机构指派律师为其提供法律援助。

第四，英雄烈士近亲属为维护英雄烈士的人格权益、因见义勇为行为主张相关民事权益、再审改判无罪请求国家赔偿等案件，申请法律援助，不受经济困难条件的限制。

第五，对外国人和无国籍人提供法律援助，我国法律有规定的，适用法律规定；我国法律没有规定的，可以根据我国缔结或者参加的国际条约，或者按照互惠原则给予法律援助。

具体而言，以申请人或者指定援助的法律事项为标准，法律援助对象可以分为刑事法律援助对象、民事法律援助对象和行政法律援助对象。刑事法律援助对象是指《法律援助法》,《刑事诉讼法》, 司法部及司法部与最高人民法院、最高人民检察院、公安部联合颁布的刑事法律援助文件中规定服务范围内符合法律援助条件的有关人员。民事法律援助对象是指《法律援助法》,《律师法》, 司法部及司法部与民政部、全国妇联、全国残联、共青团中央等机关联合颁布的民事法律援助文件规定范围内符合法律援助条件的民事诉讼案件的当事人。行政法律援助对象是指《法律援助法》、司法部文件规定范围内请求国家赔偿的诉讼案件和行政诉讼案件中符合法律援助条件的当事人。

二、法律援助的范围

社会资源具有有限性,国家不可能为所有人提供法律援助服务。一般来说,国家在法律中明确规定受援助对象必须符合一定的条件,也规定法律援助事项的范围,即国家提供法律援助的具体领域。法律援助范围与一国的经济社会政治发展水平有关。一个国家在不同的历史阶段,法律援助范围也可能不同。我国的法律援助范围如下。

（一）刑事领域

根据我国《法律援助法》《刑事诉讼法》的规定,我国可申请法律援助的范围如下。

第一,当事人可以申请法律援助的情形。根据《法律援助法》的规定,刑事案件的犯罪嫌疑人、被告人因经济困难或者其他原因没有委托辩护人的,本人及其近亲属可以向法律援助机构申请法律援助。

第二,人民法院、人民检察院、公安机关应当通知法律援助机构指派律师的情形。包括:（1）未成年人;（2）视力、听力、言语残疾人;（3）不能完全辨认自己行为的成年人;（4）可能被判处无期徒刑、死刑的人;（5）申请法律援助的死刑复核案件被告人;（6）缺席审判案件的被告人;（7）法律法规规定的其他人员。

第三,人民法院可以通知法律援助机构指派律师的情形。除上述"人民法院、人民检察院、公安机关应当通知法律援助机构指派律师"的情形,其他适用普通程序审理的刑事案件,被告人没有委托辩护人的,人民法院可以通知法律援助机构指派律师担任辩护人。

第四,应当指派具有 3 年以上相关执业经历的律师担任辩护人的情形。对于可能被判处无期徒刑、死刑的人，以及死刑复核案件的被告人，法律援助机构收到人民法院、人民检察院、公安机关通知后，应当指派具有 3 年以上相关执业经历的律师担任辩护人。

可见，我国的刑事法律援助贯穿于从侦查到审判的各个诉讼阶段，法律援助对象不仅包括犯罪嫌疑人、被告人和被害人、自诉人，而且包括被害人的法定代理人或者近亲属以及自诉人的法定代理人；所提供的援助范围既包括进行刑事辩护和代理，也包括提供法律咨询和法律服务。

2015 年 6 月 29 日，中共中央办公厅、国务院办公厅印发的《关于完善法律援助制度的意见》明确要求，进一步加强刑事法律援助工作。其具体措施包括：（1）开展试点，逐步开展为不服司法机关生效刑事裁判、决定的经济困难申诉人提供法律援助的工作。（2）建立法律援助值班律师制度，法律援助机构在法院、看守所派驻法律援助值班律师。（3）健全法律援助参与刑事案件速裁程序试点工作机制。（4）建立法律援助参与刑事和解、死刑复核案件办理工作机制，依法为更多的刑事诉讼当事人提供法律援助。

（二）民事、行政领域

根据《法律援助法》的规定，在民事、行政领域，可申请法律援助的范围如下。

第一，因经济困难不能委托代理人，可以向法律援助机构申请法律援助的情形。（1）依法请求国家赔偿；（2）请求给予社会保险待遇或者社会救助；（3）请求发给抚恤金；（4）请求给付赡养费、抚养费、扶养费；（5）请求确认劳动关系或者支付劳动报酬；（6）请求认定公民无民事行为能力或者限制民事行为能力；（7）请求工伤事故、交通事故、食品药品安全事故、医疗事故人身损害赔偿；（8）请求环境污染、生态破坏损害赔偿；（9）法律、法规、规章规定的其他情形。

除上述情形外，根据《法律援助法》第 33 条规定，针对当事人提出申诉、申请再审的案件，因经济困难没有委托辩护人或者诉讼代理人的，本人及其近亲属可以向法律援助机构申请法律援助。

第二，不受经济困难条件的限制，当事人可以申请法律援助的情形。（1）英雄烈士近亲属为维护英雄烈士的人格权益；（2）因见义勇为行为主张相关民事权益；（3）再审改判无罪请求国家赔偿；（4）遭受虐待、遗弃或者家庭暴力的受害人主张相关权益；（5）法律、法规、规章规定的其他情形。

中共中央办公厅、国务院办公厅印发的《关于完善法律援助制度的意见》明确要求扩大民事、行政法律援助覆盖范围。其具体措施包括：（1）各省（自治区、直辖市）要在《法律援助条例》规定的经济困难公民请求国家赔偿，给予社会保险待遇或者最低生活保障待遇，发给抚恤金、救济金，给付赡养费、抚养费、扶养费，支付劳动报酬等法律援助范围的基础上，逐步将涉及劳动保障、婚姻家庭、食品药品、教育医疗等与民生紧密相关的事项纳入法律援助补充事项范围，帮助困难群众运用法律手段解决基本生活生产方面的问题。（2）探索建立法律援助参与申诉案件代理制度，开展试点，逐步将不服司法机关生效民事和行政裁判、决定，聘不起律师的申诉人纳入法律援助范围。（3）综合法律援助资源状况、公民法律援助需求等因素，进一步放宽经济困难标准，降低法律援助门槛，使法律援助覆盖人群逐步拓展至低收入人群，惠及更多困难群众。（4）认真组织办理困难群众就业、就学、就医、社会保障等领域涉及法律援助的案件，积极提供诉讼和非诉讼代理服务，重点做好农民工、下岗失业人员、妇女、未成年人、老年人、残疾人和军人军属等群体法律援助工作，切实维护其合法权益。

中共中央办公厅、国务院办公厅印发的《关于完善法律援助制度的意见》中还明确要求实现法律援助咨询服务全覆盖。具体措施包括：（1）建立健全法律援助便民服务窗口，安排专业人员免费为来访群众提供法律咨询，对咨询事项属于法律援助范围的，应当告知当事人申请程序，对疑难咨询事项实行预约解答。（2）拓展基层服务网络，推进法律援助工作站点向城乡社区延伸，方便群众及时就近获得法律咨询。加强"12348"法律服务热线建设，有条件的地方开设针对农民工、妇女、未成年人、老年人等群体的维权专线，充分发挥解答法律咨询、宣传法律知识、指导群众依法维权的作用。（3）创新咨询服务方式，运用网络平台和新兴传播工具，提高法律援助咨询服务的可及性。广泛开展公共法律教育，积极提供法律信息和帮助，引导群众依法表达合理诉求。

三、法律援助的管辖

在实践中，由于法律援助案件涉及面广，种类繁多，情况复杂，因此为了保障各级法律援助机构能够依法、正确、及时地履行职责，避免由于管辖的无序和混乱导致当事人的合法权益受到侵犯，同时也为了能够使各级法律援助机构之间的管辖争议得到及时、合理的解决，首先需要确定我国法律援助的管辖原则。根据《刑事诉讼法》《律师法》《法律援助法》等有关法律法规的规定，结合开展法律援助工作的成功做法，我国无论是在确立法律援助的级别管辖、地域管辖还是指定管辖或者进行各地区间的管辖协作时，都应当遵循以下原则。

第一，便利法律援助机构审查、指派和监督的原则。根据我国法律援助制度"四统一原则"的要求，在确定法律援助管辖时，要保障法律援助机构能够及时受理、审查、指派法律援助案件，并及时有效地监督法律援助案件的承办情况和承办质量。

第二，便利当事人的原则。法律援助是为社会的贫、弱、残者以及特殊案件的当事人提供免费的法律帮助。从援助对象所处的地位来看，他们大多数生活在社会的最基层；从其个人财产状况来看，他们又多是社会的贫困者，不能支付有偿法律服务所需要的费用。所以，在确定法律援助管辖时，必须考虑法律援助对象的特殊性，以便利当事人申请法律援助为原则，避免当事人浪费人力、财力，影响正常生活。因此，一般法律援助案件应以基层县（区）法律援助机构管辖为主，以满足贫困当事人就近申请的需要。

第三，法律援助管辖与人民法院的案件管辖相对应的原则。依照法律规定，我国现行的审判体制分为四级。根据三大诉讼法的有关规定，不同级别的人民法院对不同的刑事案件、民事案件、行政案件行使管辖权。根据我国法律援助制度中法律援助机构的总体建设目标，原则上，我国县（区）以上（含县区）设置人民法院的地方都要普遍设立法律援助机构，即以现有的行政区划为基准，建立与人民法院相对应的法律援助机构。法律援助机构健全后，按照所确立的目标，当事人可以到受理案件人民法院所在地的法律援助机构申请法律援助。也就是说，案件由哪一级人民法院管辖，法律援助事项就由相应级别的法律援助机构管辖。例如，《法律援助法》第38条规定："对诉讼事项的法律援助，由申请人向办案机关所在地的法律援助机构提出申请；对非诉讼事项的法律援助，由申请人向争议处理机关所在地或者事由发生地的法律援助机构提出申请。"

第四，属地管辖与属人管辖并存的原则。一般来说，诉讼案件的法律援助由有审判管辖权的人民法院所在地的法律援助机构进行，对非诉讼案件的法律援助由当事人的住所地或者工作单位所在地的法律援助机构进行。

第五，管辖的确定性和灵活性相结合的原则。法律援助的事项种类繁多，既包括刑事案件、民事案件，也包括行政案件以及非诉讼事项；法律援助的对象，既有中国公民，也有外国公民，还包括一些社会福利组织。因此，在确定法律援助管辖时，除要符合法律、法规和一些规范性文件明确提出的要求外，对一些管辖权不明确，或者按照规定确定管辖不利于维护当事人的合法权益或者不利于法律援助机构正确、及时审查、指派，或者不利于法律援助人员承办案件的情况，在确定管辖时要有一定的灵活性。

依据上述原则，我国的法律援助管辖确立了相应的级别管辖和地域管辖标准。按照法律援助的管辖与人民法院的案件管辖相对应的原则，对于人民法院指定的法律援助案件，由该法院对应的同级法律援助机构管辖。按照司法部有关法律援助规范性文件的要求和最高人民法院的相关司法解释，结合目前我国法律援助实践中的一般做法，我国法律援助的级别管辖分为县（区）、市（地）、省（自治区、直辖市）、国家法律援助机构四级，每一级法律援助机构管辖的内容也各有侧重。

有关地域管辖，由于我国的法律援助机构一般是按行政区划来设置的，因此确定法律援助地域管辖的区域也与行政区划的区域相统一，从而勾画出同级法律援助机构之间各自行使法律援助管辖权的空间范围。①

四、中国法律援助的机构与职能

（一）机构

我国法律援助机构的设立与我国的国情相适应，已经形成了四级架构。

第一，在国家层面，建立司法部法律援助中心，对全国的法律援助工作实施指导、监督。司法部法律援助中心主要负责业务指导、制定规划、制度，协

---

① 《法律援助条例》第 14 条规定："公民就本条例第十条所列事项申请法律援助，应当按照下列规定提出：（一）请求国家赔偿的，向赔偿义务机关所在地的法律援助机构提出申请；（二）请求给予社会保险待遇、最低生活保障待遇或者请求发给抚恤金、救济金的，向提供社会保险待遇、最低生活保障待遇或者发给抚恤金、救济金的义务机关所在地的法律援助机构提出申请；（三）请求给付赡养费、抚养费、扶养费的，向给付赡养费、抚养费、扶养费的义务人住所地的法律援助机构提出申请；（四）请求支付劳动报酬的，向支付劳动报酬的义务人住所地的法律援助机构提出申请；（五）主张因见义勇为行为产生的民事权益的，向被请求人住所地的法律援助机构提出申请。"该条所确认的就是民事行政类法律援助案件的地域管辖原则。

调全国法律援助工作。在必要时，司法部法律援助中心还承办少量案件。

第二，在省级层面，建立省级法律援助中心。省级法律援助中心在业务上接受司法部法律援助中心的指导和监督，对所辖区域内的法律援助工作实施指导和协调。此外，还承担少量为公民提供法律援助的职能。

第三，在地、市级层面，建立地区法律援助中心，负责对法律援助工作进行管理、实施。

第四，在区、县级层面，建立县级法律援助中心，负责实施本地的法律援助工作。

除这四级法律援助中心外，一些社会团体，如妇联、工会、残联，以及政法院校也建立了法律援助组织，在我国的法律援助事业中发挥着作用。

（二）职能

我国法律援助制度的具体实施，是四级法律援助机构在统一的法律援助管理制度下通过发挥各自的职能进行的。我国法律援助机构绝大多数承担着管理和实施的双重职能。法律援助机构的管理职能，主要是指对法援项目、提供法援的组织进行管理，制订法援计划、政策、制度，管理经费，建立法援质量保障机制。法律援助机构的实施职能，是指根据法律援助的管辖规定具体承办各类法律援助案件或事项，包括刑事案件的辩护，民事、行政案件的代理以及法律咨询等。其一般程序是：由需要提供援助者向某一法律援助机构提出法律援助的申请，由该机构对申请进行审查批准，然后指派法律援助人员向申请人提供法律援助服务。

五、法律援助人员的权利和义务

法律援助人员，是指具体履行法律援助职能，承办事项与案件的人员。法律援助人员是与具体受援人直接联系的法律援助主体，因此是实现法律援助政策和目标的重要一环，也是保障法律援助事业顺利开展和实施的重要因素。根据《法律援助法》第13条至第17条的规定，在我国，律师事务所的律师、法律援助机构的工作人员以及其他社会组织所属的人员都可以成为法律援助人员。

（一）法律援助人员的权利

根据有关法律法规的规定，法律援助人员在实施法律援助的过程中，享有下列权利：（1）有权要求受援人提供与法律援助事项有关的材料，如实陈述事实和情况，提供有关证据材料；（2）对不符合法律援助条件的事项，可以提请法律援助机构终止法律援助；（3）认为不宜承办所指派的法律援助事项时，可以申请法律援助机构批准，终止法律援助；（4）有权从法律援助机构获得适当的报酬；（5）有关法律法规规定的其他权利。

（二）法律援助人员的义务

法律援助人员在实施法律援助过程中，应当履行的义务包括以下几个方面：（1）无正当理由不得拒绝、延迟、中止或者终止承办的法律援助事项。法律援助人员接受指派后，应当认真履行法律援助职责，恪守职业道德，努力为受援人员提供优质的法律援助，依法维护受援人的合法权益，无特殊情况不得中止所承办的法律援助事项，更不得拒绝给受援人提供法律援助。（2）在承办案件中，应当保守国家秘密和有关商业秘密，不得泄露当事人的隐私，不得向受援人索取、收取金钱、物品，或者牟取其他不正当利益。（3）应当及时向受援人通报办理法律援助事项的进展情况。（4）法律援助事项完成后，应当及时将有关材料整理归档，向法律援助机构提交结案报告。（5）办理法律援助事项按规定需要回避的，应当回避。（6）在提供法律援助时，应当基于诚信、公平、理性和良知，不得违背公序良俗及有关法律法规规定的其他义务。

六、法律援助资金的来源

我国法律援助资金主要来源于以下几个方面。

第一，政府的财政拨款。就法律援助具有社会保障功能而言，它和社会救济都是法律规定的保障公民权利的重要措施，是国家的基本职能之一。因此，法律援助基金的主要来源应当是国家的财政拨款。《法律援助法》第4条规定，县级以上人民政府应当"将法律援助相关经费列入本级政府预算"。目前凡是已经颁布法律援助地方性法规和规章的地方，其法律援助条例或法律援助办法都明确规定了法律援助经费应当列入同级政府的财政预算。政府财政拨款有直接拨款与间接拨款两种方式。直接拨款是政府将法律援助工作纳入每年的财政预算，专项拨付资金。间接拨款是政府虽然没有将法律援助工作所需资金纳入财政预算，但将法律援助机构依法收取受援人应当分担的办案费用纳入行政事业收费。

第二，社会捐助。通过社会捐助筹集资金，有以下几种方式。其一，以基金形式接受捐助。成立法律援助基金，接受捐赠。基金通过合法的运作将增值部分用于法律援助业务开支。目前，我国已经成立法律援助基金会，各地方根据自身情况设立基金会。其二，指定用途捐助。这个主要是指公民、法人或其他组织的资助。例如，妇联、残联、工会等在本行业发展基金中设立法律援助基金，专门用于资助本行业需要法律援助的妇女儿童、残疾人、职工等。

第三，其他资金来源渠道。除政府的财政拨款、社会捐助外，法律援助的其他资金来源渠道主要包括国际组织以项目合作的形式进行资助、法院支付补贴、基金会资金的合法增值、受援人分担法律援助的办案费用、公益福利彩票收入的定向使用、律师信托账户的利益、法律保险等。

七、法律援助的实施形式

法律援助的实施形式，即保障受援人合法权益、实现法律援助制度功能的方法和途径。一般而言，经济发达、法治化程度较高的国家，其法律援助的范围相对广泛，法律援助的实施形式也比较多。反之，则实施形式相对较少。我国《法律援助法》第22条规定了我国法律援助的形式，包括法律咨询、代拟法律文书、刑事辩护与代理等。在实践中，我国法律援助工作虽然起步较晚，但法律援助的实施形式已具多样性，主要包括法律援助咨询、代理、辩护、调解和公证。此外，司法部在全国广泛推广的"12348"法律服务热线专用电话，作为提供法律咨询的一种渠道，也是法律援助的重要形式。

（一）法律援助咨询

法律援助机构提供的法律援助咨询，一般分为简易法律咨询和复杂法律咨询。前者主要是对咨询者提出的有关法律援助制度方面的问题以及日常遇到的简单法律问题进行解答，通常时间有限，这类咨询往往是法律援助机构接受法律援助申请的渠道之一。开展这类咨询，不需要审查经济条件。后者是指在法律援助实施的过程中，从事法律援助的工作人员针对受援人提出的各种法律问题进行解释和说明，或者提供法律意见和建议，为受援人排忧解难。

（二）法律援助代理

代理是指代理人以被代理人的名义，在被代理人授予的权限范围内，为代理行为，代理行为的法律后果由被代理人承担的一项法律制度。作为法律援助的一种实施形式，代理主要表现为法律援助机构接受公民的法律援助申请后，经审查作出给予法律援助的决定，随后指派法律援助人员担任其代理人，根据受援人的委托事项和授权范围为受援人提供专项法律援助服务，以维护其合法权益。根据代理事项的不同，法律援助代理可以分为刑事诉讼法律援助代理、民事诉讼法律援助代理、行政诉讼法律援助代理、仲裁法律援助代理。

（三）刑事法律援助辩护

刑事法律援助辩护是指法律援助机构接受公安机关、人民检察院、人民法院通知或受援人及其法定代理人、近亲属的申请，指派法律援助律师担任受援人的辩护人，参加刑事诉讼活动，维护受援人合法权益的行为。对公诉案件的犯罪嫌疑人、被告人提供法律援助具有十分重要的意义。一方面，这是保障犯罪嫌疑人、被告人人权的必然要求。近现代随着法制的不断健全，尊重保护个人的权利和自由成为各国加强民主法治的重要目标，在刑事诉讼中则体现在对犯罪嫌疑人、被告人的人权保障上，通过法律援助律师的介入，为那些因特殊原因导致刑事辩护权存在障碍的犯罪嫌疑人、被告人提供法律援助，使之有充分的机会和手段维护自身的合法权益，正是国家对犯罪嫌疑人、被告人给予充分的人权保障的重要体现。另一方面，这也是现代刑事诉讼制度科学化、民主化的要求。现代刑事诉讼制度要求司法机关在办理刑事案件时，应充分体现民主，并接受监督和制约。法律援助律师以辩护人的身份参加刑事诉讼活动，针对公诉机关对受援被告人的指控，依据事实和法律提出辩护意见，无疑是一种重要的监督和制约形式。现代刑事诉讼制度要求审判机关应保证裁判的公正性和科学性，通过充分听取法律援助律师与公诉人双方的意见，审查双方提交的证据，有利于审判机关查明案件事实、公正裁判。

（四）法律援助调解

法律援助调解是指法律援助机构指派法律援助人员，以调解人的身份，对纠纷双方进行规劝和疏导，使其消灭误解、权衡利弊、互相谅解，从而促使双方自愿达成调解协议的行为。由于法律援助调解人与受援人之间没有报酬关系，而是履行政府对公民的法律援助职能，因而能够比较客观公正地提出解决纠纷的意见和方案。法律援助调解人的这种角色定位也容易得到对方当事人的信任。法律援助调解人促成受援人之间达成调解协议的可能性往往比其他有偿服务的诉讼代理人会更高一些，因此法律援助调解人应当尽可能地利用这一决策优势，争取以调解方式解决纠纷。

（五）法律援助公证

法律援助公证是指公证机关对符合法律援助条件的公证事项免收或减收公证服务费，提供公证服务的形式。法律援助公证是法律援助的重要实施形式之一。对申请公证法律援助事项的审查，由法律援助机构与公证机关共同决定。

八、小结

法律援助制度是世界上许多国家普遍采用的一项司法救济制度。各国对法律援助的概念表述存在差异，反映了各国法律援助制度的侧重面不同。在 19 世纪末以前，法律援助通常被认为是律师提供法律服务的一种慈善事业。从 20 世纪初开始，尤其自 20 世纪中叶以来，随着社会平等观念的发展和人权保障运动的高涨，法律援助制度开始成为国家治理结构的重要部分。从性质上看，现代法律援助制度具有以下两个显著的特征。第一，法律援助制度是公民应当享有的一项社会权利。第二，法律援助制度是现代法治国家必须承担的国家责任。在当代，法律援助的责任主体主要是国家或政府；法律援助的主体是具有法律技能的法律执业人员或专门的法律机构。

法律援助的功能主要有：保障公民权利，实现司法平等；有利于实现司法的实质公正和社会功能；有利于提高司法效率。

我国法律援助的对象是自然人，且仅限于经济困难者。我国法律援助对象还限于有正当理由进行诉讼，确实需要法律帮助者。我国法律援助的对象无国籍限制。我国法律援助的范围包括刑事、民事、行政领域。

第九章　中国调解制度

第一节　调解制度概述

一、调解制度的概念和分类

调解，是指在第三人的主持下，依据法律法规、政策以及社会公序良俗，通过说服教育和劝导协商，在双方自愿的基础上达成协议，解决纠纷。调解是一种重要的"替代争议解决方式"（Alternative Dispute Resolution）。它缓解了审判机关的工作压力，是诉讼程序的有力补充，在处理矛盾纠纷方面发挥着重要的作用。

对于这一概念，可从以下几个方面理解。

第一，调解由第三人主持。这是调解与当事人和解的最大区别。"第三人"包括调解组织和其他具有调解职能的组织。调解组织，是指依法成立的专门从事调解工作的组织，在我国主要指人民调解委员会。其他具有调解职能的组织，是指专门调解组织以外的司法机关或法律授权的专门组织。通常情况下，在与这些机关和组织相关的法律中，均规定了调解程序。不过，在大多数情况下，法律规定可以调解，但调解不是处理纠纷的必经程序；只有在极少数情况下，调解是处理案件的必经程序。

第二，调解为双方当事人自愿。现行立法的自愿，既包括程序意义上的自愿，也包括实体意义上的自愿。前者是指用调解的方式解决纠纷，应出于双方当事人的意愿，或取得双方的同意。当事人一方或双方不愿调解的，不得强制调解。后者是指经调解达成的调解协议中的内容，必须是当事人双方真实的意思表示，不得勉强。在调解中，调解者在促成当事人合意时可以采用多种方法，譬如调解者作为纯粹中立的冷静观察者和监督者，或积极的对立平息者，或对话的中介，或作为专家、权威对结果提供评价性的信息。① 但是，无论调解者的作用如何，其都不能为当事人作出决定。能否达成调解协议、达成何种内容的调解协议，都取决于当事人的意愿。

第三，调解的范围是民商事纠纷和轻微刑事案件。调解是息讼解纷的一种

---

① 常怡主编：《中国调解制度》，法律出版社 2013 年版，第 265 页。

有效途径和手段。调解的范围是民商事纠纷和轻微的刑事案件。严重的刑事案件应当由司法部门予以追究和打击，调解组织无权处理。

在我国，按照调解组织的不同，调解制度可分为以下种类：人民调解、仲裁调解、行政调解、律师调解、消费者协会调解和法院调解等。从以上分类可以看出，调解制度主要存在于非诉讼法律活动中，同时也存在于诉讼制度中。不同的调解制度具有不同的法律效力。通过人民调解、行政调解、律师调解和消费者协会调解所达成的调解协议，不具有任何法律效力。但是，仲裁机构和法院所作出的调解协议书，与仲裁裁决书和判决书具有同等法律效力，是法定民事执行的根据。人民调解、行政调解和法院调解，是我国调解体系中三个主要的调解形式。律师调解和消费者协会调解也是我国调解制度的组成部分。

二、调解制度的地位和功能

调解制度作为我国司法制度的有机组成部分，有着重要的地位和作用。我国调解制度历史悠久，从古至今一直是民间和官方解决民事纠纷和轻微刑事案件的重要方式。现今，我国调解制度已经形成了一套完整的调解体系，在非诉讼领域和诉讼领域均起着重要作用。审判和仲裁等法律制度中都规定了调解程序。调解制度作为非诉讼纠纷解决方式，有着深厚的社会基础和发展潜力。随着社会生活和工作节奏的不断加快以及社会经济和法律制度的发展，当事人、司法机关和法律授权的专门组织解决纠纷时，越来越讲究经济效率。调解制度所具有的自愿性、自主协商性和程序简便的特点，使它不仅符合当今社会的要求，而且在未来社会具有更加广阔的发展前景。

调解制度所具有的不可替代的功能，使得它成为我国法律制度中一个不可缺少的组成部分。我国的调解制度主要有以下功能。

第一，平息纷争。调解存在的社会基础就在于其贴近生活，方便人民群众，可以随时随地处理矛盾。调解组织往往设置在基层，各街道和乡村都设有调解组织或者配备调解人员；在法院、仲裁机构和其他负有解决纠纷法定职责的组织中，只要当事人同意，就可以先行调解。调解不拘泥于形式，在法律允许的范围内，双方当事人可以自主作出让步，达成协议。调解是在分清是非、化解矛盾的基础上进行的，所达成的协议是双方当事人真实的意思表示，更容易为双方当事人所遵守，从而能够更加彻底地解决纠纷。调解之所以能够产生、存在和不断发展，就在于它具有解决纠纷的功能。在当今社会，各种民商事纠纷大量出现，人们纷纷寻找解决纠纷的最佳途径和方法，各种解决纠纷的方式都得到了大力发展。而调解制度所具有的独特的纠纷解决的手段，越来越为人们所认识和接受。调解制度所具有纠纷解决功能，使它成为司法制度的重要组成部分。

第二，分流、减轻法院和仲裁机关的压力。调解组织解决了大量的民商事纠纷和轻微刑事案件，尤其是来自基层的纠纷。通过调解解决的纠纷，当事人大部分能够遵守协议，避免进入诉讼阶段或仲裁阶段，节约了司法资源。诉讼阶段达成的调解协议不允许上诉，简化了纠纷的解决程序。这些做法可以使法院和仲裁机关集中精力解决疑难案件和大案要案，节省了大量的人力、物力和财力。这体现了调解制度存在的必要性。有人将其称为解决社会生活中产生的大量矛盾的第一道防线。它大大降低了法院和仲裁机构的受案数量，减轻了它们的负担，起到了应有的作用。

第三，维护双方当事人的合法权益，稳定社会秩序。在调解的过程中，调解组织站在法律的立场上，以第三人的身份，不偏不倚，依照法律和情理调解纠纷。一旦当事人和解并达成调解协议，当事人双方的合法权益以协议的形式予以约束，纷争解决了，法律秩序则重新得到稳定。调解制度通过解决纠纷，最终维护当事人的合法权益，达到稳定社会生活秩序和工作秩序，促进社会经济、文化和政治发展的目的。

第二节　人民调解

一、人民调解的概念、特征和地位

（一）概念

人民调解，是指在人民调解委员会的主持下，通过说服教育，规劝引导纠纷当事人互谅互让，平等协商，依照法律、政策和社会公德达成协议，从而消除争执的一种群众性自治的纠纷解决方式。中立第三者的不同，是人民调解区别于其他调解方式的主要特征。

人民调解制度，是指由法律、法规和规章所规定的，人民调解组织和当事人进行调解活动所必须遵循的法律规范的总称。人民调解制度是我国司法制度的重要组成部分，属于民事程序法的范畴。《宪法》《民事诉讼法》《人民调解法》等法律、法规对其作了明确规定。

人民调解根源于我国"和为贵""无讼"的传统法律文化，被誉为"东方之花"。现代人民调解制度是继承发扬民间调解的传统，总结我国自第一次国内革命战争时期以来人民司法工作的经验，经过各个历史阶段的长期实践，不断发展和完善起来的一项具有中国特色社会主义民主的法律制度。

（二）特征

1. 自治性

人民调解制度是一种群众自治性的纠纷解决制度，其自治性主要体现在：（1）调解组织的自治性。人民调解是由人民调解委员会主持进行，人民调解委员会属于群众性自治组织，而非行政机构或司法组织。（2）工作方法的自治性。人民调解的工作方法是基于群众的自我教育、自我管理和自我约束，而不依赖国家强制力。（3）调解协议的自治性。其主要体现在当事人依自己的意思自愿达成调解协议，以及当事人应当按照约定履行调解协议。

2. 群众性

人民调解制度的群众性主要体现在：（1）人民调解委员会是最广泛的群众组织之一，遍布全国，基本形成了比较健全的调解组织网络。（2）人民调解员来自广大群众。（3）人民调解活动扎根于农村和城市基层社会生活的各个方面，人民调解委员会可随时随地以简便、灵活、快捷的方式解决民间纠纷。（4）人民调解委员会调解民间纠纷不收费，人民调解是为人民群众服务的、无偿的、义务的工作。（5）人民调解员经群众选举或者接受聘任而产生，是非职业性的纠纷解决者，因此人民调解工作具有业余性的特征。

3. 自愿性

自治性和群众性主要取决于人民调解工作的自愿性。调解本质上是当事人同意解决纠纷，因此自愿性是人民调解工作的基本要求。自愿性主要表现在：（1）人民调解工作的启动，一般源于当事人同意将纠纷提交给人民调解委员会；即便人民调解委员会主动介入纠纷的解决，也是以当事人同意认可为前提的。（2）人民调解工作必须在纠纷当事人自愿的基础上进行。（3）当事人达成的协议是一种自愿的合意行为。（4）调解协议不仅要自愿，而且要公平、合理、合法，后者是自愿性的基础；如果调解协议不公平、不合法，那么这种协议可能不是出于"真正的自愿"。（5）调解协议依靠当事人自觉自愿地履行。（6）纠纷当事人不愿意接受人民调解，有权随时向人民法院提起诉讼，或者向基层人民政府请求行政处理，人民调解活动应就此结束。法律保障当事人请求司法或行政救济的权利。

（三）地位

1. 在宪法和法律上的地位

人民调解是一项具有中国特色社会主义民主的法律制度，其本身也是"依法治国"的一种有效手段。1954 年《人民调解委员会暂行组织通则》确定了人民调解制度的法律地位。此后，不仅《城市居民委员会组织法》《村民委员会组织法》《民事诉讼法》《人民法院组织法》等法律对人民调解委员会作了规定，而且 1982 年《宪法》也对其作了规定，即人民调解制度具有宪法上的地位。1989 年国务院颁布的《人民调解委员会组织条例》、2002 年司法部颁布的《人民调解工作若干规定》以及 2010 年全国人大常委会通过的《人民调解法》，对人民调解制度均作了详细规定。

2. 在民主政治中的地位

人民调解制度是人民民主自治制度的一种。社会主义民主的本质是国家的一切权力属于人民。《宪法》规定，人民依照法律规定，通过各种途径和形式，管理国家事务，管理经济和文化事业，管理社会事务。人民调解是依照宪法和法律开展的一项群众性自治活动。它通过群众自我教育、自我约束、自我管理、自我服务、自我解决纠纷，体现了人民群众直接行使民主权利，直接管理社会事务，体现了社会主义的直接民主和人民群众当家作主的地位。人民调解委员会是群众自我解决纠纷的民主自治的重要形式，人民调解员可以由群众直接选举产生和罢免。人民调解制度把社会主义民主的要求与人民群众的愿望紧密结合起来，成为政府和群众联系的桥梁和纽带，促使人民群众直接参与社会事务的管理，这有助于社会主义民主建设的发展。

3. 在司法体系中的地位

人民调解制度是我国司法制度必不可少的重要组成部分，是国家为规范人民调解工作、完善人民调解组织、提高人民调解质量、解决纠纷、化解矛盾、维护社会稳定而设立的一种非诉讼纠纷解决机制。人民调解委员会不仅调解民间纠纷，而且调防结合，成为社会治安综合治理系统工程的重要环节。

二、人民调解委员会

（一）人民调解委员会的性质

人民调解委员会是解决民间纠纷的基层群众性自治组织。人民调解委员会的这一性质充分体现在人民调解制度的特征中，即自治性、群众性、自愿性和民主性，也明确规定于宪法和法律之中。《宪法》第 111 条规定："城市和农村按居民居住地区设立的居民委员会或者村民委员会是基层群众性自治组织……居民委员会、村民委员会设人民调解、治安保卫、公共卫生等委员会，办理本居住地区的公共事务和公益事业，调解民间纠纷，协助维护社会治安，并且向人民政府反映群众的意见、要求和提出建议。"《人民调解法》第 7 条规定："人民调解委员会是依法设立的调解民间纠纷的群众性组织。"

（二）人民调解委员会的任务

《人民调解委员会组织条例》第 5 条规定："人民调解委员会的任务为调解民间纠纷，并通过调解工作宣传法律、法规、规章和政策，教育公民遵纪守法，尊重社会公德。人民调解委员会应当向村民委员会或者居民委员会反映民间纠纷和调解工作的情况。"《人民调解工作若干规定》第 3 条规定："人民调解委员会的任务是：（一）调解民间纠纷，防止民间纠纷激化；（二）通过调解工作宣传法律、法规、规章和政策，教育公民遵纪守法，尊重社会公德，预防民间纠纷发生；（三）向村民委员会、居民委员会、所在单位和基层人民政府反映民间纠纷和调解工作的情况。"《人民调解法》虽然无明确条文规定人民调解委员会的任务，但可从相关的条文中看出对上述任务的要求。

1. 调解民间纠纷

人民调解委员会的首要任务是调解民间纠纷。所谓民间纠纷，泛指发生在民间的纠纷。《人民调解工作若干规定》第 20 条规定，人民调解委员会调解的民间纠纷，包括发生在公民与公民之间、公民与法人和其他社会组织之间涉及民事权利义务争议的各种纠纷。但从实践来看，除积极调解婚姻、家庭、邻里赔偿等常见性、多发性纠纷外，人民调解委员会还可以积极扩大工作领域，其范围应当包括：（1）一般民事纠纷，如恋爱、婚姻、家庭、继承、赡养、抚养、抚育、债务、赔偿、房屋、宅基地、相邻、承包、租赁、土地、山林、水利等纠纷;有些纠纷即便不涉及民事权利义务,也可纳入人民调解的范围,如夫妻、婆媳之间因家庭琐事引起的矛盾。(2)轻微行政违法行为引起的纠纷,如轻微伤害、斗殴、损毁、小额偷窃、欺诈。(3)轻微刑事违法行为引起的纠纷,如殴打、侮辱、诽谤、虐待、干涉婚姻自由等。1954年《人民调解委员会暂行组织通则》规定"轻微刑事案件"属于人民调解的范围,1989年《人民调解委员会组织条例》又将"轻微刑事案件"从人民调解的范围中删除,2010年《人民调解法》将调解范围界定为"民间纠纷"而未作出解释。我们认为,对于这类刑事违法行为可以提起自诉,在诉讼程序中法院可以调解,故当事人不自诉或自诉后又撤诉的,人民调解委员会当然可以调解。

《人民调解工作若干规定》《人民调解法》还进一步拓展了人民调解的工作领域。20世纪80年代以来,广大人民调解组织积极开展民间纠纷预防和防止纠纷激化的工作,形成了"调防结合,以防为主"的工作方针,坚持"抓早、抓小、抓苗头",广泛深入开展民间纠纷排查、纠纷专项治理、联防联调、创"四无"和"护城河工程"等形式多样的活动,努力将民间纠纷化解于激化之前、消灭在萌芽状态。在总结上述经验的基础上,《人民调解工作若干规定》将"防止民间纠纷激化""预防民间纠纷发生"也规定为人民调解委员会的任务。《人民调解法》规定,人民调解员"调解民间纠纷,应当及时、就地进行,防止矛盾激化"。

2. 进行法治宣传

通过人民调解工作,宣传法律、法规、规章和政策,教育公民遵纪守法,尊重社会公德,预防民间纠纷发生,是人民调解委员会的重要任务。这一任务是由人民调解委员会的性质和特征所决定的。

首先,人民调解委员会是人民群众自我管理、自我教育、自我服务的基层群众性自治组织。调解组织要积极配合有关部门开展道德风尚教育,积极参加群众性的精神文明建设活动,并根据民间纠纷的实际情况有针对性地进行法律、政策的宣传教育,提高广大群众的法治观念和道德水平,做到知法、懂法、守法。只有知法、懂法,人民群众才可能遵守法律,以及切实维护自己的合法权益,减少和预防民间纠纷,提高履行人民调解协议的自觉性。同时,人民调解具有广泛的群众性,广大调解人员来源于群众、服务于群众、扎根于群众,可以便利地"送法下乡",把法治宣传教育深入千家万户。

其次，人民调解工作本身就是法治宣传教育的过程。人民调解委员会在调解民间纠纷时，会运用法律、法规、规章、政策和社会公德对纠纷当事人进行说服教育。这样一方面化解了纠纷；另一方面"案例式教育"又会使纠纷当事人以及广大人民群众受到生动具体的法治教育，从而有助于预防和减少民间纠纷的发生，维护社会安定。

3. 反映民间纠纷和调解工作情况

人民调解委员会应向村民委员会、居民委员会、所在单位和基层人民政府反映民间纠纷和调解工作的情况，反映群众对现行法律、政策及纠纷调解等方面的意见和要求，提出建议，以取得对调解工作的重视和支持。因此人民调解工作可以成为政府和群众联系的桥梁和纽带，有助于基层人民政府掌握信息，把握全局，实现社会治安的综合治理，促进社会主义民主和法治建设。

（三）人民调解的组织形式与指导机构

1. 人民调解委员会的设置

人民调解的组织形式是人民调解委员会，人民调解委员会是调解民间纠纷的群众性组织。人民调解委员会的设置必须充分体现扎根基层、服务群众的原则，这是由其性质和任务所决定的。人民调解员只有扎根在群众中，与群众一起工作和生活，才可能及时发现和解决纠纷，维护社会安定。人民调解委员会的设置，主要应考虑如下因素：人民调解委员会的性质、任务；民间纠纷发生的规律；便利群众；便利调解；国家对人民调解工作的指导等。

根据《宪法》《人民调解法》等法律规定，人民调解委员会可以采用下列形式设立。

第一种为农村村民委员会、城市（社区）居民委员会设立的人民调解委员会。这是人民调解委员会最普遍的一种形式。根据《宪法》第111条规定，基层群众性自治组织即居民委员会和村民委员会设人民调解委员会。《人民调解法》第8条规定，村民委员会、居民委员会设立人民调解委员会。

第二种为乡镇、街道以及社会团体或其他组织根据需要设立的人民调解委员会。《人民调解法》第34条规定："乡镇、街道以及社会团体或者其他组织根据需要可以参照本法有关规定设立人民调解委员会，调解民间纠纷。"据此，《人民调解法》既允许乡镇、街道设立人民调解委员会，又保留了依托集贸市场、旅游区、开发区设立的人民调解组织和基层工会、妇联、残联、消协等群众团体、行业组织设立的新型人民调解组织的空间，鼓励建立各种形式的调解组织，以满足化解不同类型、不同领域矛盾纠纷的需要。但是，这样重要的条款却出现在《人民调解法》的"附则"中，容易被视为一种例外性、补充性的规定，不利于激发探索建立新型调解组织的积极性。

2. 人民调解委员会的组成

根据《人民调解法》第8条的规定，人民调解委员会由委员3至9人组成，设主任1人，必要时，可以设副主任若干人；人民调解委员会应当有妇女成员，多民族居住的地区应当有人数较少民族的成员。除上述规定的人数结构、领导配备、性别结构、民族结构外，人民调解委员会委员的构成还应注意年龄结构（要实现老、中、青的结合，尤其要发挥离退休人员的作用）和知识结构（多吸收文化程度高的人担任委员）。《人民调解法》第10条规定，县级人民政府司法行政部门应当对本行政区域内的人民调解委员会的设立情况进行统计，并且将人民调解委员会以及人员组成和调整情况及时通报所在基层人民法院。

（四）人民调解员

根据《人民调解法》的有关规定，人民调解员是经群众选举或者接受聘任，在人民调解委员会领导下，从事人民调解工作的人员。人民调解员由人民调解委员会委员和人民调解委员会聘任的人员担任。

1. 人民调解员的条件

《人民调解法》第14条第1款规定，人民调解员应当由公道正派、热心人民调解工作，并具有一定文化水平、政策水平和法律知识的成年公民担任。据此，凡具备这些条件的中华人民共和国成年公民，不分民族、性别、职业、社会出身、宗教信仰、财产状况等，均可担任人民调解员。

（1）公道正派。人民调解的主要任务是调解民间纠纷，人民调解员须作为中立的第三者介入纠纷的调解，不得偏袒任何一方当事人，而应正直无私、不徇私情、不畏权势、主持公道。人民调解工作的成功、调解协议的自动履行，在很大程度上取决于人民调解员的威信和说服力。调解人员只有站在客观公正的立场，合情合理合法地进行调解工作，才可能提高调解成功率，促进调解协议的自动履行。可以说，公道正派是调解员必须具备的首要条件。

（2）热心人民调解工作。人民调解工作繁重、艰苦、庞杂、琐碎、无名无利，还有风险。因此，人民调解员须具备全心全意为人民服务的思想，热心人民调解工作，认真负责，无私奉献，才能胜任人民调解工作。

（3）有一定的文化水平、政策水平和法律知识。人民调解的依据是法律、法规、规章、政策和社会公德，在调解过程中，人民调解员既要促使纠纷当事人互谅互让，又要保证调解协议合情合理合法。因此，人民调解员只有具备一定的文化水平、政策水平和法律知识，才能促使纠纷的适当解决。根据司法部《全国人民调解工作规范》第5.1条的规定，乡镇（街道）人民调解委员会的调解员一般具有高中以上学历，行业性、专业性人民调解委员会的调解员一般具有大专以上学历，并具有相关行业、专业知识或工作经验。

2. 人民调解员的产生

人民调解员的产生有"推选"和"聘任"两种方式。第一种类型为"推选"。村民委员会、居民委员会的人民调解委员会委员，由村民会议或者村民代表会议、居民会议推选产生。企业事业单位设立的人民调解委员会委员由职工大会、职工代表大会或者工会组织推选产生。人民调解委员会委员每届任期3年，可以连选连任。可见，选举产生人民调解员的机构是村民（代表）会议、居民会议、职工代表大会或工会组织。选举应采取差额选举的办法，通常与村民委员会、居民委员会换届选举同时进行。第二种类型为"聘任"。《人民调解法》第13条规定，人民调解员由人民调解委员会委员和人民调解委员会聘任的人员担任。

3. 人民调解员的权利义务

人民调解委员会应当建立健全岗位责任制、例会、学习、考评、业务登记、统计和档案等各项规章制度，不断加强组织、队伍和业务建设。人民调解委员会履行职务，应当坚持原则，爱岗敬业，热情服务，诚实守信，举止文明，廉洁自律，注重学习，不断提高法律、道德素养和调解技能。根据《全国人民调解工作规范》第5.3.1条的规定，人民调解员在调解活动中应依法享有以下权利：（1）根据需要进行调查核实；（2）批评和制止扰乱调解秩序的行为；（3）向有关单位提出调解工作建议；（4）法律、法规规定的其他权利。

依据《人民调解工作若干规定》第17条及《全国人民调解工作规范》第5.3.2条的规定，人民调解员在调解活动中应坚持原则，明法析理，主持公道，并不得有下列行为。

（1）不得徇私舞弊、偏袒一方当事人。人民调解员在调解民间纠纷的过程中，不得违反法律法规、规章政策和社会公德，不得偏袒一方、谋求私利，而应一视同仁，公正无私，不畏权势，坚持原则，秉公调解。

（2）不得对当事人压制、打击报复。人民调解员要对当事人做耐心地说服教育工作，宣传法律、政策和社会公德，帮助当事人分清是非，提高认识，促进当事人平等协商，互谅互让，自愿达成公平合理合法的协议。对当事人提出的意见和批评应虚心听取，对正确的批评要诚恳接受，对错误的意见要耐心解释，不允许对当事人进行威胁和压制，更不能对其进行打击报复。

（3）不得侮辱、处罚纠纷当事人。人民调解员调解纠纷的权力，来自当事人明示或默示的授权。当事人不愿意接受人民调解的，有权直接向人民法院提起诉讼。因此，在调解纠纷的过程中，人民调解员只能采取说服教育、规劝引导的方法，帮助当事人提高认识，促使纠纷当事人平等协商，自愿达成调解协议，而绝不允许采取任何强制性措施。纠纷当事人享有的人身和财产权利受宪法和法律保障，未经法律的正当程序不得剥夺。而法律没有赋予人民调解员对当事人实施财产和人身强制的权力，因此人民调解员不得对当事人处以罚款，不得查封、扣押、拍卖或没收当事人的财产，更不得限制当事人的人身自由，不得搜查、捆绑、变相体罚或对当事人实施其他侮辱性行为。如果按照"乡规民约""村规民约"实施处罚的，应由基层人民政府、村委会或居委会进行。

（4）不得泄露当事人的个人隐私或商业秘密。隐私权是公民重要的人身权利，许多国家将这项权利作为宪法上的基本人权。人民调解员在调解民间纠纷的过程中，必然会了解当事人的许多隐私。因此，人民调解员须为当事人保守秘密，即便在调解结束后，也不得泄露当事人的隐私。这样才能促进纠纷的顺利解决，避免发生新的纠纷，从而取信于民，维护人民调解委员会的信誉。

（5）不得索取、收受财物或牟取其他不正当利益。人民调解工作不收取任何费用。人民调解员应当全心全意地为人民服务，做到无私奉献，不吃请受礼，不得索取、收受财物或牟取其他不正当利益。有些当事人为了使人民调解员替自己说话，请吃请喝送礼，调解人员应予拒绝和批评。纠纷得到妥善处理后，有些当事人为表示感谢而向人民调解员送礼，人民调解员也应婉言谢绝。

4. 人民调解员的罢免或解聘

根据《人民调解法》以及《全国人民调解工作规范》的规定，若人民调解员在调解工作中出现下列行为，情节严重的，应予以罢免或解聘：

第一，因违法违纪不适合继续从事调解工作，这包括：（1）偏袒一方当事人；（2）侮辱当事人；（3）索取、收受财物或者牟取其他不正当利益；（4）泄露当事人的个人隐私、商业秘密。第二，严重违反管理制度、怠于履行职责造成恶劣社会影响。第三，不能胜任调解工作。第四，因身体原因无法正常履职。第五，自愿申请辞职。

三、人民调解委员会与基层人民政府和基层人民法院的关系

（一）基层人民政府和司法行政机关

《人民调解法》第 5 条第 1 款规定，国务院司法行政部门负责指导全国的人民调解工作，县级以上地方人民政府司法行政部门负责指导本行政区域的人民调解工作。根据法律的有关规定，基层人民政府对人民调解工作进行全面、直接、具体的指导，主要涉及以下几个方面：（1）人民调解委员会的设立、健全和整顿，对成绩显著的人民调解委员会和调解委员应当及时予以表彰和奖励；（2）人民调解委员会工作制度和人民调解规章制度的建立和完善；（3）人民调解委员会委员及有关工作人员的业务培训；（4）人民调解工作在本辖区发展情况的调研；（5）支持符合法律、法规、规章和政策的调解协议，纠正错误的调解协议；（6）对经过调解，当事人未达成协议或达成协议后反悔的，依当事人的请求进行处理。

基层人民政府及其派出机关对人民调解委员会日常工作的指导由司法助理员负责。司法助理员是基层人民政府的专职司法行政工作人员，主要任务是管理人民调解委员会的组织、思想和业务建设。这又涉及司法行政机关对人民调解工作的指导。司法行政机关是政府的一个职能部门，管理和指导人民调解工作是各级司法行政机关的一项重要职能。司法行政机关对人民调解工作的指导主要体现在以下七个方面。

（1）采取切实措施，加强指导，不断推进本地区人民调解委员会的组织建设、队伍建设、业务建设和制度建设，规范人民调解工作，提高人民调解工作的质量和水平。在具体操作上，地、市以上司法行政机关要深入基层，检查调解纠纷的质量，肯定成绩，找出问题，提出改进意见；县（区）司法局，特别是司法助理员要深入调解工作第一线，实行面对面的指导。各级司法行政机关主管人民调解工作的干部要亲自参加一些民间纠纷的调解工作，总结实践经验，进一步加强对调解工作的业务指导。

（2）保障人民调解组织符合规定的设立条件，保障人民调解员符合规定的选任条件，保障人民调解活动的公正性、合法性。

（3）在指导人民调解委员会的工作中，加强与人民法院的协调和配合。

（4）采取多种形式，加强对人民调解员的培训，不断提高人民调解员队伍的素质。

（5）对于成绩显著、贡献突出的人民调解委员会和人民调解员，应当定期或者适时给予表彰和奖励。

（6）积极争取同级人民政府的支持，保障人民调解工作的指导和表彰经费，协调和督促村民委员会、居民委员会和企事业单位，落实人民调解委员会的工作经费和人民调解员的补贴经费。

（7）明确规定了乡镇、街道司法所、司法助理员指导和监督人民调解委员会工作的具体职责：第一，负责解答、处理人民调解委员会或者纠纷当事人就人民调解工作有关问题的请示、咨询和投诉；第二，应人民调解委员会的请求或者根据需要，协助、参与对具体纠纷的调解活动；第三，对人民调解委员会主持达成的调解协议予以检查，发现违背法律、法规、规章和政策的，应当予以纠正；第四，总结交流人民调解工作经验，调查研究民间纠纷的特点和规律，指导人民调解委员会改进工作。

（二）基层人民法院

《人民调解法》第5条第2款规定，基层人民法院对人民调解委员会调解民间纠纷进行业务指导。各级人民法院特别是基层人民法院及其派出的人民法庭要加强与当地司法行政机关、人民调解委员会的工作联系，认真研究加强对人民调解委员会工作进行指导的具体方式和方法，不断总结经验，切实加强与改进对人民调解委员会工作的指导，共同做好维护社会稳定的工作。法院对人民调解委员会的指导主要包括以下两个方面。

第一，结合具体案件，对人民调解工作进行业务指导。人民法院是国家的审判机关，主要是对当事人不愿意接受调解、人民调解不能达成协议，或达成调解协议后又反悔的情形予以受理，通过民事审判活动在业务上对人民调解工作进行间接指导，而不是直接介入人民调解组织的调解活动。

根据《人民调解法》第31条、第32条、第33条的规定，经人民调解委员会调解达成的调解协议，具有法律约束力；当事人一方向法院起诉，请求对方当事人履行调解协议的，或者请求变更或撤销调解协议的，或者请求确认调解协议无效的，人民法院应当受理；人民法院还应当及时对当事人申请司法确认的调解协议进行审查，依法确认调解协议的效力。

人民法院发现人民调解员违反自愿原则，强迫当事人达成调解协议的，应当及时向当地司法行政机关或者人民调解委员会提出纠正的建议。人民法院还可以向人民调解委员会提出其他具体建议，以利于人民调解委员会总结经验教训，提高调解水平。

第二，积极配合司法行政机关，提高人民调解员的业务素质。比如，通过举办培训班等方式，协助司法行政机关对人民调解员进行业务培训，帮助人民调解员提高法律知识水平和调解纠纷的能力；选择典型案件，组织人民调解员旁听案件审理，应人民调解委员会邀请派员具体指导人民调解员调解案件；安排人民调解员参与庭审前的辅助性工作；聘任有经验的人民调解员担任人民陪审员等。

四、人民调解的程序

与诉讼程序和仲裁程序不同，人民调解委员会调解民间纠纷的程序更简便易行，灵活多样。《人民调解法》专章规定了人民调解委员会调解纠纷的程序。其调解程序的规则和步骤，主要包括以下几个方面。

（一）受理纠纷

《人民调解工作若干规定》第 24 条规定："当事人申请调解纠纷，符合条件的，人民调解委员会应当及时受理调解。不符合受理条件的，应当告知当事人按照法律、法规规定提请有关机关处理或者向人民法院起诉；随时有可能激化的，应当在采取必要的缓解疏导措施后，及时提交有关机关处理。"人民调解委员会受理调解纠纷，应当进行登记。

1. 受理范围

人民调解委员会调解的民间纠纷，是指发生在公民与公民之间、公民与法人或其他社会组织之间涉及民事权利义务争议的各种纠纷，范围广泛。同时，《人民调解工作若干规定》第 22 条将以下两类纠纷排除在人民调解委员会受理范围外：第一，法律、法规规定只能由专门机关管辖处理的，或者法律、法规禁止采用民间调解方式解决的；第二，人民法院、公安机关或者其他行政机关已经受理或者解决的。

2. 受理纠纷的方式

《人民调解法》明确规定了人民调解委员会受理纠纷的方式。其第 17 条、第 18 条规定，当事人可以向人民调解委员会申请调解；人民调解委员会也可以主动调解。当事人一方明确拒绝调解的，不得调解。基层人民法院、公安机关对适宜通过人民调解方式解决的纠纷，可以在受理前告知当事人向人民调解委员会申请调解。据此，人民调解委员会受理民间纠纷的方式有以下三种。(1) 申请受理，即纠纷当事人一方或双方以书面或口头方式，向人民调解委员会请求调解纠纷。(2) 主动受理，即人民调解委员会根据群众报告、有关单位转告或人民调解员亲自得知纠纷的发生，主动、及时地前往纠纷发生地，对纠纷当事人进行访谈、调查和调解，但当事人不接受调解而表示异议的除外。(3) 委托调解，即人民调解委员会可以接受基层人民法院、公安机关的委托，在当事人同意的前提下，对某些民间纠纷进行调解。

(二) 调解准备

人民调解委员会在进行调解前应当做好准备工作。《人民调解法》第 19 条规定："人民调解委员会根据调解纠纷的需要，可以指定一名或者数名人民调解员进行调解，也可以由当事人选择一名或者数名人民调解员进行调解。"第 20 条规定："人民调解员根据调解纠纷的需要，在征得当事人的同意后，可以邀请当事人的亲属、邻里、同事等参与调解，也可以邀请具有专门知识、特定经验的人员或者有关社会组织的人员参与调解。人民调解委员会支持当地公道正派、热心调解、群众认可的社会公众人士参与调解。"一般来说，调解准备工作越充分，调解效果就越好。

人民调解委员会在开始调解纠纷之前，还应当以口头或者书面形式告知当事人人民调解的性质、原则和效力，以及当事人在调解活动中享有的权利和承担的义务。根据《人民调解法》第 23 条规定，在人民调解活动中，纠纷当事人享有下列权利：(1) 选择或者接受人民调解员；(2) 接受调解、拒绝调解或者要求终止调解；(3) 要求调解公开进行或者不公开进行；(4) 自主表达意愿、自愿达成调解协议。第 24 条规定，当事人在人民调解活动中履行下列义务：(1) 如实陈述纠纷事实；(2) 遵守调解现场秩序，尊重人民调解员；(3) 尊重对方当事人行使权利。

（三）调解纠纷

《人民调解法》第21条规定："人民调解员调解民间纠纷，应当坚持原则，明法析理，主持公道。调解民间纠纷，应当及时、就地进行，防止矛盾激化。"第22条规定："人民调解员根据纠纷的不同情况，可以采取多种方式调解民间纠纷，充分听取当事人的陈述，讲解有关法律、法规和国家政策，耐心疏导，在当事人平等协商、互谅互让的基础上提出纠纷解决方案，帮助当事人自愿达成调解协议。"据此，人民调解委员会调解纠纷应当根据当事人的特点和纠纷性质、难易程度、发展变化的情况，采取灵活多样的方式方法，开展耐心、细致的说服疏导工作，促进双方当事人互谅互让，消除隔阂，引导、帮助当事人达成解决纠纷的调解协议。同时，还应当密切注意纠纷激化的苗头，在调解纠纷过程中，人民调解员发现纠纷可能激化的，应当采取有针对性的预防措施；对可能引起治安案件、刑事案件的纠纷，应当及时向当地公安机关或者其他有关部门报告。

（四）调解结束

调解结束可能出现两种结果：一是达成协议；二是达不成调解协议。

当事人应当自觉履行调解协议。人民调解委员会应当对调解协议的履行情况适时进行回访，敦促当事人履行协议，或要求当事人的亲朋好友协助督促其履行协议，并就履行情况作出记录。

经人民调解委员会调解达成调解协议后，当事人之间就调解协议的履行或者调解协议的内容发生争议的，一方当事人可以向人民法院提起诉讼。人民法院受理申请后，经审查符合法律规定的，裁定调解协议有效，一方当事人拒绝履行或者未全部履行的，对方当事人可以向人民法院申请执行；不符合法律规定的，裁定驳回申请，当事人可以通过调解方式变更原调解协议或者达成新的调解协议，也可以向人民法院提起诉讼。

经人民调解委员会调解达成调解协议后，双方当事人认为有必要的，可以自调解协议生效之日起30日内，共同向调解组织所在地的基层人民法院申请司法确认，人民法院应当及时对调解协议进行审查，依法确认调解协议的效力。

如果不能达成调解协议，又无缓期再进行调解必要的，调解即宣告失败，人民调解委员会可以告知纠纷当事人，根据具体情况，选择如下纠纷解决方式：第一，申请基层人民政府调解；第二，申请行政主管机关调解；第三，如果属于仲裁范围且当事人达成仲裁协议的，向仲裁机关申请仲裁；第四，向有管辖权的人民法院起诉。

（五）调解协议的效力

2010年颁布的《人民调解法》首次以法律的形式明确了调解协议的效力。该法第31条第1款规定："经人民调解委员会调解达成的调解协议，具有法律约束力，当事人应当按照约定履行。"

根据《人民调解法》《民事诉讼法》的有关规定，人民调解协议的效力及其认定，具体包括以下内容。

（1）当事人一方向法院起诉，请求对方当事人履行调解协议的，或者请求变更或撤销调解协议，或者请求确认调解协议无效的，人民法院应当受理，并及时对调解协议进行审查，依法确认调解协议的效力，作出调解协议有效、无效、变更或撤销的判决。

（2）调解协议的成立取决于三个条件：第一，当事人具有完全民事行为能力；第二，意思表示真实；第三，不违反法律、行政法规的强制性规定或社会公共利益。

（3）调解协议无效的情形：第一，违反法律、行政法规的强制性规定的；第二，侵害国家利益、社会公共利益的；第三，侵害案外人合法权益的；第四，损害社会公序良俗的；第五，内容不明确，无法确认的；第六，其他情形。

（4）因重大误解订立的调解协议，以及在订立调解协议时显失公平的，当事人一方有权请求人民法院变更或撤销。一方以欺诈、胁迫的手段或者乘人之危，使对方在违背真实意思的情况下订立调解协议的，受损害方有权请求人民法院变更或者撤销。但在下列情形下，撤销权消灭：第一，具有撤销权的当事人自知道或者应当知道撤销事由之日起一年内没有行使撤销权；第二，具有撤销权的当事人知道撤销事由后明确表示或者以自己的行为放弃撤销权。

（5）无效的调解协议或者被撤销的调解协议没有法律约束力。调解协议部分无效，不影响其他部分效力的，其他部分仍然有效。

（6）双方当事人有权自调解协议生效之日起30日内，共同向调解组织所在地基层人民法院申请司法确认。基层人民法院受理申请后，经审查，符合法律规定，裁定调解协议有效的，当一方当事人拒绝履行或者未全部履行时，对方当事人可以向人民法院申请执行；不符合法律规定的，裁定驳回申请。对于不予司法确认的，当事人可以通过调解方式变更原调解协议或者达成新的调解协议，也可以向人民法院提起诉讼。

（7）基层人民法院及其派出的人民法庭审理涉及人民调解协议的民事案件，一般应当适用简易程序。人民法院审理涉及人民调解协议的民事案件，调解协议被人民法院已经发生法律效力的判决变更、撤销或者确认无效的，可以适当的方式告知当地的司法行政机关或者人民调解委员会。

第三节　法院调解

一、法院调解的概念和种类

法院调解，又称"人民法院调解"，是指在人民法院审判人员的主持下，双方当事人通过自愿协商，达成协议，解决纠纷的一种诉讼活动。

法院调解有以下特征。第一，法院调解是在人民法院审判人员的主持下进行的调解。人民法院是国家的审判机关，主持当事人进行调解是其行使国家审判权的一种特殊方式。因此，也被称为"诉讼上的调解"。在这点上，它与其他类型调解相区分。在法院调解中，当事人达成协议的行为是在法院审判人员的主持下进行的，而不是当事人相互之间的自行和解。如果没有法院审判人员的主持，当事人在诉讼中就他们所争议的民事法律关系达成了协议，这不是法院调解，而是诉讼上的和解。第二，法院调解是终结诉讼程序的一种方式。当事人在法院的主持下一经达成协议，即具有终结诉讼程序的法律效力，当事人不得就同一法律关系重新提起诉讼，也不得提起上诉。

根据调解所处的审判程序不同，可以将法院调解分为一审程序中的法院调解、二审程序中的法院调解和再审程序中的法院调解。由于一审、二审和再审程序在地位、受案条件和审理方法上都不相同，因此，各个程序中的法院调解也有许多不同之处。

根据案件的性质不同，可以将法院调解分为民事案件的调解、刑事案件的调解和行政赔偿案件的调解。案件的性质不同，法院调解所根据的法律、采取的方法和对策也不同。民事案件的调解是根据民事法律、法规和《民事诉讼法》进行的。根据相关司法解释的规定，各级法院特别是基层法院要把调解作为处理民事案件的首选结案方式和基本工作方法。对依法和依案件性质可以调解的所有民事案件都要首先尝试通过运用调解方式解决，将调解贯穿于民事审判工作的全过程和所有环节。民事案件当事人如果有一方不愿意调解或者调解不成，法院应及时判决。刑事案件的调解主要是根据《刑法》《刑事诉讼法》及有关司法解释进行的。根据《刑事诉讼法》第 103 条和第 212 条的规定，人民法院审理附带民事诉讼案件，可以进行调解；人民法院对自诉案件中告诉才处理的案件和被害人有证据证明的轻微刑事案件，可以进行调解。行政赔偿案件的调解主要是以《行政诉讼法》为依据进行的。我国《行政诉讼法》第 60 条规定，行政赔偿、补偿以及行政机关行使法律、法规规定的自由裁量权的案件可以调解。在这三类法院调解中，民事案件的调解地位突出，人们提起法院调解时，通常指的是民事案件的调解。

二、法院调解和诉讼中和解

诉讼中和解，是指在诉讼程序开始之后和判决之前，双方当事人自愿相互协商，就所争议的民事法律关系达成协议的一种行为。诉讼中和解有以下几个特征。

第一，诉讼中和解发生在诉讼程序开始之后、法院判决之前。如果在起诉之前进行和解，则是诉讼外和解；如果在法院判决之后，原则上当事人不得进行和解。当然，如果在执行中权利人自愿让渡一部分或全部权利就应另当别论。

第二，诉讼中和解是当事人双方自愿协商的结果，而不是在法院的主持下进行的。如果是在法院审判人员主持下进行并达成协议的，则不属于诉讼上的和解，而是法院调解。

第三，诉讼中和解是当事人双方就已经系属于法院的法律关系达成的协议，不是就当事人之间其他法律关系达成的协议。如果当事人在诉讼过程中就他们之间的其他法律关系达成了协议，也不属于诉讼中和解。

对于"诉讼中和解"的性质，有几种学说，如"民事法律行为说""诉讼行为说""诉讼行为与民事法律行为竞合说""诉讼行为与法律行为并存说"。[①]目前的通说是"诉讼行为与法律行为并存说"。这种观点认为，在和解行为中，民事法律行为与诉讼法律行为并存，并且诉讼行为的有效以民事法律行为的有

---

① 常怡主编：《中国调解制度》，法律出版社 2013 年版，第 263 页。

效为前提。

在司法实践中，凡当事人自行和解的，一般按自行撤诉处理。从理论上说，当事人和解撤诉之后，如果再行起诉时，应按一审程序予以继续审理，而不能按审判监督程序进行审理。因为审判监督程序是针对已生效裁判的，而诉讼中以和解撤诉的，还没有作出裁判。

法院调解和诉讼中和解的区别主要在以下三个方面。第一，从性质上说，法院调解是人民法院行使审判权的一种方式；诉讼中和解则是当事人在诉讼中对自己诉讼权利和实体权利的一种处分。第二，从效力上说，通过法院调解而制作的调解书，具有终结诉讼的效力，有给付内容的调解书还具有强制执行力；而当事人在诉讼中和解的，应由原告申请撤诉，经法院裁定准许后结束诉讼，且和解协议不具有强制执行力。第三，从程序上说，作为调解结果的调解书与法院生效判决具有同等效力，如果发现调解书确有错误，则按审判监督程序加以纠正；而如果发现和解协议有重大错误，则只能不准当事人撤回诉讼，由原审法院继续审理，也不能按审判监督程序进行审理。

三、法院调解的条件

法院调解的条件是指运用调解手段处理案件时所必须具备的条件。法院调解作为法院行使审判权的一种方式，除了必须具备诉讼的成立要件之外，还必须具备其他条件。

（一）当事人同意

当事人的同意是法院调解程序开始的前提条件，这是自愿原则的具体体现。法院不得未经当事人同意而强行调解。当事人的同意在民事诉讼中表现为双方当事人的同意，如果只有一方当事人同意调解，而另一方当事人坚决不同意调解时，法院则不得开始调解程序。当事人的同意在刑事自诉案件中主要是指被害人的同意。

相应地，法院调解需有委托人的特别授权。由于调解涉及当事人实体权利的处分，因此委托人的特别授权就成为诉讼代理人出庭时调解程序开始的必备条件。《民事诉讼法》第62条第2款规定："授权委托书必须记明委托事项和权限。诉讼代理人代为承认、放弃、变更诉讼请求，进行和解，提起反诉或者上诉，必须有委托人的特别授权。"根据这一规定，一般的授权委托书应写明：

代理进行陈述、申请回避、到庭辩论、审查证据、查阅庭审案卷材料、接受和送达诉讼文书等内容。涉及实体民事权益处分的特别授权委托书要写明：代为承认、放弃或者变更诉讼请求、进行和解、提起反诉或上诉等内容。如果在调解开始时，诉讼代理人不具备特别授权，在经过被代理人追认后方为有效。如果诉讼代理人既未经被代理人特别授权，便在法院审判人员的主持下与对方当事人达成调解协议，又未经被代理人事后追认，则该调解协议书是无效的，可由原审人民法院继续进行审理。

（二）法院调解的范围

1. 民事案件范围

在人民法院所受理的民事案件中，适用特别程序、督促程序、公示催告程序、破产还债程序审理的案件，以及婚姻关系、身份关系确认案件和其他依案件性质不能调解的案件，不适用调解。因此，可以法院调解的民事案件范围为"不是非诉案件以及其他依案件性质不能调解的民事案件"。人民法院审理非诉案件时，之所以不能适用调解程序，是因为审理此类案件的目的，是在没有民事权利争议的情况下，确定公民或法人的民事权利和一定的法律关系是否存在。这与调解通过居间调和，使双方就权利义务达成妥协的方法相矛盾。

2. 行政案件范围

根据《行政诉讼法》第 60 条的规定，人民法院审理行政案件，不适用调解。但是，行政赔偿、补偿以及行政机关行使法律、法规规定的自由裁量权的案件可以调解。这是因为，行政案件一般是当事人对行政机关的行政决定不服而提起的诉讼，法院受理这类案件后，负责审查行政机关的职务行为是否合法，并解决是否需要采取强制措施问题。因此，这类案件不能适用调解程序。

3. 刑事案件范围

根据《刑事诉讼法》第 103 条和第 212 条的规定，人民法院审理附带民事诉讼案件，可以进行调解；人民法院对自诉案件中告诉才处理的案件和被害人有证据证明的轻微刑事案件，可以进行调解。在自诉案件中，被害人有证据证明对被告人侵犯自己人身、财产权利的行为应当追究被告人刑事责任，而公安机关或人民检察院不予追究被告人刑事责任的案件，不得适用调解。此类公诉转自诉案件本质上仍然属于公诉案件，因此当事人不能通过合意的方式进行处理。法院也只能严格依法处理，不允许调解。

最高人民法院《关于适用〈中华人民共和国刑事诉讼法〉的解释》第 197 条第 2 款规定："人民法院准许人民检察院撤回起诉的公诉案件，对已经提起的附带民事诉讼，可以进行调解；不宜调解或者经调解不能达成协议的，应当裁定驳回起诉，并告知附带民事诉讼原告人可以另行提起民事诉讼。"

四、法院调解的程序

法院在调解民事案件、刑事自诉案件、刑事附带民事诉讼案件以及行政赔偿案件时，都需要遵循一定的程序，如果不按照一定的程序进行调解，就很难实现调解的目的。此外在二审程序、再审程序中，法院也可以进行调解，这些调解的程序还各有一些特殊之处，因此对法院调解的程序进行系统分析十分必要。

（一）一审程序中的法院调解程序

一审程序中的法院调解程序前，有案件受理、调查取证、审查判断证据、证据保全等程序。最高人民法院《关于人民法院民事调解工作若干问题的规定》对人民法院如何调解民事案件作了详细的程序性规定，如调解人选的确定、调解的时机、调解的期限、调解协议的内容等，从而为人民法院调解活动的展开提供了基本的操作规则。该规定虽然是针对法院民事案件的调解，但是第 17 条明确规定："人民法院对刑事附带民事诉讼案件进行调解，依照本规定执行。"此外，最高人民法院《关于进一步发挥诉讼调解在构建社会主义和谐社会中积极作用的若干意见》又进一步明确指出，人民法院对附带民事诉讼案件的调解应当按照民事调解的规定进行；对行政诉讼案件、刑事自诉案件以及其他轻微刑事案件，人民法院可以根据案件实际情况，参照民事调解的原则和程序进行。因而，法院对民事案件的调解，无论对刑事附带民事诉讼案件和刑事自诉案件的调解还是对行政赔偿诉讼案件的调解，都具有指导意义。因此，以下的分析主要围绕民事案件调解阶段的内容展开，同时，也对刑事附带民事诉讼案件、刑事自诉案件和行政赔偿诉讼案件调解的特殊要求予以说明。

1. 调解人选的确定

通常来说，我国民事案件的调解主体是法官。这种单一化调解主体的情况在解决专业性较强的案件上产生了障碍。因此，为了提高民事案件的调解效果，最高人民法院《关于人民法院民事调解工作若干问题的规定》第 1 条明确指出：

"根据民事诉讼法第九十五条①的规定，人民法院可以邀请与当事人有特定关系或者与案件有一定联系的企业事业单位、社会团体或者其他组织，和具有专门知识、特定社会经验、与当事人有特定关系并有利于促成调解的个人协助调解工作。经各方当事人同意，人民法院可以委托前款规定的单位或者个人对案件进行调解，达成调解协议后，人民法院应当依法予以确认。"最高人民法院《关于进一步发挥诉讼调解在构建社会主义和谐社会中积极作用的若干意见》第11条规定："人民法院可以根据法律以及司法解释的规定，建立和完善引入社会力量进行调解的工作机制。人民法院可以引导当事人选择办案法官之外的有利于案件调解的人民调解组织、基层群众自治组织、工会、妇联等有关组织进行调解，也可以邀请人大代表、政协委员、律师等个人进行调解。经当事人同意，法官助理等审判辅助人员受人民法院指派也可以调解案件。对疑难、复杂和有重大影响的案件，人民法院的庭长或者院长可以主持调解。"由于该条规定是针对诉讼调解而言的，因此无论是民事案件、刑事自诉案件，还是刑事附带民事诉讼案件和行政赔偿案件，其调解人员的来源可覆盖上述范围，已不再局限于由法官来调解。

由于不同调解人的年龄、资历、性别、职务、社会地位等都会对调解产生影响，因此，在具体案件中确定调解人选时，应根据争议事项和当事人的特殊情况并结合法官的专长来确定调解人员。在实施委托调解的情况下，调解人员的确定还必须尊重当事人的意愿，由当事人共同选定，或经双方当事人同意，由人民法院指定。

2. 调解启动的方式和时间

调解遵循自愿原则，因此启动调解通常以当事人的申请或同意为前提，但是对于特殊类型的民事案件，法院可以依职权启动，无须当事人的同意。最高人民法院《关于适用简易程序审理民事案件的若干规定》第14条规定，下列民事案件，人民法院在开庭审理时应当先行调解：（1）婚姻家庭纠纷和继承纠纷；（2）劳务合同纠纷；（3）交通事故和工伤事故引起的权利义务关系较为明确的损害赔偿纠纷；（4）宅基地和相邻关系纠纷；（5）合伙合同纠纷；（6）诉讼标的额较小的纠纷。但是根据案件的性质和当事人的实际情况不能调解或者

---

① 现为《民事诉讼法》第98条。

显然没有调解必要的除外。《民事诉讼法》第 125 条规定，"当事人起诉到人民法院的民事纠纷，适宜调解的，先行调解，但当事人拒绝调解的除外"。

根据法律和相关司法解释的规定，在第一审程序中，人民法院启动调解的时间既可以是在立案之后、移送审判业务庭之前（立案调解），也可以是在案件移送审判业务庭之后、开庭审理之前（庭前调解），还可以是在开庭审理之后、裁判作出之前（庭中调解）。因此，无论是在民事案件、刑事自诉案件，还是在刑事附带民事诉讼案件和行政赔偿案件中，调解实际上已经贯穿到审判程序的全过程和所有环节。

3. 调解的策略和方法

调解是一项凭调解人个人的思想认识、综合素质，在查清案件基本事实的基础上，运用一定的语言技巧，针对当事人的心理状态，采取一定策略，以促成双方当事人达成调解协议的综合性工作。因此，调解的策略和方法运用得是否得当，直接影响到调解的质量和效率。

调解策略可以归纳为两大类型：抗衡型调解策略和互补型调解策略。前者旨在说服或迫使对方就范，并使对方相信他的情况并非想象的那样有利，从而让对方被动接受调解的条件。后者则着重强调调解双方当事人需要的"互补性"，不以牺牲对方的物质利益为条件。

在长期的审判实践中，一些资深法官对于如何调解已经形成了自己特有的方法，如求同存异法、外力介入法、上下台阶法、经济判断法等。在具体案件的调解上，应针对实际情况，单独或综合运用各种调解方法，才能提高调解的效率和质量。同时，还要建立健全调解的类型化机制，通过对类型案件调解理论和方法的梳理和研究，将经过实践检验行之有效的个案调解方法，提升为同类案件的调解技巧。

群体性、集团性案件涉案人数众多、利益巨大，社会关注度高，在进行调解时，尤其需要运用合理的策略和方法，实现纠纷正确、妥善化解，维护社会稳定。在策略的选择上，要注意正确处理调解过程中冲突对抗性和调解资源性的矛盾，多数人与少数人之间利益平衡的关系，以及以正面引导为主、以多方疏导为辅的关系。在方法运用上，要注意做到以下几点：第一，行使释明权，加大法治宣传力度；第二，运用各种法律手段，探索解决纠纷的新思路，主要包括，运用诉前调解机制、注重调解主体的多元化、加强人民调解与诉讼调解的有机衔接；第三，注重发挥群体当事人一方代表人或其委托代理人或律师的作用。

在刑事自诉案件的调解中，人民法院应注重对被告人的教育和挽救，使他们认识到自己行为的违法性和对社会的危害性，教育他们弃旧图新，重新做人。并要求他们以自己的实际行为来痛改前非，取得受害人的谅解。

在刑事附带民事诉讼案件的调解中，人民法院要在调解的方法、赔偿方式、调解案件适用时间、期间和审限等方面进行积极探索，把握一切有利于附带民事诉讼调解结案的积极因素，争取达成民事赔偿调解协议，为正确适用法律和执行宽严相济刑事政策创造条件。

在行政赔偿案件的调解中，对一些重大疑难、影响较大的案件，要积极争取党委、人大支持和上级行政机关配合，邀请有关部门共同参与协调。

4. 调解的期限

对于立案调解的期限，立案阶段的调解应坚持以效率、快捷为原则，适用简易程序的一审民事案件，立案阶段调解期限原则上不超过立案后 10 日；适用普通程序的一审民事案件，立案阶段调解期限原则上不超过 20 日，经双方当事人同意，可以再延长 10 日。对于委托调解的期限，民事案件委托调解的期限可以由当事人协商确定，一般不超过 30 日，经双方当事人同意，可以顺延调解期间，但最长不超过 60 日。①

5. 调解终结

调解终结有两种情况：一是当事人之间达成调解协议，从而终结诉讼程序。在这种情况下，当事人接受调解协议的约束，不得就同一法律关系再行起诉。二是当事人之间达不成调解协议，人民法院认为久调不决不利于及时解决纠纷，从而结束调解工作，进行审理和判决。在以第一种方式结束诉讼时，人民法院应否制作调解书，因案件性质类型不同而有不同要求。

对于民事案件来讲，如果当事人之间达成协议，人民法院通常应当制作调解书，写明诉讼请求、案件的事实和调解结果。但对于调解和好的离婚案件、调解维持收养关系的案件、能够即时履行的案件，以及其他不需要制作调解书的案件，人民法院可以不制作调解书。

---

① 参见最高人民法院《关于进一步贯彻"调解优先、调判结合"工作原则的若干意见》。

对于刑事附带民事诉讼案件，经调解达成协议的，审判人员通常应当制作调解书，但调解达成协议并当庭执行完毕的，可以不制作调解书，但应当记入笔录。

对于刑事自诉案件、行政赔偿案件而言，如果调解达成协议的，人民法院则应一律制作调解书。

（二）二审程序中的法院调解程序

2010 年 6 月，最高人民法院发布的《关于进一步贯彻"调解优先、调判结合"工作原则的若干意见》第 2 条指出，要牢固树立"调解优先"理念。各级法院要自觉主动运用调解方式处理矛盾纠纷，把调解贯穿于立案、审判和执行各个环节，贯穿于一审、二审、执行、再审、申诉、信访的全过程。因此，在二审程序中对案件进行调解，可以看作落实"调解优先"理念的具体体现。

1. 二审民事案件的调解

《民事诉讼法》第 179 条规定，二审法院审理上诉案件时，可以进行调解。二审民事案件的调解程序可以依上诉人或被上诉人的申请而开始，也可以在征得上诉人与被上诉人的同意之后，二审法院依职权而开始。与一审人民法院的调解相比，二审人民法院的调解有许多不同的特点：从争议内容来看，不仅在上诉人与被上诉人之间存在民事实体权益的争议，而且包括上诉人对一审人民法院的判决不服；从效力来看，二审法院是终审法院，或调解或判决，当事人不得再次申明不服；从结果上看，二审调解达成协议的，一律应当制作调解书。此外，从主持调解的人员来看，二审调解应当由审判员组成的合议庭来主持。

在审判实践中，对于原审判决事实清楚、适用法律正确的案件，二审人民法院应驳回上诉，维持原判，不能再行调解；对于原审法院判决事实不清，或适用法律不正确的案件，二审法院则应发回重审，由原审法院主持调解或者判决。因此，有观点认为，二审法院不宜运用调解方式解决上诉案件。但是，二审法院对于上诉案件是运用调解方式结案，还是运用审判方式结案，不能一概而论。应该说，法律规定二审法院可以调解上诉案件是比较切合实际的，因为在诉讼实践中，有大量的上诉案件可以通过调解结案，并且调解结案的效果要优于判决结案。在这种情况下，如果说二审法院不能调解结案，显然是不恰当的。

2. 二审刑事自诉案件的调解

最高人民法院《关于适用〈中华人民共和国刑事诉讼法〉的解释》第411条规定："对第二审自诉案件，必要时可以调解，当事人也可以自行和解。调解结案的，应当制作调解书，第一审判决、裁定视为自动撤销。当事人自行和解的，依照本解释第三百二十九条的规定处理；裁定准许撤回自诉的，应当撤销第一审判决、裁定。"此外，2007年最高人民法院《关于进一步发挥诉讼调解在构建社会主义和谐社会中积极作用的若干意见》第6条规定，对刑事自诉案件及其他轻微刑事案件，人民法院可以根据案件实际情况，参照民事调解的原则和程序，尝试推动当事人和解。由此可见，二审刑事自诉案件的调解应依照二审民事调解的程序要求来进行，但是要注意两点：一是参照仅限于程序上的问题；二是参照不等于适用，不是将《民事诉讼法》中的规定完全套用到刑事自诉案件中。至于何种情况属于"有必要调解"，则由各地法院在刑事审判实践中具体决定。从实践情况来看，二审刑事自诉案件的调解适用比例极小，主要集中在轻伤害案、侮辱案、诽谤案、暴力干涉婚姻自由案、虐待案、遗弃案等类型上，其中犯罪情节尚不严重，当事人双方又是邻里亲属关系，双方矛盾不深，被告人能够真诚悔改的案件，通常可以进行调解。

3. 二审刑事附带民事诉讼案件的调解

《刑事诉讼法》对二审刑事附带民事诉讼案件的调解程序并未作出具体规定，但这并不等于二审法院在调解此类案件时就无据可依。最高人民法院《关于适用〈中华人民共和国刑事诉讼法〉的解释》第198条规定，第一审期间未提起附带民事诉讼，在第二审期间提起的，第二审人民法院可以依法进行调解；调解不成的，告知当事人可以在刑事判决、裁定生效后另行提起民事诉讼。最高人民法院《关于人民法院民事调解工作若干问题的规定》第17条规定："人民法院对刑事附带民事诉讼案件进行调解，依照本规定执行。"据此可以得出，二审法院调解刑事附带民事诉讼案件时，应按照二审民事案件的调解程序来进行，因此二审民事案件调解的特殊程序要求对二审刑事附带民事诉讼案件的调解同样适用。2010年最高人民法院发布《关于进一步贯彻"调解优先、调判结合"工作原则的若干意见》，其中第5条对刑事附带民事诉讼案件的调解提出了新要求，即"要在调解的方法、赔偿方式、调解案件适用时间、期间和审限等方面进行积极探索，把握一切有利于附带民事诉讼调解结案的积极因素，争取达成民事赔偿调解协议，为正确适用法律和执行宽严相济刑事政策创造条件"。这一要求也可以看作对包括二审刑事附带民事诉讼案件调解在内的整体刑事附带民事诉讼调解工作的要求。目前各地法院已相继开展了探索附带民事诉讼调解的新方法。比如，有些法院在实践中充分借助双方当事人家属、所在单位、村委会、居委会、诉讼代理人等各方面的力量，内外联动，整体结合，推动刑事附带民事诉讼案件的调解，取得了良好的效果。

4. 二审行政赔偿案件中的调解

《行政诉讼法》第 101 条规定："人民法院审理行政案件，关于期间、送达、财产保全、开庭审理、调解、中止诉讼、终结诉讼、简易程序、执行等，以及人民检察院对行政案件受理、审理、裁判、执行的监督，本法没有规定的，适用《中华人民共和国民事诉讼法》的相关规定。"因此，人民法院在二审调解行政赔偿案件时应参照二审民事案件的调解程序来进行。

（三）再审程序中的法院调解程序

再审案件的性质决定了加强调解的重大意义。再审程序审理的大都是长期诉讼，法律关系错综复杂，或是当事人矛盾尖锐，或是时间迁延导致事实难以查明的疑难缠诉案件，相对于一审、二审程序中的调解而言，再审程序中的调解无疑更加困难，但也因此使再审调解成为法律效果和社会效果都极为明显的化解纠纷方式。比如，广西壮族自治区高级人民法院调解了历经 9 次审理的黄某才等 4 人与某县电力公司供电合同纠纷，四川省高级人民法院调解了诉争 16 年的四川某建筑工程公司与乐山某水电有限责任公司等建筑工程承包合同欠款纠纷，海南省高级人民法院调解了历时 13 年的海南某有限公司与澄迈县某建筑工程公司、海南某港务公司建筑工程承包合同工程款纠纷案。能通过调解妥善解决这些持续 10 年以上、牵涉问题多、社会影响大的复杂疑难再审案件，足以显示再审调解在消除不稳定因素，促进社会和谐稳定上的巨大优势。最高人民法院《关于进一步贯彻"调解优先、调判结合"工作原则的若干意见》第 2 条指出，要牢固树立"调解优先"理念。各级法院要自觉主动运用调解方式处理矛盾纠纷，把调解贯穿于立案、审判和执行的各个环节，贯穿于一审、二审、执行、再审、申诉、信访的全过程。因此，人民法院在再审程序中，仍然要注意对调解的运用，充分认识再审调解的重大意义。

由于再审程序并非通常程序，是纠正错误裁判而适用的程序，加之再审案件的特殊性，导致实践中再审调解的适用率相对较低。这反映出再审调解难的现状，也说明有必要进一步加大再审调解工作的力度。其中就包括完善并严格适用再审调解的程序性规则。目前既有的程序性规则非常有限，主要包括：第一，最高人民法院《关于人民法院民事调解工作若干问题的规定》对再审调解启动时间的规定，再审程序启动调解既可以是在答辩期满后裁判作出前，也可以是在征得当事人同意后，在答辩期满前进行；第二，最高人民法院《关于适用〈中华人民共和国民事诉讼法〉审判监督程序若干问题的解释》第 25 条对再审调解协议的规定，要求"当事人在再审审理中经调解达成协议的，人民法院应当制作调解书"；第三，最高人民法院《关于进一步贯彻"调解优先、调判结合"工作原则的若干意见》第 12 条对再审调解的方式的规定，指出"对历时时间长、认识分歧较大的再审案件，当事人情绪激烈、矛盾激化的再审案件，改判和维持效果都不理想的再审案件，要多做调解、协调工作，尽可能促成当事人达成调解、和解协议。对抗诉再审案件，可以邀请检察机关协助人民法院进行调解；对一般再审案件，可以要求原一、二审法院配合进行调解；对处于执行中的再审案件，可以与执行部门协调共同做好调解工作"。

上述规定都相当原则，仅为法院再审调解工作提供了基本的程序性依据。从加强再审条件的需要出发，下一步有必要完善相关立法和司法解释。

五、法院调解书

（一）法院调解书的概念和性质

法院调解书（以下简称调解书），是人民法院根据双方当事人在诉讼过程中通过相互协商、互谅互让所达成的协议而制作的确定当事人之间权利义务关系的法律文书，具有以下特点。

1. 调解书是人民法院制作的法律文书

人民法院是代表国家行使审判权的机关，因此，它制作的法律文书具有依靠国家强制力保证实施的效力。调解书的这一特点使它与当事人在诉讼过程中达成的和解书区分开来。和解书是当事人之间的一种确定其权利义务关系的文书，它只需要人民法院予以认可即可发生效力，而不是像调解书那样需要人民法院以其名义加以制作。调解书的这一特点还使它与其他组织或机关所主持制作的调解书区别开来。诸如人民调解协议书、仲裁机构制作的调解书。

2. 调解书是人民法院根据当事人的协议而制作的法律文书

如果人民法院不是根据当事人在诉讼过程中就争议的法律关系所达成的协议来制作这一文书，便不是调解书。调解书的这一特点使它与法院判决书区别开来。

3. 调解书是确定当事人之间实体法上的权利义务关系的一种法律文书

当事人之间因实体法上的权利义务关系发生争执后，请求人民法院加以解决，调解是人民法院解决当事人之间争执的一种行之有效的方法。因此，调解书将他们争议的法律关系重新加以确认。调解书的这一特点使它与法院的裁定书和决定书区别开来，裁定书和决定书只是解决诉讼程序问题的法律文书。

根据《民事诉讼法》的规定，调解书可以分为形式意义上的调解书和实质意义上的调解书两种。形式意义上的调解书是指人民法院专门制作的确定当事人权利义务关系的，并且是以调解书命名的法律文书；实质意义上的调解书是指虽然不以调解书命名，但实际上起着确定当事人之间权利义务关系这一作用的文书。《民事诉讼法》第 101 条第 2 款规定："对不需要制作调解书的协议，应当记入笔录，由双方当事人、审判人员、书记员签名或者盖章后，即具有法律效力。"显然这些调解协议便是实质意义上的调解书。

形式意义上的调解书或实质意义上的调解书，虽然在表现形式上不一，但其法律效力都是相同的，即当事人不得就形式意义上和实质意义上的调解书提起上诉，双方都必须严格履行调解书中所规定的义务；当一方当事人不自觉履行义务时，他方当事人可以申请强制执行。

民事调解书由于制作的人民法院的审级不同，分为一审民事调解书、二审民事调解书和再审民事调解书，它们在格式设置及内容安排上也存在一些差异。

(二) 调解书生效的时间

如前所述，调解书有形式意义上的调解书和实质意义上的调解书，调解书的形式不同，其生效的时间也有所区别。根据《民事诉讼法》第 100 条规定，形式意义上的调解书经双方当事人签收后才发生法律效力。根据《民事诉讼法》第 101 条规定，实质意义上的调解书只要由双方当事人、审判人员、书记员在笔录上签名或盖章后，即发生法律效力。对于符合《民事诉讼法》第 101 条第 1 款第 4 项规定的情形，即"其他不需要制作调解书的案件"，即使当事人请求人民法院制作调解书，当事人拒收调解书的，也不影响调解协议的效力。

一方不履行调解协议的，另一方可以持调解书向人民法院申请执行。由于形式上的调解书是在送达之后发生法律效力的，据此，在其送达之前或者送达时，如果一方当事人反悔，人民法院即不得以已经双方当事人同意为由而拒绝审理或再行调解。《民事诉讼法》第102条也明确规定，调解书送达之前一方反悔的，人民法院应当及时判决。学界将此称为当事人的"反悔权"。

（三）调解书送达中的几个问题

1. 留置送达的方式不适用调解书

《民事诉讼法》第89条规定："受送达人或者他的同住成年家属拒绝接收诉讼文书的，送达人可以邀请有关基层组织或者所在单位的代表到场，说明情况，在送达回证上记明拒收事由和日期，由送达人、见证人签名或者盖章，把诉讼文书留在受送达人的住所；也可以把诉讼文书留在受送达人的住所，并采用拍照、录像等方式记录送达过程，即视为送达。"由于现行《民事诉讼法》规定调解书在送达签收时，当事人都可以反悔，因此，该条所规定的"留置送达"不能适用于调解书。如果当事人拒绝接收调解书，应视为反悔，而不能强令当事人接收。

2. 调解书的签收

调解书经双方当事人签收后即具有法律效力，是指双方送达后才具有法律效力；如果调解书只送达一方，而另一方还未送达时，该调解书尚未发生法律效力。这是因为，调解书是在双方当事人合意的基础上达成的。因此，只有双方当事人都在送达时不反悔，才能发生法律效力，该调解书只送达一方时还未发生法律效力，还不能排除另一方在送达时反悔的可能。《民事诉讼法》第100条第3款明确规定："调解书经双方当事人签收后，即具有法律效力。"

六、法院调解的效力

法院调解是在行使国家审判权的专门机关人民法院的主持下进行的，因此，法院调解实际上是审判机关解决当事人之间的争议，确定其权利义务关系的一种方式。所以，双方当事人在法院主持下一经达成协议，无论是送达后的调解书，还是当事人、审判人员、书记员签名或盖章的记录式或附卷式的调解协议，都发生下列效力。

（一）终结诉讼程序

原告的起诉与法院的受理相结合，产生一定的诉讼程序之后，只有最终重新确定当事人之间的权利义务关系，才能使已经开始的诉讼程序终结。调解是确定当事人之间权利义务关系的方式之一，因此，调解所达成的协议首先产生终结诉讼程序的效力。

（二）不得提起上诉

由于调解书是在当事人自愿的基础上制作的法律文书，其中所规定的权利义务关系都是在双方互谅互让、相互协商的前提下确定的，而且当事人也有在调解书送达前反悔的余地。所以，调解结案时不允许当事人上诉。调解与判决不同，法律之所以允许当事人就一审法院判决提起上诉，主要是由于法院判决不是在当事人自愿的基础上作出的，而是由法院根据事实和法律作出的，所以，法律允许当事人提起上诉，以审查该法院的判决认定事实是否清楚，适用法律是否正确。

（三）请求强制执行

调解书送达签收后，即与法院的生效判决具有同等效力。一般来说，当事人双方都能自觉地按照调解协议履行自己的义务，这主要是因为调解书所确定的权利和义务都是经过他们同意了的，但也有少数当事人不按调解协议自觉履行的。遇有一方当事人不自觉履行自己的义务时，他方当事人可以申请法院强制执行，以此来维护国家审判机关所制作的法律文书的权威性。因为，作为国家审判机关的人民法院，无论是以调解还是以判决的方式来确定当事人之间的权利义务关系，都需要以国家强制力来保证其实现。

（四）不得再行起诉

法院调解成立后，当事人必须遵照实行，不得以任何理由就同一标的和诉讼理由再行起诉。这是因为调解成立就表明该案已经解决。当然，调解不准离婚的案件除外。

（五）不得改变和撤销

调解是人民法院审理案件的一种方式，作为审理结果的调解书具有严格的排他性和稳定性。因此，除了按照审判监督程序之外，任何单位和个人都不得以任何理由将其撤销，或者擅自变更其内容；即便是当事人之间通过协商变更调解书中的某些条款，也必须取得法院的同意或认可，否则，不发生法律效力。

七、法院调解的无效和救济

法院调解是人民法院行使国家审判权的一种方式，因此，它必须符合法律的规定才能有效。从《民事诉讼法》及相关司法解释的规定来看，导致法院调解无效的情形有两类。

（一）实体上的瑕疵

《民事诉讼法》第212条规定，当事人对已经发生法律效力的调解书，提出证据证明调解违反自愿原则或者调解协议的内容违反法律的，可以申请再审。由此可见，导致发生法律效力的调解书无效的实体法上的瑕疵包括调解协议内容方面的瑕疵，以及调解当事人意思表示方面的瑕疵。其中调解协议内容方面的瑕疵表现为：（1）调解协议的内容违反法律或损害国家利益、社会公共利益和侵犯案外人利益；（2）在调解中约定了履行不能的义务，包括主观不能、客观不能和法律不能。当事人意思表示方面的瑕疵表现为：（1）通谋虚伪的意思表示；（2）当事人一方无故意或者过失，对对方当事人的资格或对于重要之争点有错误而为和解者；（3）被欺诈胁迫而为意思表示。

（二）程序上的瑕疵

对于导致发生法律效力的调解书无效的程序法上的瑕疵，我国立法并未明确作出界定，调解的再审理由中也并不包括程序法上的瑕疵。但从维护当事人的程序利益，避免造成法官行为失范和调解活动无序的角度出发，应当将程序法上的瑕疵纳入调解再审的条件范畴。

（三）救济

针对法院调解中存在的上述瑕疵，我国现行法规定了包括再审和执行异议之诉在内的救济途径。

1. 通过再审程序救济

《民事诉讼法》第212条规定："当事人对已经发生法律效力的调解书，提出证据证明调解违反自愿原则或者调解协议的内容违反法律的，可以申请再审。经人民法院审查属实的，应当再审。"可见，当事人通过再审程序对无效调解进行救济时，其适用对象应限于实体上的瑕疵，即调解违反自愿原则或者调解协议的内容违反法律。此外，根据《民事诉讼法》的规定，当事人通过再审程序对无效调解进行救济时，除对调解离婚的案件中解除婚姻关系的内容不得申请再审外，应当在调解协议或调解书生效后 6 个月内申请再审。

除当事人可以通过再审程序对无效调解进行救济外，案外人也可以启动再审程序对无效调解进行救济。《民事诉讼法》第 212 条规定："当事人对已经发生法律效力的调解书，提出证据证明调解违反自愿原则或者调解协议的内容违反法律的，可以申请再审。经人民法院审查属实的，应当再审。"可见，案外人也可以借助再审程序对无效调解进行救济，其适用对象仍然仅限于实体上的瑕疵，即原生效调解的内容侵犯了第三人的合法权益。

至于程序上的瑕疵能否通过再审途径予以救济，《民事诉讼法》未明确规定。但是从《民事诉讼法》第 213 条所列的申请事由来看，其中也包括了很多因程序瑕疵而导致生效裁判无效的情形。因此，可以认为，当事人当然可以通过再审程序对因为这些情形而导致的无效调解进行救济。

2. 通过执行异议之诉救济

《民事诉讼法》第 238 条规定，执行过程中，案外人对执行标的提出书面异议的，人民法院应当自收到书面异议之日起 15 日内审查，理由成立的，裁定中止对该标的的执行；理由不成立的，裁定驳回。案外人、当事人对裁定不服，认为原判决、裁定错误的，依照审判监督程序办理；与原判决、裁定无关的，可以自裁定送达之日起 15 日内向人民法院提起诉讼。最高人民法院《关于适用〈中华人民共和国民事诉讼法〉执行程序若干问题的解释》进一步对案外人提出诉讼的理由、管辖法院、适格的当事人、诉讼与执行程序之间的关系以及申请执行人提出诉讼等作出了具体规定，使《民事诉讼法》第 238 条规定的执行异议之诉具有了更大的可操作性。从解释文义上讲，上述规定也应适用于生效的调解协议或调解书，使案外人或者当事人可以通过执行异议之诉对调解的瑕疵进行救济。当然，这里所针对的调解的瑕疵只能属于实体上的瑕疵，即原生效调解的内容侵害了案外第三人或当事人的合法权益。此外，还需注意，适用执行异议之诉时应以案外人异议为提起诉讼的前置程序。依据《民事诉讼法》第 238 条的规定，案外人必须首先向执行机构就执行标的提出异议，只有在执行机构驳回案外人异议的情况下，案外人才可以提出新的诉讼；只有在执行机构认为理由成立，裁定中止诉讼的情况下，申请执行人才能提出新的诉讼。

第四节　行政调解

一、行政调解的概念、特征和种类

（一）行政调解的概念

行政调解，是指由各种行政主体出面主持的，以国家法律、法规、政策和行业惯例、公序良俗等行为规范为依据，以自愿为原则，以行政管理活动中发生的特定纠纷为对象，通过教育、协商、疏导等方法，促使双方当事人达成协议，消除纠纷的一种诉讼外调解活动。

伴随着市场经济以及现代化建设的推进，行政职能日益增多，活动领域日益扩张，单纯的国家行政已经不能适应发展的需要，行政的理念已经由单一的国家行政转变为包括国家行政和社会行政的公共行政。非强制性行政方式被广泛应用，继而出现了第三种组织，即由非政府组织和志愿者组成的非营利组织。它们致力于国家正式机制以外的公共目标，如消费者协会是一个由《消费者权益保护法》授权进行社会监督的行政主体。在这种背景下，界定行政调解的概念就不能按以往那样，认为"行政调解就是国家行政机关出面主持的，以国家法律和政策为依据，以自愿为原则，通过说服教育等方法，促使双方当事人平等协商、互谅互让、达成协议，消除纠纷的诉讼外活动"，必须看到行政调解主体已不再局限于行政机关，而是扩展到所有的行政主体。此外，根据最高人民法院《关于建立健全诉讼与非诉讼相衔接的矛盾纠纷解决机制的若干意见》第17条的规定："有关组织调解案件时，在不违反法律、行政法规强制性规定的前提下，可以参考行业惯例、村规民约、社区公约和当地善良风俗等行为规范，引导当事人达成调解协议。"因此，行政调解的依据已不能仅仅局限于国家法律和政策，还应当包括公序良俗、行业习惯等。

（二）行政调解的特征

1. 行政调解的主体具有特定性

行政调解是行政主体所主持的解纷息讼的活动，是行政主体行使职权的一种方式。因此，行政调解的主体首先包括依法享有行政调解职权的国家行政机关。例如，《治安管理处罚法》第9条规定，对于因民间纠纷引起的打架斗殴或者损毁他人财物等违反治安管理行为，情节较轻的，公安机关可以调解处理。必须注意，我们说的行政调解的主体首先包括依法享有行政调解职权的国家行政机关，言外之意，并不是所有的行政机关都有行政调解职权，只有依法被授予调解职权的行政机关的调解，才是这里所指的行政调解。除了行政机关以外，法律、法规授权的组织和机构也可以成为行政主体，具有行政调解的主体资格。比如，《消费者权益保护法》第39条规定，消费者和经营者发生消费者权益争议的，可以请求消费者协会或者依法成立的其他调解组织调解。又如，《律师法》第46条第1款规定，律师协会可以调解律师执业活动中发生的纠纷。

2. 行政调解的对象具有特定性

行政调解的对象是行政管理活动中发生的纠纷，包括民事纠纷和部分情节轻微、危害不大的刑事纠纷，以及特定的行政纠纷。行政调解对象的特定性主要表现在两个方面：第一，与行政管理活动相关；第二，有一定的法律依据。目前，我国法律规范设定的行政调解对象主要集中在民事、经济纠纷领域，涉及交通肇事中的民事赔偿、经济合同纠纷、医疗事故赔偿、环境污染损害赔偿等。情节轻微的刑事纠纷，限于公安机关和基层人民政府进行的行政调解。特殊情形的行政纠纷是指《行政复议法实施条例》第50条明确规定的可以适用调解的两种案件：一种是公民、法人和其他组织对行政机关行使法律、法规规定的自由裁量权作出的具体行政行为不服申请行政复议的；另一种是当事人之间的行政赔偿或者行政补偿纠纷。

3. 行政调解必须合法合理

所谓合法，是指行政调解作为行政主体的一项职权，必须以国家的法律、法规和政策为依据，依法调解。所谓合理，是指调解活动要符合社会的伦理道德、善良风俗，它要求行政调解应建立在正当考虑的基础上，行政调解的内容合乎法理、情理。在调解过程中，行政机关和当事人往往具有较大的自主性和灵活性。能否做到公平合理，是调解成败的关键。因此，要求调解机关在主持调解活动时，合理地调整争议主体之间的利益关系，注意双方当事人的利益平衡，在符合国家法律、法规和政策的前提下，针对争议的具体情况，根据公平原则，运用交易习惯、法理，灵活地提出调解建议和方案，促使双方互谅互让，达成调解协议。这也体现了调解自身的特点。

4. 行政调解通常不具有强制执行力

行政调解属于诉讼外调解，调解协议主要靠双方当事人的承诺、信用和社会舆论的道德力量来维护，行政主体无权强制任何一方接受调解或履行义务，更无权对当事人或其财产予以强制执行。但是，这并不排除在特殊情况下，行政调解一经成立，便产生强制执行力。例如，根据《劳动争议调解仲裁法》第42条规定，劳动争议仲裁庭在作出裁决前，应当先行调解。调解达成协议的，仲裁庭应制作调解书。第51条规定，调解书生效后，如一方当事人逾期不履行义务，对方可以向有管辖权的人民法院申请执行。再如，根据《农村土地承包经营纠纷调解仲裁法》第4条规定，当事人可以选择将农村土地承包经营纠纷提交农村土地承包仲裁委员会仲裁。第11条规定，仲裁庭对农村土地承包经营纠纷应当进行调解，调解达成协议的，仲裁庭应当制作调解书。第49条规定，调解书生效后，如一方当事人逾期不履行的，另一方当事人可以向有管辖权的人民法院申请执行。当然，行政调解具有强制力属于行政调解中的特殊情况，需要由法律、法规作出专门的规定。

5. 对于行政调解结果不服，不适用行政复议和行政诉讼

行政调解属于诉讼外调解，当事人不服调解结果的还可以申请仲裁或者提起诉讼，寻求司法救济。但是申请仲裁或提起诉讼，只能以对方当事人为被告，以原纠纷为标的，而不能以作出调解处理的行政机关为被告提起行政诉讼或行政复议。对此，国家有关法规和司法解释都有明确的规定。例如，最高人民法院《关于适用〈中华人民共和国行政诉讼法〉的解释》第1条第2款规定："下列行为不属于人民法院行政诉讼的受案范围：……（二）调解行为以及法律规定的仲裁行为……"

（三）行政调解的种类

行政调解作为一个整体，是由不同种类的调解制度所构成的。按照调解主体划分，我国目前的行政调解主要有三类：基层人民政府主持的调解、政府职能部门主持的调解和法律、法规授权的组织机构主持的调解。

1. 基层人民政府主持的调解

基层人民政府调解是行政调解中的一个重要组成部分。据统计，在我国目前的法律、法规中，明确规定基层人民政府进行调解的有40多部，调解的内容基本是基层人民政府管辖地的民事纠纷和轻微刑事纠纷。比如，《民间纠纷处理

办法》规定，基层人民政府对一般民间纠纷进行调解；再如，《农村土地承包经营纠纷调解仲裁法》规定，发生农村土地承包经营纠纷的，当事人可以请求乡（镇）人民政府调解。

2. 政府职能部门主持的调解

这是行政调解的主要类型。各级人民政府根据工作的需要设立职能部门，行使专门权限和管理专门行政事务，并依法对与其行政事务相关的纠纷进行调解。这是政府职能部门在行使行政管理职能时附带的纠纷解决功能。这类行政调解以各职能部门的行政权限为界限，相关规定散见于各行政法律、法规。比如，公安机关根据《道路交通安全法实施条例》对交通事故处理中涉及的损害赔偿纠纷进行调解；卫生行政部门根据《医疗事故处理条例》对医疗事故的赔偿等民事责任争议进行调解。

3. 法律、法规授权的组织机构主持的调解

根据法律、法规的授权，某些组织机构取得了行政主体的资格，可以在职权范围内调解特定的纠纷，在性质上属于行政调解。例如，《村民委员会组织法》就授权村民委员会可以调解民间纠纷。村民委员会属于基层群众自治组织，但根据《村民委员会组织法》的授权取得了行政主体的资格，可以从事行政调解。

除上述三种类型外，行政调解还有一种特殊类型：行政仲裁中的行政调解，即采取混合模式，在行政仲裁中设置的调解程序，比较典型的是劳动争议仲裁中的调解、农村土地承包经营纠纷仲裁中的调解。与普通行政调解不同的是，它们以行政强制力作为保障，具有准司法的性质。但在程序设置上，在进行仲裁前都设置了调解程序，如果调解成功则制作调解书终结仲裁程序；如果调解不成，则恢复仲裁程序，直至作出具有强制力的裁决书。

目前，我国行政调解广泛存在于土地林木权属、征地拆迁、税收、商标、专利、治安管理处罚等裁决机制，交通事故、市场监督及消费、医疗事故、环境污染等纠纷事件的调解处理，以及劳动仲裁、监察和消费者申诉等之中。以下将围绕行政调解的主要适用领域，即基层人民政府的调解、公安机关的调解进行论述。

二、基层人民政府的调解

（一）　基层人民政府调解的组织形式

根据 1996 年司法部《关于加强司法所建设的意见》、2000 年司法部《关于进一步加强基层司法所建设的意见》、2009 年和 2014 年司法部《关于进一步加强乡镇司法所建设的意见》① 的规定，基层人民政府的调解工作具体由农村乡镇（城市街道）的司法所来承担。司法所是乡镇政府（街道办事处）的司法行政部门，在我国司法行政体系中，属于最基层的组织机构。它与公安派出所、法庭、检察室和综治办等部门构成乡镇（街道）一级的基层政法体系，共同负担着维护基层社会稳定、保障法律正确实施、完善基层法治机制的重要使命。根据 1998 年司法部《关于加强司法所业务规范化建设的意见》的要求，司法所的职能之一就是代表乡镇人民政府处理民间纠纷。这项工作的重点包括，代表基层政府及时受理调处群众要求政府解决的纠纷或调解委员会解决不了的疑难纠纷；在处理民间纠纷中，要坚决贯彻以调解为主和依法处理的原则，主动争取有关部门协助，努力解决纠纷所涉及的实际问题。

司法所一般由 3 名以上人员组成，所长一般由司法助理员担任。司法助理员是基层人民政府的司法行政工作人员，民间纠纷的具体处理工作就由司法助理员负责。

（二）　基层人民政府调解的任务

目前对基层人民政府调解作出明确规定的法律、法规已达 40 多部，《农村土地承包法》《妇女权益保障法》《民间纠纷处理办法》等，都规定了基层人民政府具有相应的调解职能。比如，《妇女权益保障法》第 72 条规定："对侵害妇女合法权益的行为，任何组织和个人都有权予以劝阻、制止或者向有关部门提出控告或者检举。有关部门接到控告或者检举后，应当依法及时处理，并为控告人、检举人保密。妇女的合法权益受到侵害的，有权要求有关部门依法处理，或者依法申请调解、仲裁，或者向人民法院起诉。对符合条件的妇女，当地法律援助机构或者司法机关应当给予帮助，依法为其提供法律援助或者司法救助。"从这些法律、法规的规定来看，基层人民政府调解的纠纷主要是民间纠纷，即公民之间有关人身、财产权益和其他日常生活中发生的纠纷。从实践情

---

① 司法部分别于 2009 年和 2014 年发布该同名文件。

况看，基层人民政府调解的纠纷类型具体包括：租赁纠纷、物业管理费纠纷、房屋产权纠纷、维修纠纷、装修纠纷、停电纠纷、电费纠纷、拖欠农民工工资纠纷、工伤赔偿纠纷、死亡赔偿纠纷、医疗纠纷、土地承包经营纠纷，以及家庭暴力纠纷、离婚纠纷、抚养纠纷、赡养纠纷和遗产纠纷等。

（三）基层人民政府调解的效力

2009 年，最高人民法院发布的《关于建立健全诉讼与非诉讼相衔接的矛盾纠纷解决机制的若干意见》中规定，"行政机关依法对民事纠纷进行调处后达成的有民事权利义务内容的调解协议或者作出的其他不属于可诉具体行政行为的处理，经双方当事人签字或者盖章后，具有民事合同性质，法律另有规定的除外"。因此，基层人民政府的调解并不具有强制执行力，为民事合同性质，要靠当事人双方自觉履行。

三、公安机关的调解

当前，我国公安机关的行政调解限于治安调解和对交通事故赔偿争议的调解。对于公安机关在侦查过程中，就某些适宜于调解解决的轻微刑事案件，视当事人的意愿、社会公众的反映等因素，主持当事人进行调解从而解决纠纷的，则属于刑事诉讼调解的领域，不属于行政调解的范畴。

公安机关是国家治安行政管理的专门机构，是人民民主专政的重要工具，担负着维护社会安全、保障国家和人民生命财产免遭不法侵害的重要使命。《治安管理处罚法》第9条规定，"对于因民间纠纷引起的打架斗殴或者损毁他人财物等违反治安管理行为，情节较轻的，公安机关可以调解处理"。除调解治安案件外，公安机关的行政调解还包括对交通事故损害赔偿的调解。根据《道路交通安全法》第74条第1款的规定，"对交通事故损害赔偿的争议，当事人可以请求公安机关交通管理部门调解"。从司法实践来看，由处理交通事故的公安机关交通管理部门在查明交通事故的原因、认定交通事故责任、确定交通事故造成的损失情况后，就损害赔偿问题，促成当事人在自愿、合法的原则下进行公平协商，是解决交通事故损害赔偿争议最经济、最有效的方式。

（一）公安机关调解的组织形式

公安机关的治安调解主要是由基层公安机关的派出机构——公安派出所主持进行。公安派出所是国家治安行政管理的基层组织，它主要担负所属辖区城区居民的户籍管理、社会治安管理以及轻微刑事案件的侦查等任务。公安派出所建立在基层，了解和熟悉当地的情况，这在客观上有利于维护社会治安，及时、妥善地解决各种有碍社会治安的事件。

公安机关调解交通事故损害赔偿纠纷，由公安机关交通管理部门主持，具体指派具有相应事故处理资格的交通警察承办。根据《道路交通事故处理工作规范》规定，县级以上公安机关交通管理部门应当设置专门的道路交通事故处理机构，并按照道路交通事故处理岗位正规化建设要求，配置必需的人员、装备和办公场所。通常情况下，省公安厅交警总队设事故处理处，市公安局交警支队设事故处理科，县公安局交警大队设事故处理处，分别作为省、市、县三级公安机关交通管理部门的道路交通事故处理机构。但实践中，各级公安机关交通管理部门在道路交通事故处理机构上的设置并不统一，各具特色。比如，有的交警支队设置了专门的事故处理大队来负责交通事故的处理工作。

（二）公安机关调解的任务

1. 公安机关治安调解的任务

根据《治安管理处罚法》第 9 条的规定，公安机关治安调解的任务是调解因民间纠纷引起的打架斗殴或损毁他人财物等违反治安管理的行为。2007 年公安部制定的《公安机关治安调解工作规范》又进一步细化了公安机关治安调解的具体内容，该规范的第 3 条第 1 款明确指出，对于因民间纠纷引起的殴打他人、故意伤害、侮辱、诽谤、诬告陷害、故意损毁财物、干扰他人正常生活、侵犯隐私等违反治安管理行为，情节较轻的，经双方当事人同意，公安机关可以治安调解。该条第 2 款则对民间纠纷的概念作出界定，指出民间纠纷系公民之间、公民和单位之间，在生活、工作、生产经营等活动中产生的纠纷。对不构成违反治安管理行为的民间纠纷，应告知当事人向人民法院或者人民调解组织申请处理。

公安机关的调解任务与人民调解委员会和基层人民政府所调解的纠纷相比，具有两个明显的特征。第一个特征是这种行为具有社会危害性。这是违反治安管理行为的本质特征。这里所说的社会危害性是指受《治安管理处罚法》保护的某种社会关系被违反治安管理的人所侵害，这种危害性可能是现实的，也可能是潜在的。第二个特征是这种行为具有违反《治安管理处罚法》的特点。某一行为虽然具有一定的社会危害性，但不能就此认为它属于违反治安管理的行为，还应看这种行为是否违反了《治安管理处罚法》。并不是所有违反治安管理的行为都可以调解处理，只有对于民间纠纷引起的殴打他人、故意伤害、诽谤、侮辱、诬告陷害、故意损毁财物、干扰他人正常生活，侵犯隐私等违反治安管理行为情节较轻的才能调解处理。

2. 公安机关对交通事故损害赔偿争议调解的任务

《道路交通安全法》第74条规定："对交通事故损害赔偿的争议，当事人可以请求公安机关交通管理部门调解，也可以直接向人民法院提起民事诉讼。经公安机关交通管理部门调解，当事人未达成协议或者调解书生效后不履行的，当事人可以向人民法院提起民事诉讼。"《道路交通安全法实施条例》第94条第1款规定："当事人对交通事故损害赔偿有争议，各方当事人一致请求公安机关交通管理部门调解的，应当在收到交通事故认定书之日起10日内提出书面调解申请。"

根据上述法律规定，公安机关负有对交通事故赔偿争议进行调解的任务。公安机关这一调解任务的执行是有前提条件的，即公安机关调解交通事故纠纷要满足一定的条件。（1）必须在查明事故原因、认定事故责任以后进行。如果当事人对检验、鉴定或交通事故责任认定有异议，即使当事人都同意公安机关交通管理部门主持调解并提出书面申请，公安机关交通管理部门也不能进行调解，而是应当书面通知当事人不予调解。只有事故发生的事实清楚，证据充分，责任明确，才能进行赔偿调解。（2）必须确定赔偿数额。调解前应将经济损失、赔偿项目、计算方法弄清楚。比如，需要凭单据支付的费用，应该做到单据齐全有效；对其他赔偿费用，必须提供证据和有关资料；对财物的损失，要有评估定损证明和相关证明。（3）调解参加人必须具有相应的民事行为能力，能独立进行民事活动，能够认识自己民事活动的法律后果，能够依法维护自身的合法权利。在此基础上，如果当事人双方都同意调解解决，交管部门才能对事故纠纷进行调解。

（三）公安机关调解的效力

《治安管理处罚法》第9条和《公安机关治安调解工作规范》第12条都有明确规定，如果当事人履行调解协议的，公安机关不再予以治安处罚；如果当事人没有达成协议或达成协议后不履行的，公安机关应当依照《治安管理处罚法》的规定对违反治安管理行为人给予处罚，并告知当事人可以对违法行为造成的损害赔偿纠纷依法向人民法院提起民事诉讼。

关于公安机关道路交通事故损害赔偿调解的效力，《道路交通安全法》第74条第2款规定，经公安机关交通管理部门调解，当事人未达成协议或者调解书生效后不履行的，当事人可以向人民法院提起民事诉讼。2018年《道路交通事故处理工作规范》第116条第3款也有规定："经调解未达成协议或达成协议一方当事人不履行的，交通警察应当告知当事人可以向人民法院提起民事诉讼，或者申请人民调解委员会进行调解。"

图书在版编目（CIP）数据

中国司法制度概论／梁平主编；刘宇晖，石可涵副
主编 .—北京：中国法制出版社，2023.10
　　ISBN 978-7-5216-3379-5

　　Ⅰ.①中… Ⅱ.①梁… ②刘… ③石… Ⅲ.①司法制
度-概论-中国 Ⅳ.①D926

　　中国国家版本馆 CIP 数据核字（2023）第 108164 号

责任编辑：刘海龙　　　　　　　　　　　　　　　封面设计：周黎明

中国司法制度概论
ZHONGGUO SIFA ZHIDU GAILUN
主编/梁平
副主编/刘宇晖　石可涵
经销/新华书店
印刷/北京虎彩文化传播有限公司
开本/710 毫米×1000 毫米　16 开　　　　　　印张/ 19.25　字数/ 334 千
版次/2023 年 10 月第 1 版　　　　　　　　　2023 年 10 月第 1 次印刷

中国法制出版社出版
书号 ISBN 978-7-5216-3379-5　　　　　　　　　　　定价：68.00 元

北京市西城区西便门西里甲 16 号西便门办公区
邮政编码：100053　　　　　　　　　　　　　传真：010-63141600
网址：http：//www.zgfzs.com　　　　　　　编辑部电话：010-63141814
市场营销部电话：010-63141612　　　　　　印务部电话：010-63141606

（如有印装质量问题，请与本社印务部联系。）